KB022706

평양의
카레이스키
엘리트들

이 책은 한국언론진흥재단 저술 지원으로 출판되었습니다.

이 도서의 국립중앙도서관 출판예정도서목록(CIP)은 서지정보유통지원시스템 홈페이지(http://seoji.nl.go.kr)
와 국가자료공동목록시스템(http://www.nl.go.kr/kolisnet)에서 이용하실 수 있습니다.
CIP제어번호:CIP2015031208(반양장)

스탈린이 급파한 고려인 500명의 슬픈 역사

평양의
카레이스키
엘리트들

| 김국후 지음 |

한울
아카데미

연해주 이주 150주년, 평양에 간 고려인의 슬픈 이야기

역사는 흘러가버린 시간이 아니라 미래를 향해 도리어 흘러내려오는 시간이라는 말이 있다. 비슷한 의미에서 역사란 '오늘의 이해'를 위해 있는 것이라고 말할 수 있다.

북한의 역사는 동서 냉전, 즉 자본주의와 공산주의 양극 체제의 첨예한 대립에서 비롯되었다. 소련이 대일본 선전포고에 참여하면서 한반도 반쪽을 점령한 붉은 군대는 3년여 동안 북한에 주둔하면서 오늘의 북한 정권을 창출해낸 실질적인 주역이었다. 한반도에 북한 정권이 들어선 지 40여년 뒤 세계 역사는 대변화를 맞았다. 사회주의 체제가 붕괴되고 소련을 비롯한 동유럽 사회주의 국가들이 세계사의 무덤 속으로 사라지고 만 것이다.

이 글은 북한 정권 창출 과정에서 소련군의 귀와 입, 그리고 김일성 정권 수립의 손과 발 역할을 했던 '카레이스키소련 고려인' 엘리트들의 '슬픈 역사'에 대한 것이다.

북한에서 고위직을 지내다 해직되어 소련으로 귀환한 고려인들의 증언과 북한의 각종 자료 등을 토대로 연구하고 분석한 평양에 간 고려인의 역사를 요약하면 다음과 같다.

해방 이후 스탈린의 명령에 따라 평양에 파견된 카레이스키는 500여 명에 이른다. 이들은 스탈린의 강제이주 정책으로 우즈베키스탄과 카자흐스탄 등 한민족 '디아스포라diaspora(이산, 離散)의 땅' 중앙아시아에서 살아온 고려인 2~3세들이다. 19세기 중엽부터 가난을 벗어나기 위해, 또는 나라를 잃고 일제 압박에 쫓긴 의병들과 독립운동가들이 은신하기 위해 두만강을 건너 신천지 연해주沿海州, 러시아 프리모르스키 지방에 정착했는데, 스탈린의 '피의 숙청' 속에서 공포에 떨며 살다가 끝내 일제의 스파이로 몰려 중앙아시아 갈대밭에 내던져졌다.

평양에 파견된 카레이스키들은 이 같은 유랑생활 속에서도 거의가 고등교육을 받은 엘리트들이었다. 그리고 여러 분야의 실무에 밝은 전문가들이었다. 평양에 들어가기 전 대부분 소련 공산당원이 되었고, 중앙아시아에서 구역 당·공산주의 청년동맹·관공서·콜호스kolkhoz, 집단농장·기업체 등의 간부, 중·고교 교사와 교장, 대학 교수, 소련군의 장교와 군관 등을 지냈다. 고학력자이고 풍부한 경험이 있으며, 스탈린 시대에 길들여진 이들은 초기 소련군정의 '통역 정치'의 주역으로 소련군정과 북한 주민 간의 가교 역할을 했다. 이런 가운데 북한에 소비에트화를 조기에 이식하면서 '김일성 장군'을 북한의 지도자로 추대하는 전위대였다.

일명 '소련파'로 불린 이들은 북한 정권 수립 이후 소련군이 철수하고도 모두 북한에 남았다. 소련 출신 고려인 엘리트들은 북한의 당·정·군에서 2인자 역을 맡는 등 서울에서 올라간 남로당파와 중국에서 들어온 옌안파, 그리고 김일성과 함께 입북한 빨치산파, 국내파 등 여러 정파 가운데 '힘 있는 그룹'으로 자리를 잡아갔다. 이들 중 일부는 6·25전쟁 준비 과정에 깊숙이 관여했고, 대부분 전선에 뛰어들어 전사하기도 했다.

그런 와중에 자타가 공인하는 '카레이스키 군단'의 총수 허가이가 '의문의 자살'로 숨을 거둔다. 누가 뭐래도 당시 북한에서 박헌영과 허가이는 '미래의 권력'으로 통했다. 허가이는 소련에서 쌓은 풍부한 당 사업 경험과 실무 능력으로 북한에서 당 사업을 체계화하고, 정부를 제도화하는 데 혁혁한 공을 세운 인물이었다. 특히 그는 김일성이 수령이 되기까지 산파역을 맡았다. 허가이의 갑작스러운 죽음은 카레이스키 숙청의 서막이었다.

북한은 허가이의 의문의 자살 이후, '주체'라는 무기를 창조하고 '자주'라는 방패를 들고 나왔다. 스탈린이 사망하자 북한 정권은 카레이스키들을 북한 체제의 탈脫스탈린화를 촉진하는 희생양으로 삼았다. 스탈린의 지령에 따라 김일성을 옹립한 기본 세력이었던 카레이스키 군단은 스탈린 사후 권력의 암투 과정에서 밀려나 대부분 사상 검토 끝에 해직과 동시에 국외로 추방되었다. 소련으로 귀환한 인사들 가운데 일부는 혹독한 사상 검토 후유증으로 앓다가 사망하기도 했다. 특히 간부들 가운데 일부는 지방으로 정배定配되거나, 노동수용소 수감 또는 내무기관에 구금된 후 소식이 끊겼다. 또 일부는 처형되는 등의 탄압을 받았다. 소련으로 돌아가지 못하고 북한에서 사상 검토 후 소식이 끊긴 인사들의 아내와 자식들은 러시아와 중앙아시아 등에 살면서 남편과 아버지의 비참한 최후 소식을 모른 채 한 많은 세월을 보내고 있다.

이 글은 지금까지 역사의 뒤안길에 묻혀 있던 비사秘史다. 해방 후 스탈린의 명령으로 평양에 들어가 고위직을 지내다 러시아와 중앙아시아로 귀환한 인사들의 인터뷰와 북한의 희귀자료들을 통해 그들의 역사를 재조명하고, 이것이 한국 현대사의 사초史草가 될 수 있도록 노력했다. 이를 위해 3년여 동안 모스크바를 비롯하여 상트페테르부르크, 하바롭스크, 로스토프 등 러시아 각지와 벨라루스의 수도 민스크, 카자흐스탄의 알마티, 우즈베키스탄의 타슈켄트 등에 살고 있는 전 북한의 당·정·군 고위인사들과 유가족, 평양의 소련군정 전 고위 장성 및 정보기관 간부 등 50여

1991년 6월, 북한에서 외무성 부상 등을 지냈던 박길용 박사(왼쪽)와 필자(오른쪽)는 모스크바의 크렘린 궁 정원에 있는 레닌 동상 앞에서 사회주의의 어제와 오늘, 그리고 내일을 전망해보았다.

명을 직접 만나 생생한 증언을 들었다. 모두 편견 없이, 그리고 허심탄회하게 인터뷰에 응해주었다. 이 과정에서 북한 관련 희귀 자료와 사진 수백 점을 발굴했다.

북한에서 고위직을 지내다 빈손으로 소련에 귀환되어 러시아와 중앙아시아 등에서 노년을 보내고 있는 인사들은 물론, 북한에서 소식이 끊긴 남편과 아버지의 생사를 알고 싶어 하는 유가족들은 방 한 칸과 조그마한 응접실 겸 부엌이 딸린 스탈린 시대에 지어진 낡은 아파트에서 국가가 지급하는 연금에 의존해 어렵게 살고 있었다. 귀환 인사와 유가족들은 인터뷰 도중 북한에서 겪은 생활과 소식이 끊긴 남편과 아버지를 생각하며 빗물 같은 눈물을 흘렸다. 그들의 모습을 보면서 필자는 가슴이 미어지는 아픔을 참아야 했다.

이 자리를 빌어 지금은 대부분 고인이 된 그분들과 유가족들께 진심으로 감사를 드린다. 특히 북한에서 조-소朝蘇문화협회 부위원장, 동독 주재 북한 대사, 김일성 수상 통역담당 비서, 외무성 부상 등을 지내다 소련으로 귀환하여 모스크바 동방학연구소 책임연구원을 지낸 박길용 박사와 역시 북한에서 강원도당 부위원장과 중앙당학교 교장, 내무성 정치국장 겸 제1부상 등을 지내다 러시아 상트페테르부르크로 귀환한 강상호 씨, 또 북한에서 조선중앙방송위원회 위원장을 지내다 러시아 하바롭스크로 귀환한 남봉식 씨 등은 필자의 간곡한 주문에 따라 노령임에도 15년여 동안 자신들이 북한에서 직접 경험하고, 보고, 듣고, 느낀 일들을 자서전 또는 회고록 형식으로 기록한 미공개 육필 원고를 필자에게 제공하여 큰 도움을 주었다.

그분들은 필자에게 "이 자료가 꼭 한국 현대사의 한 페이지가 되도록 활용해달라"는 부탁을 잊지 않았다. 그분들 생전에 이 책을 내놓지 못한 점을 고개 숙여 사죄드리며 뒤늦게나마 이 책을 그분들의 영전에 바친다.

러시아의 고려인 학자들에 따르면, 2013년은 고려인 1세대가 두만강을 건너 신천지 원동遠東, 연해주으로 이주해 대륙의 한민족 개척사를 쓰기 시작한 지 딱 150년이 되는 해다. 뜻 깊은 해에 나온 이 책이 분단과 이념 대결로 일그러진 우리 모습에 대한 반성과 함께 한민족 고려인의 '슬픈 역사'를 되새기며 그들이 다시 일어설 수 있는 용기를 불러일으켜 주었으면 한다.

필자는 30여 년 동안 취재 현장을 누빈 저널리스트이다. 그래서 이 글은 학문적 분석이라기보다 저널리스트적 기록이라는 생각으로 썼다. 독자들의 넓은 이해를 부탁드린다. 앞으로도 더 많은 사료를 찾아내 보완해나갈 것을 독자 여러분께 약속드린다. 그리고 흔쾌히 출판 기회를 내주신 도서출판 한울 김종수 사장에게 감사드린다. 끝으로 연구와 집필 기간 내내 따듯한 내조를 아끼지 않은 아내 신혜경 여사에게 고마움의 뜻을 전한다.

2013년 10월
서울 남산 자락에서
김국후

|차례|

제1장

소련군정의 '손과 발' 카레이스키 군단

스탈린의 카레이스키 긴급 동원령

1945년 8월 29일. 한반도의 반쪽 북한을 점령한 붉은 군대 제25군 사령관 이반 미하일로비치 치스차코프I. M. Chischakov 대장은 곧바로 평양에 소련군정 사령부를 설치하고, 북한의 각 도·시·군에 위수사령부를 두었다. 평양을 비롯한 함흥, 청진, 신의주, 원산, 해주, 혜산 등 각 도 소재지에는 대좌한국의 대령에 해당와 중좌한국의 중령에 해당, 소좌한국의 소령에 해당를 지역위수사령관으로 하고, 한 개 지역에 장교, 병사 등 50여 명씩 배치했다. 나머지 주요 도시에는 중좌와 소좌를 위수사령관으로 하고, 한 개 지역에 장교, 병사 등 30여 명씩, 기타 군 소재지에는 소좌를 위수사령관으로 장교, 병사 등 20여 명씩 배치했다.

각 도·시·군 위수사령부에는 사령관의 직급에 맞춰 군단과 사단의 대좌, 중좌, 소좌급 군사위원 또는 정치부장을 고문으로 배치했다. 바로 이 정치장교 고문들이 평양의 군정사령부, 특히 안드레이 로마넨코A. A. Romanenko,

소장, 소련군 제35군 군사위원 민정사령부의 지시를 받아 사실상 지역위수사령부의 컨트롤타워 역할을 하는 구조였다.

치밀한 준비 없이 북한을 점령한 붉은 군대가 북한 전역에 위수사령부를 설치하다보니 문제점이 한두 가지가 아니었다. 무엇보다 언어 장벽이 걸림돌이었다. 북한 주민의 생활방식과 정서, 문화를 전혀 모르는 것도 문제였다. 이로 인해 지역 주민들과의 의사소통에 어려움이 많았다. 특히 평양, 함흥, 신의주, 원산 등에서는 민족주의자 조만식을 따르는 세력과 종교인, 지식인, 학생 등 이른바 소련의 공산주의를 반대하는 세력의 소련군에 대한 냉소적인 분위기를 잠재우는 데 역부족이었다. 소련군에 대한 북한 주민의 거부감을 해소하는 것은 소련군정의 발등에 떨어진 불덩어리였다.

이와 같은 문제점은 비단 지역위수사령부에만 국한된 것이 아니었다. 이는 평양의 소련군정 사령부가 북한에 '민주기지'를 건설하는 데 큰 차질을 불러올 문제였다. 소련군 제25군 군사위원으로 평양의 소련군정 정치사령관 겸 후반기 민정사령관을 지낸 니콜라이 게오르기에비치 레베데프 Nikolai Georgievich Lebedev 소장은 모스크바 자택에서 가진 필자와의 인터뷰에서 중앙아시아 고려인 군단을 징집해 평양에 급파한 배경을 다음과 같이 설명했다.

"소련군 극동군총사령부사령관 알렉산드르 바실렙스키(Aleksandr Wasilewski), 원수가 함흥을 북한 지역의 제1도시로 잘못 알고 제25군 사령부를 함흥에 주둔시키라고 지시할 정도로 솔직히 소련군은 북한 사정에 어두웠습니다. 정치·정보 장교들이 북한에 주둔하면 이 같이 많은 어려움이 있을 것이라는 점을 사전에 파악하고 대책을 세워 소련군극동전선 총사령부에 보고했습니다. 그 대책은 우즈베키스탄과 카자흐스탄 등 중앙아시아에 있는 고려인 엘리트들을 평양에 파견해 활용하자는 것이

었습니다. 이에 따라 1945년 8월 9일 일본
에 선전포고를 하기 전에 이와 같은 사정을
소련군극동전선 총사령부가 소련공산당
중앙위원회에 보고했습니다. 이를 소련공
산당 중앙위원회가 면밀하게 검토하여 이
오시프 스탈린Iosif Vissarionovich Stalin에게 보고
했고, 스탈린이 이를 받아들여 중앙아시아
에 있는 고려인들에게 벼락같은 징집명령
이 떨어진 것입니다."

스탈린의 명령에 따라 평양에 들어가 북한
정권 수립에 참여한 고려인이 몇 명인지 문
건으로는 정확하게 드러나지 않고 있다. 지
금까지 공개된 소련공산당 중앙위원회나 외

조선의 해방과 독립이 약속되었던 1945년
7월 26일 포츠담회의담장에서 스탈린이 골
똘한 표정을 지으며 성냥으로 담뱃불을 붙
이고 있다.

무성 국방성 등의 고문서를 보면 북한정권 창설 과정에서 일어난 시시콜
콜한 사실까지 기록되어 있다. 하물며 소련 공민인 고려인을 대거 동원하
면서 소련 국방성은 당연히 그 근거 기록을 남겼을 것이다. 하지만 소련
국방성 고문서는 지금까지 공개되지 않은 채 역사의 뒤안길에 잠들어 있
다. 박길용 전 북한 외무성 부상모스크바 동방학연구소 선임연구위원, 정치학 박사과 강
상호 전 북한 내무성 정치국장 겸 제1부상 등은 필자와의 인터뷰를 통해
1945년 8월부터 1954년 초까지 북한에 파견된 고려인은 500여 명에 이른
다고 주장했다.

이들의 증언에 따르면, 1945년 8월 초부터 1953년 3월 스탈린 사망 직
전까지 북한에 파견된 소련 고려인은 모두 428명이다. 또 1953년 말부터
1954년 초까지 북한정권이 6·25전쟁에 따른 피해 복구를 위해 요청한

고려인 기술자 40여 명이 있다. 이 밖에 1948년 9월부터 1950년 4월까지 러시아어 요원, 무역일꾼, 기술일꾼 등 개인 자격으로 입북해 북한에 체류했지만 공식적인 입북 고려인 통계에 잡히지 않은 30여 명 등이 있다.

그 구체적인 근거로 북한에서 장관급인 내각 간부국장내각 인사위원장 겸 당 중앙검사위원회 위원1956년 노동당 제3차 대회에서 선출을 지내다 카자흐스탄 알마티로 귀환해 1980년대 말 타계한 리히준이 "내각 간부국이 1945년 8월부터 1953년 3월 스탈린 사망 직전까지 조사한 결과 소련이 북한에 파견한 소련 고려인은 모두 428명"이라고 밝힌 점을 들었다. 박길용 전 북한 외무성 부상副相은 "당시 내각 간부국은 각급 기관의 인사 문제를 총괄하는 기관이었다. 그 책임자인 리히준의 자료는 신뢰할 만하다"고 덧붙였다.

한편 소련에서 북한에 들어가 당·정·군 등에서 고위직을 지내다 숙청되어 다시 소련으로 귀환한 인사들 가운데 1990년 현재 생존한 인사들로 구성된 고려인유가족후원회회장 정률 전 북한 문화선전성 부상, 카자흐스탄 알마티 거주는 1991년 1월 자체 조사 결과 1945년 8월 초순부터 1947년까지 11차례에 걸쳐 북한에 들어가 당·정·군 등에서 '정치일꾼'으로 참여한 고려인은 잠정적으로 256명부록 명단 참조이라고 밝혔다.

고려인유가족후원회회장 정률 전 북한 문화선전성 부상은 필자와의 인터뷰를 통해 "당시 소련으로 귀환한 인사들의 기억에 의존한 것이기 때문에 상당수가 누락되기도 하는 등 조사방법에 한계가 있었다. 또 이 숫자에는 북한정권이 수립된 이후인 1948년 1월부터 1950년 6월까지 북조선 정부수립과 경제 건설, 전쟁 준비 등을 위해 파견된 군사 등 각 분야 전문 기술자들, 그리고 6·25전쟁 기간과 전쟁 이후 복구 기술자 등이 포함되지 않았다"고 말했다.

소련 고려인 엘리트 500여 명의 입북 시기와 직업, 목적, 임무 등을 분석하고 정리하면 다음과 같다. 이는 필자가 스탈린의 명령에 따라 북한으로 들어가 당·정·군 등에서 고위직을 지내다 숙청되어 소련으로 귀환해 모스크바, 상트페테르부르크, 알마티, 타슈켄트, 하바롭스크, 로스토프 등에 생존해 있는 강상호전 내무성 정치국장 겸 제1부상, 김찬전 재무성 부상 겸 조선중앙은행 총재, 정률전 문화선전성 부상, 박길용전 외무성 부상, 남봉식전 조선중앙방송위원회 위원장, 유성철전 민족보위성 작전국장, 장학봉전 정치군관학교 교장, 박병률전 강동정치학원 원장, 이황룡전 인민군 병기총국장, 김세일소비에트신보사 기자 등 열 명과 인터뷰한 결과를 종합한 것이다.

북한에서 해방 맞이한 첩보 공작원들

소련은 대일전을 준비하는 과정에서 고려인을 조선에 파견하여 일본군의 눈을 피해 첩보공작을 했다. 소련군의 비밀지령에 따라 '소련 조국'과 조선 해방을 위해 조상의 조국이면서 적지인 조선에 들어가 첩보공작을 한 이들이 스탈린의 '한반도 민주기지 설치 계획'과 관련하여 북한에 파견된 최초의 고려인으로 볼 수 있다.

첩보공작원이라는 특성상 그 숫자는 정확히 밝혀지지 않고 있다. 첩보공작의 밀명을 받고 조선에 밀파된 고려인 중 상당수는 해방 전 조선에서 일본군과 일본 경찰에 붙잡혀 죽거나 작전 중 동사 또는 아사한 것으로 알려진다. 조선에서 첩보공작 도중에 해방을 맞이한 소련 출신 고려인은 여덟 명이며, 그 명단은 다음과 같다.

- 한일무: 북조선노동당 강원도당위원장, 북한인민군 해군사령관, 항공사령관, 몽골대사
- 김원길: 북한인민군 소장·항공사령부 참모장

■ 박창옥: 조선노동당 선전부장, 정치위원, 부수상 겸 국가계획
위원회 위원장
■ 이학룡: 북한인민군 소장
■ 김찬: 북한인민군 소장
■ 박정애: 조선노동당 비서, 정치위원
■ 김성훈: 북한인민군 소장
■ 김창수: 당중앙위원회 통신부장, 자강도당 부위원장

박길용 전 북한외무성 부상은 필자에게 제공한 러시아로 된 미공개 자
서전 원고에서 조-중 국경 지대에서 소련의 대일 첩보공작대원으로 활동
했던 박창옥에 대한 일화를 다음과 같이 소개했다.

"해방 전 동만주에서 항일 유격대에 참가한 오백룡빨치산파에게 1947
년 평양에서 들은 이야기입니다. 그는 1943년 만주 훈춘 근처 두만강
국경 입구에서 소련 첩보공작대원 박창옥과 공동으로 대일 첩보공작
을 하고 있었답니다. 배가 몹시 고픈 박창옥은 오백룡더러 강가 언덕
에서 망을 보게 한 뒤 혼자 외딴 농가로 들어갔답니다. 첩보공작대원
에게는 절대 금지된 행동이었습니다. 농가 여주인은 그들을 친절히
맞이하면서 잠시 기다리면 식사를 준비하겠다고 말하더랍니다. 그 여
주인이 식사를 준비하는 척하다가 밖으로 나가 어디론가 가고 있음을
보고 심상치 않은 낌새를 느낀 오백룡이 신호를 하여 농가에서 박창
옥을 불러내 둘은 옥수수 밭에 숨었답니다. 얼마 후 무장한 일본군 세
명이 그 농가에 나타났다는 겁니다. 오백룡과 박창옥은 인근 산으로
도망치다가 박창옥이 왼쪽 허벅지에 총을 맞아 부상을 입었답니다.
오백룡은 박창옥을 메고 강쪽으로 가 자신들이 나타나면 다가오기로

약속된 배를 타고 도망쳐 살아났다는 겁니다. 이 공로로 오백룡은 소련으로부터 2등 붉은 기 훈장을 받았고, 박창옥은 첩보공작대의 지휘관으로 승진했다는 것입니다. 소련군이 오백룡의 진술에 따라 박창옥의 부상을 확인한 후 이들의 공적을 인정했다는 것입니다. 1945년 8월 중순 소련군 제25군이 이 지역을 점령했습니다. 오백룡이 소련군과 함께 그 농가로 가서 여주인을 사살하려고 하자, 소련군 병사들이 '보복행위를 하는 것은 옳지 않다'며 여주인을 방첩 특무기관에 넘겼다는 것입니다."

해방 후 오백룡은 노동당 정치국 위원, 김일성 수상 호위국장, 민족보위성한국의 국방부에 해당 부상, 국방위원회 부위원장, 노동적위대 사령관대장 등을 지냈다. 소련파인 박창옥도 북한에서 노동당 선전부장, 정치위원, 부수상 겸 국가계획위원회 위원장 등을 지내다 숙청되었다.

소련군과 함께 '조선해방전쟁' 참전

소련군의 성원으로 '조선해방전투'에 직간접적으로 참가한 고려인은 다섯 명이다. 이들의 명단은 다음과 같다(괄호 안은 해방 후 북한에서의 직위).

- 정률일명 정상진: 소련군 해병대 특무상사(문화선전성 부상)
- 최종학: 소련군 대위(북한인민군 총정치국장 · 대장)
- 최표덕: 소련군 중좌(북한인민군 탱크사령관 · 중장)
- 최흥국: 소련군 대위(북한인민군 후방총국장 · 소장)
- 최왈렌친: 소련군 상위

정률.

　　직접 무기를 손에 들고 소련군의 대일전에 참가했던 정률 전 북한 문화선전성 부상은 필자와의 인터뷰에서 다음과 같이 증언했다.

　　"카자흐스탄공화국 크슬오르다 시에 있는 사범대학 러시아문학부를 졸업하고, 중학교에서 러시아문학 교사를 하던 1941년, 소-독 전쟁 개시부터 일곱 차례 알마티 시에 있는 군사동원부에 참전 기회를 달라고 청원했습니다. 그러나 그때마다 거절당했습니다. 거절 이유는 '소수민족 이주민은 절대 참전시키지 말라'는 상부의 지령 때문이라고 했습니다. 소련군 입대를 단념하고 있던 중 36세가 된 1944년 여름, 갑자기 군사동원부로부터 '입대하라'는 징집 명령을 받았습니다. 그리고 블라디보스토크에서 멀지 않은 오스트로프라는 섬에 있는 소련 해군기지로 가서 태평양함대 육전대한국의 해병대 격에 배속되었습니다. 소련군 입대 1년여 만인 1945년 8월 9일 0시, 우리 부대에 '조선의 웅기만을 해방시키라'는 전투 명령이 떨어졌습니다. 소련 고려인 가운데 특무상사 계급장을 달고 해병대원으로 유일하게 조국 조선을 일제로부터 해방시키는 전투에 참가할 수 있는 기회를 얻었다는 것이 일생일대 최대의 영광이며 자랑이었습니다. 8월 9~10일 이틀간 소련 항공대와 해군이 웅기·나진·청진·원산항을 맹폭격했습니다. 이어 8월 11일 새벽, 웅기항이 보이자 누군가가 소련 말로 '야! 웅기가 보인다. 조선이다!'라고 외치자 옆에 있던 지휘관 리오노프 대위가 나의 어깨를 치면서 '너의 조국이니 조국 해방을 위해 잘 싸워라'라고 격려했습니다.

어뢰정 여섯 척에 나누어 탄 우리 육전대원 60명은 예상외로 큰 전투 없이 웅기만에 상륙했습니다. 항구 주변에 있는 일본군 부대 시설이 폭격기에 맞아 불타고 있었고, 시민들이 소련군이 상륙했다는 소식을 듣고 태극기를 들고 시가지에 몰려나와 '조선해방 만세'를 외치며 우리를 환영했습니다. 시민들은 '일본군이 어젯밤 웅기에서 철수해 남으로 내려갔다'고 알려주었습니다. 조선 여인들이 몰려나와 울면서 만세를 불렀고, 나도 감개무량해 조선말로 함께 만세를 불렀습니다. 한 여인이 '조선 사람이 있다'고 외치자 여인들이 몰려와 나를 부둥켜안고 만세를 부르며 울었습니다. 낮이 되니 여인들이 푸짐한 조선 음식을 준비해 부대원들과 함께 나누어 먹으면서 해방의 기쁨을 만끽했습니다. 우리 대원들은 저녁에 블라디보스토크로 돌아가 12일 새벽에 다시 나진시 해방 명령을 받고 출동했습니다. 나진시 또한 폭격을 받아 항구와 시가지가 어지러웠습니다. 중국인들이 붉은 기를 들고 항구에 나와 '일본군은 어젯밤 모두 철수했다'며 우리의 상륙을 안내하기도 했습니다.

웅기 전투에 들어가기 전, '웅기·나진·청진·원산 등은 북한의 4대 항구이므로 치열한 전투가 예상된다'는 사령관의 말과는 달리 막상 웅기와 나진에 상륙하고 보니 일본군은 단 한 명도 볼 수 없었습니다. 그러나 청진항 상륙 작전은 치열했습니다. 이날 밤 블라디보스토크의 소련 해군 태평양함대로부터 '13일 청진항 상륙작전을 개시하라'는 명령이 떨어졌습니다. 새벽에 출동하여 청진항으로 향하던 중 일본군이 해안포 사격을 해왔습니다. 여름비가 내리는 가운데 우리 대원들은 일본군의 사격을 뚫고 오전 11시경 청진항에 상륙했습니다. 우리 육전대원 60명은 청진시에 최후까지 남아 버티던 일본군 1개 연대와 싸웠습니다. 특히 우리 팀 아홉 명에게 '지원군이

올 때까지 일본의 미쓰비시제철소로 가는 청진철교를 사수하라'는 명령이 떨어졌습니다. 14일 새벽부터 14시간 동안 치열한 전투를 벌였습니다. 일본군은 오연발 총으로, 우리는 자동총으로 전투를 벌여 15일 새벽까지 일본군 30여 명, 우리 팀은 네 명이 전사했습니다. 15일 점심때까지 일본군 연대 병력이 저항을 계속해 우리는 항구 주변에 있던 소련 군함과 전투기에 일본군 배치 상황 등을 타전하고 무차별 함포사격 등을 가해 일본군을 격퇴했습니다. 이날 오후 4시경, 소련군 제25군 선봉 부대가 북쪽에서 내려와 청진에 나타났습니다. 선봉 부대 미로노프 소장이 우리 육전대원 30명 앞에서 '잘 싸웠다. 너희들은 잠시 부두에서 쉬어라. 이제부터 육군이 전쟁을 계속하겠다' 라고 격려했습니다.

청진 전투 첫날^{13일} 청진 시내 방직공장 근처에서 한복을 입은 여인이 우리 대원들 앞에 나타나 '여러분들 중에 조선 사람이 있느냐' 고 물어 '내가 조선 사람이다'고 말하자 '혹시 소련에 사는 최계도^{일명} ^{최영}를 아는가'라고 물었습니다. 최계도는 블라디보스토크에서 활동한 극작가이자 연출가로 조선극장 창시자였습니다. 그를 잘 안다고 말하자 '내가 최계도의 누나'라며 나를 끌어안고 '오빠를 만난 것 같다'며 울었다. 우리는 전쟁이 끝난 후 꼭 만나자는 약속을 하고 헤어졌지만 만나지 못했습니다.

우리는 16일 아침 조선인이 와서 '어젯밤 일본이 항복했다는 방송이 있었다'라는 말을 전해줄 때까지 조선의 해방을 모르고 있었습니다. 그러나 청진 전투는 18일 아침까지 계속되었습니다. 사실상 북한 지역을 통치했던 북한 주둔 일본군 가운데 가장 막강하다는 나남사단^{함흥 나남에 주둔한 일본군 제19사단}이 끝까지 버티다가 낮 12시에 투항했기 때문입니다. 우리는 이날 오후 청진형무소의 문을 열어 정치범 100여 명을 석방했습니다. 지휘관은 '너의 조국이니 카레이스키고려인 손으로 문을 열어라'며 청진형무소의 문을 내 손으로 열도록 했습니다. 형무소 문이 열리고 일제에 의해 억울하게 갇혀 있던 조선인 정치범들이 풀려나오는 감격적인 순간을 지금도 잊을 수 없습니다. 이들 중 한 젊은 여인이 나오면서 나를 보고 '상진아!'라고 외쳤습니다. 순간 나는 그녀를 알아보지 못했지만, 곰곰이 생각해보니 1934년 블라디보스토크의 10년제 중학교에 다닐 때 2년 선배로 매우 가깝게 지낸 사이였습니다. 우리는 서로 껴안고 울었습니다. 그녀는 1934년 소련첩보기관의 공작대로 파견되어 청진에 잠입하자마자 일본군에 붙잡혀 11년간 형무소 생활을 했습니다. '모진 고문을 받으면서도 조국혁명정신을 잃지 않았다'면서 온몸에 남아 있는 고문 흔적을 보여주기도 했습니다. 그녀와 남편, 그리고 자식들이 지금도 북한에 살아 있을지도 모르기 때문에 그녀의 이름은 밝힐 수 없습니다. 이 청진 시내 전투에서 우리 육전대원 60명 중 절반인 30명이 전사했습니다."

정률 전 북한 문화선전성 부상의 회고를 계속 들어보자.

"우리 대원들은 20일 오전까지 청진에 머물렀고, 그동안 나는 소련군 제25군의 청진시 인민위원회 설치 과정에서 소련 장교들의 통역을 맡기도 했습니다. 우리는 이날 오후 다시 블라디보스토크로 들어갔다가 5일 만인 8월 25일 원산항에 입항했습니다. 원산은 이미 지난 20일 또 다른 소련군 육전대가 상륙하자 일본 해군기지 부대가 투항해 평온했고, 소련군 제25군이 벌써 원산시 인민위원회를 조직해 놓았습니다. 나는 곧바로 원산시 인민위원회로 배속되어 교육부 차장을 맡았습니다. 이 때문에 9월 19일 원산항에 입북한 '김일성 부

스탈린 대원수 복장을 한 김일성. 소련군정이 그를 '항일 민족영웅 김일성 장군'으로 상징하기 위해 특별 제작한 것이다. 부르키(장화)는 사슴 가죽과 낙타털로 만들어졌다. 이 사진은 신문 등 모든 선전물에 활용되었다(사진 제공 및 증언: 레베데프).

대'를 맞이하게 되었습니다. 김일성 부대가 입북하기 하루 전인 18일, 원산시 소련군 위수사령부에서 '그 유명한 김일성 장군이 내일 원산항에 들어오니 마중 나갈 생각 없느냐'고 물어왔습니다.

그동안 '김일성 장군'에 대해 소문만 들었지 실제 인물을 보지 못해 궁금하던 차였습니다. 19일 오전 10시경 원산항에 나가보니 소련군 수송선 푸가초프 호가 정박해 있었습니다. 입항 마중을 나간 사람은 원산시 소련군 위수사령부에서 세 명, 원산시 인민위원회 부위원장차관급 태성수소련파, 원산시 보안부 박병섭소련파, 원산시 인민위원회 부장 최일소련파, 원산시 인민위원장장관급 강계덕 등 모두 여덟 명이었습니다. 배에 탄 72명 중 김일성이 첫 번째로 내렸습니다. 소련 군 소좌 계급장을 단 사람이동화, 군의관이 가장 높은 계급이었습니다. 그에게 '누가 김일성 장군이냐'고 물으니 '적기 훈장을 찬 사람이다' 라고 말했습니다. 김일성은 마중 나온 우리를 일일이 찾아다니며 '김 성주김일성의 본명 입니다'라고 인사를 했습니다. 이들은 강계덕과 태성 수가 대접한 점심을 먹은 후, 오후 2시경 원산 공설운동장에서 열린 추석 시민체육대회를 관람하고, 이날 밤 열차편으로 평양을 향해 떠 났습니다.

나는 1946년 10월 함흥으로 가 함경남도 인민위원회 교육처장을 맡았습니다. 이어 1947년 3월 평양으로 올라가 작가동맹, 미술가동 맹, 작곡가동맹, 무용가동맹, 사진가동맹, 연극동맹 등을 관장하는 문학예술총동맹 부위원장을 맡았습니다. 소련군정으로부터 나에게 떨어진 임무는 소비에트의 문학예술성을 그대로 북한에 이식하라는 것이었습니다. 솔직히 말하면 북한의 문학예술계에서는 6 · 25전쟁 이전까지 김일성에 대한 인식이 좋았습니다. 문학예술위원회 부위 원장 시절 당중앙위원회 부위원장이자 소련파의 '총수'인 허가이와 한설야문학예술동맹위원장, 작가, 안막문학예술동맹부위원장, 무용가 최승희의 남편 등 과 함께 김일성을 찾아가 예산 지원과 출판사 설립 등을 건의했더니 즉석에서 건의대로 지원해주기도 했습니다. 최승희무용연구소도 김 일성의 지시로 설립되었습니다. 국립극장 연극공연 때 만나면 '소련 예술을 항상 모범으로 삼아라'고 지시하기도 했습니다. 김일성은 예 술에 대한 상식은 부족했으나 예술 발전에 대한 열정은 대단했습니 다. 1948년 허가이가 김일성대학에 교수가 부족하다며 나를 러시아 문학 부장으로 보내, 나는 그곳에서 문학원론과 세계문학사 등을 가 르쳤습니다.

6·25전쟁이 발발하자 대령 계급장을 달고 인민군 병기총국 부국장을 맡아 러시아어로 된 전투기에 대한 문건을 번역하는 일을 했습니다. 전쟁 중인 1950년 12월, 갑자기 김일성이 불러 '군대를 그만 두고 문화선전성 제1부상으로 가서 문화 사업을 지도하라'는 지시를 받았습니다. 그래서 남로당 위원장 때 월북해 최고인민회의 의장을 지낸 허헌1951년 익사의 장녀 허정숙 문화선전상 아래서 일했습니다. 그러다가 1955년 말 이른바 '소련파 5인조 숙청 사건'에 몰려 과학도서관장으로 밀려나 버티다가, 1957년 김일성에게 소련으로 돌아가겠다고 청원하자 의외로 쾌히 승낙하면서 여비와 담배를 주면서 섭섭하지 않게 환송해주었습니다."

소련군과 함께 온 제1진 '글 박사들'

1945년 8월 26일, 한반도 반쪽을 점령한 소련군 제25군 사령관 치스차코프 대장이 평양에 도착했다. 이어 이틀 뒤인 8월 28일, 제25군 군사회의 군사위원 레베데프 소장, 푸르소프L. S. Fursov 소장, 그로모프 대좌 등 군사·정치 전문가들이 평양으로 날아왔다. 정통 정치일꾼들의 평양 도착은 군사회의를 평양으로 옮겨온 것으로, 소련군정이 본격적으로 시작되었음을 의미한다. 다음 날인 8월 29일 소련군 병력 12만 5,000여 명이 북한 전역을 점령한 가운데 제25군 참모장 펜콥스키V. I. Penkovski 중장 등 참모부가 평양에 도착해 군정사령부와 위수사령부 설치에 들어갔다.

이날 제25군 참모부에 이어 연해주의 소련극동군 총사령부 연병장에서 고려인 28명을 태운 군 트럭 두 대가 평양에 도착했다. 스탈린의 소련 출신 고려인 긴급 동원령에 따라 파견된 제1진이라고 할 수 있다. 이들은

1945년 8월 초에 우즈베키스탄과 카자흐스탄 등지로 강제이주된 고려인 청년들로, 느닷없는 소련군의 징집 명령을 받은 일군의 고려인 가운데 '글 박사'로 불리는 엘리트들이었다. 소련이 북한의 지도자로 '김일성 장군'을 추대하기 위해 보낸 선발대였다. 소련군 인솔 장교는 고려인 3세 강미하일 소좌였다. 이들은 대부분 소련 고려인 사회에서 이름난 시인, 작가 등 문필가였다. 이 '글 박사'들의 주요 명단은 다음과 같다.

- 김원봉: 문필가, 입북 후 평양의 소련군정에서 발행한 한국어 판 소련군신문사 간부
- 이봉길: 문필가, 한국어판 소련군기관지 ≪조선신문≫ 부주필
- 김성화: 문필가, 한국어판 소련군기관지 ≪조선신문≫ 간부
- 박기호: 문필가, 북한 내각 검열성 부상
- 김세일: 소설가, 한국어판 소련군기관지 ≪조선신문≫ 기자, 평양 주재 소련대사관 통역관, 1968년 소련에서 역사소설 『홍범도』 발표
- 임하: 극작가, 한국어판 소련군기관지 ≪조선신문≫ 부장
- 조기천: 시인, 한국어판 소련군기관지 ≪조선신문≫ 간부
- 전동혁: 시인, 외무성 참사
- 이봉길: 문필가, 소비에트신보사 부주필
- 박태섭: 문필가, 박헌영 비서, 인민군 총정치국 조직부장 · 소장
- 안일: 인민군 잡지 주필
- 박알렉세이: 농민은행장
- 최아나톨리: 인민군 후방총국 부국장
- 강미하일: 소련군 소좌

박정애(왼쪽), 소련군정 정치사령관 레베데프 소장 부인(오른쪽).

앞에서 언급한 것처럼 주목해야 할 대목은 소련이 대일본 참전을 시작
하기 전 이들을 사전에 징모했다는 점이다. 이들을 바로 대일전에 투입하
지 않고 20여 일의 이동 기간을 거쳐 소련군이 북한을 점령한 이후 소련
군정 사령부를 설치한 시점에 평양에 도착시킨 점 또한 눈여겨봐야 한다.
이는 소련이 북한에 소비에트 국가를 세우기 위해 사전에 치밀하게 준비
했음을 의미한다.

이들의 인솔자 강미하일 소좌는 소련군정 민정사령부의 수석 통역관으
로 사실상 대변인 임무를 수행했다. 특히 해방 이후 정국 수습과 치안 유
지 사업에서 큰 역할을 했다. 강미하일 소좌는 소련군 사령부와 북조선
정치·사회 지도자들을 연결시키는 다리와 같은 존재였다. 민족 지도자
조만식 선생을 도와 평안남도 인민정치위원회를 조직하고, 국내 공산주
의자인 김용범1945년 10월 13일 설치된 조선공산당 북조선 분국 제1비서, 박정애의 남편, 오
기섭조선공산당 북조선 분국 제2비서, 소련의 특수 공작대원으로 북한에서 지하공

작을 하다 일본 경찰에 붙잡혀 해방과 함께 평양 형무소에서 풀려나 치스차코프 소련군 제25군 사령관을 맞이한 박정애후에 여맹위원장과 당중앙위원회 부위원장 등을 지냄 등을 도와 조선공산당 북조선 분국을 조직할 때에도 산파역을 맡았다.

김일성이 평양에 온 뒤 소련군 사령관 치스차코프 대장은 주로 강미하일 소좌를 통해 여러 가지 지시사항을 김일성에게 전달했다. 말하자면, 강미하일을 비롯해 통역을 맡은 이봉길, 박태섭후에 소련파로 유일하게 박헌영 비서가 됨, 전동혁 등은 초기 한때 소련군 전권대사였으며, 김일성에게는 믿을 만한 후견인들이었다. 이들은 모두 성격이 원만하고 정치적 식견이 높아 그 업무에 적합한 인물들이었다.

1945년 10월 14일, 소련군 환영 평양 시민 군중대회에서 있었던 김일성 최초 연설의 연설문도 소련군 제25군사령부가 작성하여 전동혁이 번역한 것이었다. 강미하일 소좌는 연단에 설 김일성에게 자신의 양복을 빌려주기도 했다. 당시 김일성은 넥타이를 매본 적이 없어 소련군 정치장교 그리고리 코노비치 메클레르Grigori Konovich Mekler 중좌가 대신 매주었다.

강미하일 소좌는 다른 소련 출신 고려인들과는 달리 북한에 남지 않고 북한정권이 들어선 이후인 1948년 12월 북한 주둔 소련군이 철수할 때 함께 소련으로 돌아갔다.

전쟁 이전 징집된 제2진 엘리트들

소련이 일본에 선전포고를 하기 며칠 전인 1945년 8월 초순, 중앙아시아 우즈베키스탄 스레드니 칠치크 구역 군사동원부가 소련 정부 명의로 고려인 청년 26명에게 징집 명령을 보냈다. 소련 정부가 고려인들에게 집단 징집 명령을 내린 것은 고려인 이주 역사상 처음이었다. 우즈베크스탄 타슈켄트에서 12km 떨어진 콜호스 '극성'에서는 여섯 명이 징집 명령을 받았으며, 명단은 다음과 같다.

- 남봉식: 전 조선중앙방송위원회 위원장
- 오기찬: 전 북한인민군 해안방어 제25여단장·소장
- 김학천: 전 북한인민군 군단정치부장·소장
- 김찬: 전 조선중앙은행 총재 겸 재정성 부상
- 최철환: 전 내각 사무국장
- 장보리스: 전 북한인민군 소장

나머지 20명도 우즈베키스탄 내 여러 콜호스에서 일하던 30~40대 고려인이었다. 이들은 고려인 '글 박사' 28명이 평양에 도착한 3~4일 후인 1945년 9월 초 평양에 도착했다. 평양에 도착한 순서로 구분하면 고려인 '글 박사들'이 제1진, 이들이 제2진에 해당된다.

남봉식은 이 징집 명령에 따라 소련군으로 평양에 들어가 조선중앙방송위원회 위원장을 지내다 1958년 봄 러시아 하바롭스크로 돌아가 살다가 타계했다. 오기찬 역시 소장 계급으로 북한인민군 해안방어 제25여단장을 지내다 1958년 우크라이나로 돌아가 살다가 사망했다. 김학천은 입북 후 소장 계급장을 달고 인민군 군단정치부장을 지내다 소련으로 귀환하여 우즈베키스탄의 타슈켄트에서 살다가 세상을 떠났다. 김찬은 조선중앙은행 총재와 재정성 부상 등을 지내다 타슈켄트로 돌아와 타계했다.

남봉식 전 북한 조선중앙방송위원회 위원장이 필자에게 제공한 미공개 육필 회상록과 인터뷰에서 증언된 징집 명령 전후의 사연은, 고려인 청년들에 대한 스탈린의 갑작스러운 참전 명령이 얼마나 절박한 것이었는지를 여실히 보여준다.

남봉식.

남봉식은 1910년 함경북도 종성군 계해면 봉산동 빈농에서 외아들로 태어났다. 항일독립운동을 하던 그의 아버지 남성보는 1915년 나라가 망하자 일본 경찰의 눈을 피해 가족을 데리고 두만강을 건너 신천지 소련 땅 연해주 중십여창이라는 오지 농촌으로 이사했다.

남성보의 집은 항일 독립군의 비밀 참모본부가 되었다. 이곳에서 고려 혁명군 연해주총지부 총재 등을 지내면서 독립운동을 하다 1937년 스탈린 대숙청 때 러시아 당국이 일본 간첩으로 몰아 숙청된 이중집을 비롯해, 이용해방 후 서울에서 신진당을 조직, 북한에서 초대 내각 도시경영상, 황원우, 허승환, 라형기, 최후송모두 1937년 러시아 당국이 '일본 간첩'으로 숙청, 오기섭해방 후 북한에서 북조선공산당 제2비서 등이 모여 당면한 항일 독립운동 문제를 논의했다.

특히 남성보는 독립군이 일본 무장 군인들로부터 노획한 총과 탄환을 운반하여 보관하는 책임자였다. 항일 빨치산 부대가 해산되고 1923년 연해주의 농촌마다 농촌소비에트가 창설되자 남성보는 초대 마을 소비에트 위원장에 선임되었다. 소비에트 붉은 군대와 협력하며 고려인 콜호스에서 활동했다. 그는 1935년 항일 지하공작 활동을 하러 북한에 들어갔다가 행방불명되었다.

아버지를 잃은 남봉식 역시 1937년 10월 가족과 우즈베키스탄으로 강제이주 당해, 고려인들이 다시 조직한 콜호스에서 들어가 삶의 터전을 닦기 시작했다. 강제이주의 한숨을 미처 돌리기도 전인 1938년 봄, 우즈베키스탄과 카자흐스탄의 고려인 콜호스에 또다시 스탈린의 '습관성 국가테러'가 발동되어 고려인에 대한 검거 삭풍이 불어닥쳤다. 죄목은 '일본 간첩 또는 반동분자'였다. 남봉식이 일하던 '극성' 콜호스에서도 50여 명의 고려인이 검거되었다.

새벽 3시, 검은 모자를 쓰고 총을 든 내무기관원 세 명이 남봉식의 집에 들이닥쳐 체포영장을 제시한 후 수갑을 채우고 끌고 나갔다. 남봉식은 그들이 타고 온 군용 지프를 타고 타슈켄트 형무소로 이송 후 수감되었다. 평소 50여 명을 수용하던 감방에 200명에 달하는 인원을 마치 양계장의 닭처럼 몰아넣었다. 남봉식이 가장 젊었으며, 나머지는 대부분 50세가 넘은 고려인들이었다. 이들은 대부분 항일 빨치산운동 등을 하던 혁명가들로 연해주 소비에트 창설 이후 소비에트 주권을 위해 목숨을 바쳐 싸운 사람들이었다. 남봉식은 여러 차례 자술서를 쓰고 조사를 받은 끝에 '일본 간첩'도, '반동분자'도 아닌 것으로 밝혀져 68일 만에 풀려났다.

1941년 6월 22일 독소 전쟁이 발발하자 스탈린은 총동원령을 내려 군대 징모 연령에 해당하는 소련공민 전부를 전선에 동원했다. 남봉식은 수천 명의 고려인 청년과 함께 스탈린에게 '전쟁터에 보내달라'는 청원서를 보냈다. 그러나 스탈린은 '정치적 이유로 이주당한 사람들 손에 무기를 쥐어줄 수 없다'는 이유로 고려인을 징모하지 않았다. 그 대신 징모 연령에 해당되는 고려인 청년 수만 명을 무기 제조 공장 등 군수산업 현장, 광산, 벌목장, 집단농장 등 '노력 전선'에 동원했다. 군수산업 현장에 동원된 고려인 청년들은 굶주림 속에서도 헌신적으로 일했다. 특히 고려인 집단농장들은 전쟁 기간에 많은 곡물, 채소, 과일 등을 생산해 전선으로 보냈다. 이런 가운데 극소수 고려인 청년은 다른 민족으로 위장해 전쟁에 참가했다. 이 전쟁에서 민알렉산드르, 한알렉산드르 등 고려인들이 소련영웅칭호를 받기도 했다.

이처럼 고려인을 불신한 나머지 여러 차례 숙청하거나 국가테러를 자행하던 스탈린이 왜 고려인 청년을 대규모로 징집해 평양으로 급파했을까. 역사는 스탈린이 점령지 북한에 소비에트 '민주기지'를 창설하는 데 고려인 엘리트들의 역할이 절실했을 것이라고 보고 있다. 그렇다. 소련군정이 북한 정권을 창설하는 과정에서 고려인 엘리트 군단의 역할은 지대했다. 그러나 스탈린은 또다시 이들 고려인 엘리트 군단을 '소모품'으로 활용한 뒤 버리고 만다.

종전 후인 1945년 9월, 북한을 점령한 소련군은 평양에 소련군정 사령부, 북한 전역에 도 · 시 · 군에 위수사령부를 설치했다. 예상했던 대로 많은 어려움이 뒤따랐고, 무엇보다 사령부 지도부에서 말단까지 언어장벽이 가장 큰 문제였다. 그래도 북조선을 점령한 뒤 한 달 정도를 보낸 평양의 소련군정 사령부는 나름대로 북조선 정세를 파악했다. 그리고 이를 토대로 소련에서 준비해온 프로그램에 따라 차례대로 시스템화해 군정의 가닥을 잡아나갔다.

필자가 모스크바에서 입수한 1945년 12월 25일 소련군 총정치국장 요시프 쉬킨 중장이 극동관계 담당 외무인민 부위원원무성차관 솔로몬 로조프스키Solomon Abramovich Lozovski에게 보낸 '북조선 정세 보고서'소련 외무성 고문서 보관소, 문서번호: N.200227에 따르면, 소련군 최고사령관 스탈린 대원수는 소련군정 사령부 출범 20여 일 만인 1945년 9월 21일 "북조선에서 민주정당 · 사회단체들의 광범한 블록에 기반을 둔 부르주아 민주정권을 창설하라"고 지령을 내린다.

스탈린이 평양의 소련군정에 지령을 내린 시점은, 김일성이 소련 연해주 하바롭스크 외곽에 있던 소련군 제88정찰여단에서 빨치산 부대원들과 함께 소련 군함을 타고 원산항에 들어온 지 이틀째 되는 날이다. 결코 우연으로 볼 수 없는 대목이다. 여기에서 스탈린의 지령과 김일성의 입북이 맞아 떨어지는 '정치적 함수'를 읽을 수 있다. 이 지령은 소련이 한반도 전체에 위성 정권을 창설한다는 당초의 원대한 목표를 크게 수정한 것으로 해석된다. 우선 북한 지역만이라도 단독 정권을 세워 '민주기지'를 창설하라는 뜻이 명백하게 드러난 지령으로 해석할 수 있다.

특히 소련군 최고 실세인 총정치국장 쉬킨 중장은 앞서 언급한 보고서에서 "최고사령부의 지령에 언급된 북조선에서 민주정권 창설을 겨냥한 노선이 대담하게 관철되지 못했다"라고 지적한다. 따라서 발등에 불이 떨어진 평양의 소련군 사령부는 급박하게 돌아간다. 무엇보다 급한 일은 북조선에 소련의 위성정권을 창출하고 장차 이 정권을 이끌어갈 지도자를 양성하는 것이었다. 또 북한 정권과 지도자 양성의 토양이 될 사회주의 정당과 각 분야 사회단체를 조직하는 과제도 시급했다. 이와 함께 북한의 행정과 민생을 챙길 민정사령부와 행정총국 설치도 당면한 중요 과제였다.

한편 평양에 소련 군정이 들어선 지 4개월 만에 북조선의 정세 보고서를 작성해 외무성 등에 보낸 쉬킨 중장은 1945년부터 1949년까지 4년간 소련군 총정치국장을 맡으면서 스탈린의 총애를 받았던 인물이다. 그는 비밀경찰 KGB[1946년 국가안전성 제1총국, 1949년 내각 직속 정보총국으로 변경]의 우두머리였던 라브렌터 베리아[Laverntiny Beria]에 이어 3인자로 평가받았다. 특히 그는 북한을 비롯해 동유럽 국가 등 제2차 세계대전 이후 소련이 점령한 지역에서 소비에트 위성국가 창설을 총괄했던 인물이다.

이처럼 산적한 당면 과제 속에서 소련군정 사령부는 각 분야에서 자신들의 '손과 발'이 될 고려인 엘리트 수백 명이 필요했다. 북한에서 외무성 부상 등을 지내다 1961년 소련으로 귀환해 모스크바 동방학연구소 수석 연구위원을 지낸 박길용 박사[소련명 박월렌친]는 필자에게 제공한 미공개 자서전 육필 원고와 인터뷰에서 다음과 같이 증언했다.

"만 25세이던 1945년 9월 말이었습니다. 우즈베키스탄 타슈켄트 시 외곽에 있는 고려인 콜호스가 운영하는 중학교 교사로 있을 때입니다. 갑자기 구역 군사위원회로 출두하라는 통지가 왔습니다. 이보다 한 달 반 이전인 8월 9일, 소련이 대일전 참전을 선포했다는 소식이 라디오를 통해 전해지자 우즈베키스탄에 강제이주된 고려인 청년들은 '이제 우리를 극동으로 보내 전쟁에 투입할 것'이라고 기대했습니다. 하지만 이렇다 할 소식이 없었고, 어느 날 일본이 항복해 조선이 해방되었다는 뉴스가 전해졌습니다. 고려인들은 '조선이 해방되었다'며 기뻐 날뛰었고, 고향인 연해주 지역으로 가게 되리라는 희망에 부풀어 있었습니다.

그런데 지역 내무기관원들이 고려인 콜호스를 돌면서 고려인들의 동향을 파악하기 시작했습니다. 강제이주시킨 고려인들을 결코 연해주로 보내지 않을 눈치였습니다. 이런 가운데 소련 군사 당국이 북한에서 일할 고려인 청년을 징집하고 있다는 소문이 나돌았습니다. 이 소문이 돈 지 며칠 후, 나에게 '이 통지서를 받은 즉시 구역 군사위원회로 출두하라'는 명령이 떨어진 것입니다. 구역 군사위원회에 출두하니 동료들이 와 있었습니다. 그리고 소련공산당 지역 간부, 소련군 장교, 지역 내무기관원 등이 앉아 사전에 준비한 우리의 신원조사 리스트를 놓고 각자의 이력, 한국에 대한 지식, 한국어 능력 등에 대해 상세하게 질문했습니다. 면접을 본 고려인 2, 3세 청년들은 연해주와 중앙아시아에서 고려인이 운영하는 초·중·고등학교와 대학에서 줄곧 모국어인 한국어를 배웠기 때문에 한국말을 잘하고, 부모로부터 조국 한국에 대해 배워서 상식도 풍부했습니다. 소련군의 징집 면접을 본 동료들 가운데 내가 가장 나이가 어렸습니다. 나중에 안 사실이지만 타슈켄트의 소련군 면접과 동시에 많은 동료가 모스크바에서도 똑같은 소련군 면접을 거친 후 평양에 파견되었었습니다. 우리는 면접을 끝내고 잠시 집에 들른 후 그날 군복으로 갈

아입고 평양행 열차를 탔습니다."

박길용 팀이 떠난 지 열흘 쯤 뒤인 그해 10월 초순, 우즈베키스탄 타슈켄트 주 주변 고려인 콜호스에서 운영하는 중학교 교장으로 있던 강상호도 박길용과 같은 방법으로 36세에 소련군에 징모되어 평양으로 가 소련군 제25군 정치부에 배치되었다. 그는 북한에서 내무성 제1부상 겸 정치국장 등을 지내다 1959년 소련으로 귀환하여 상트페테르부르크에서 타계했다.

고려인들이 강제이주 당해 집단으로 거주하던 우즈베키스탄과 카자흐스탄에서는 1945년 8월부터 1948년까지 스탈린의 명령에 따라 고려인 엘리트들의 평양행이 계속 이어졌다. 북한 정권이 창설된 1948년 9월부터는 조소 간 외교 형식을 빌어 각 분야의 고려인 기술자들이 개별적으로 평양에 파견되어 북한의 경제 발전을 도왔다.

'김일성 부대'와 함께 온 제3진 '군인들'

1945년 9월 19일 김일성, 김책, 최용건 등 항일 빨치산들과 함께 소련 연해주 하바롭스크 부근 소련군 제88정찰여단에서 복무하다 원산항에 입북한 소련군 출신 고려인은 모두 12명이다. 그 명단과 입북 후 직위와 직책은 다음과 같다(한 명은 불명).

- 문일일명 문에리: 김일성 비서
- 김봉률: 민족보위성 부상 · 중장
- 박길남: 인민군 공병총국장 · 소장
- 이종인: 인민군 통신국장

■ 이동화.　　　　　　　　■■ 유성철(왼쪽)과 김광협 인민군 부참모장(오른쪽).

- 김창국: 인민군 정찰국 부국장
- 김빠베르: 교육성 고등교육국장
- 정학준: 인민군 작전국장
- 이동화: 소련군 소좌, 김일성 주치의, 인민군 군의국장, 보건성 부상
- 유성철: 북한인민군 작전국장, 인민군 총참모부 부참모장·중장
- 이청송: 인민군 중좌
- 김파: 인민군 중좌

　소련군 제88정찰여단은 1942년 소련군이 대일본 참전에 대비해 북조선과 소련, 중국과 소련 사이 국경지대에서 대일 정찰 활동을 하기 위해 창설된 부대이다. 제3진은 김일성이 소련군 대위로 있던 제88정찰여단 소속 고려인들로, 입북 후 대부분 군에서 고위직을 지냈다. 예를 들면, 박길남은 소련에서 당 학교를 졸업하고 당 사업을 하다 소련군에 들어가 제88정찰여단에서 김일성을 알게 되어 함께 입북했다. 그는 북한인민군 조직에 기여하다 소장 계급을 달고, 6·25전쟁 당시 인민군 공병국장을 맡기도 했다. 북한에서 민족보위성 작전국장을 지낸 유성철 중장은 필자와

의 인터뷰에서 김일성 부대와 함께 입북한 소련군 고려인 12명은 북한의
인민군 모태가 된 보안대대본부 창설1946년 2월 8일에 핵심적인 역할을 했다
고 증언했다.

제4, 5진, 공산주의 이론가와 파워 엘리트들

평양의 소련군정 사령부가 틀을 갖추기 시작한 것은 1945년 10월 초 사
령부 내에 민정을 담당할 민정사령부일명 로마넨코 사령부를 설치하고부터다.
소련군 제35군 군사위원 로마넨코 소련 육군 소장이 사령관인 민정사령부
는 총무국 또는 정치국국장 이그나치예프 대좌, 산업국국장 코르클렌코 대좌, 농업국국
장 카디셰프 대좌, 출판국국장 부디킨 대좌, 문화국국장 마심추크 소좌, 보건국국장 로트블류
트 소좌, 통신국국장 라자레프 대좌, 재정국국장 일라토프스키 대좌, 운송국국장 돌기 대좌,
보안국국장 자그루진 대좌 등 10개국을 두었다. 그리고 바로 평양시 인민위원회
에 10개 행정국을 설치해 민정사령부와 긴밀한 관계를 유지하도록 했다.
각국의 책임자는 한국식으로 '국장'이라고 불렸지만, 소련군정 내에서는
전국의 지역위수사령부를 총괄 지휘하는 '고문'으로 불렸다. 이에 따라 평
양 군정사령부를 비롯해 북한의 도·시·군 위수사령부, 그리고 민정사령
부 등에서 일할 분야별 전문 소련 장교들의 통역요원이 다수 필요했다. 이
에 맞춰 9월 하순 우즈베키스탄과 모스크바를 출발한 고려인 군단 제4진
56명이 10월 초순 평양에 도착했다. 주요 명단은 다음과 같다.

- 박영빈: 북조선노동당 조직부장 겸 정치위원
- 김철우김트로핌: 북한인민군 여단장, 양강도당 위원장, 당중앙위
원회 후보위원1956년 4월

■ 천이완(왼쪽), 지용수(오른쪽).
■■ 주 동독대사 박길용(가운데). 동유럽 외교 순방길에 오른 김일성이 동베를린 공항에 도착해 그로테볼 당시 동독수상의 영접을 받고 있는 모습(1957년 7월).

- ■ 임효범임콘스탄친: 농업성 부상

- ■ 허학철: 정치군관학교 강습소장 · 대좌

- ■ 김춘일: 재정성 관리국장

- ■ 김일: 내각 간부

- ■ 김단: 김책 보좌관 · 소장

- ■ 천율: 북한인민군 제1군단 정치위원 · 소장

- ■ 천이완: 북한인민군 병기국장

- ■ 박태준: 노동성 부상

- ■ 박춘: 북한인민군 사단 정치부장

- ■ 한성천: 국가계획위원회 통계국장

- ■ 오표돌: 농업성 국영농장 국장

- ■ 엄승렬: 국가계획위원회 제1부위원장

- ■ 박길용: 외무성 부상, 동독 대사

- ■ 장학봉: 정치군관학교 교장

이들 대부분은 우즈베키스탄 출신 고려인으로, 고려인 학교 교사거나 고려인 콜호스 등에서 일하던 엘리트들이었다. 입북 초기 대부분 소련군 제25군 정치부에 배속되어 지역위수사령부 또는 로마넨코 소장의 민정사령부에서 주로 소련 장교들의 통역을 맡았다. 또 일부는 소련군이 발행한 한국어판 소련군기관지 ≪조선신문≫에서 일하기도 했다.

박길용 전 북한 외무성 부상의 경우 1920년생으로 함께 평양에 온 동료들 가운데 가장 젊은 데다, 한국어에 능통하고 대학에서 러시아 문학을 전공하는 등의 경력으로 입북과 동시에 ≪조선신문≫에서 일하면서 실력을 인정받았다. 박길용은 로마넨코 민정사령부로 발탁되어 뒤따라 입북한 기석복≪노동신문≫ 주필, 문화성 부상과 함께 제25군 사령관 치스차코프 대장, 제25군 군사위원 레베데프 소장, 민정사령관 로마넨코 소장 등 소련군 고위 장성들의 통역을 전담했다. 이 시기를 두고 러시아의 일부 고려인 학자들은 '통역 시대'라고 일컫는다.

특히 박길용은 6·25전쟁 이전에 김일성 수상의 비서 문일이 소련으로 귀환하자 전쟁 중 김일성 최고사령관의 러시아어 통역을 전담했고, 6·25 남침 이후에는 서울에 내려온 김일성을 수행하기도 했다. 소련군정 고위 지도부와 김일성 등 권력의 핵심에 접근할 수 있었던 박길용은 소련군정의 북한 정권 창출 과정을 잘 아는 고려인 중 한 명이었다. 그는 필자에게 제공한 러시아로 된 미공개 원고 회상록에서 초기 소련 군정사령부에서 고위 장성들의 통역을 전담했던 시절을 다음과 같이 증언했다.

"김일성의 관저는 소련군정 사령부로부터 차를 타고 5분 거리에 있었습니다. 사령부 옆에는 사실상 군정사령부를 통제하고 북한과 남한의 정치상황에 대해 모스크바에 보고하는 정보기관인 정치고문 KGB 사무실이 있었지요. 이 사무실은 주일 소련대사관에서 몇 년 동안 정치고문으로 일했던 발라사노프 대좌가 지휘했습니다. 1946년 가을부터는 서울 주재 소련총영사관 부총영사 샤브신이 이 팀에 합류했습니다. 김일성은 비서이자 통역관인 문일을 대동하고 하루에도 몇 번씩 사령부를 찾아와 정치사령관 레베데프 소장과 민정사령관 로마넨코 소장, 그리고 민정사령부의 2인자 격인 정치국장 이그나치예프 대좌 등을 만났습니다. 이들 고위 장성들의 통역은 주로 내가 맡았습니다.

통역관 시절 이런 일도 있었습니다. 1945년 10월 조선의 민족 지도자로 존경받는 조만식이 민정사령부 통역관실로 찾아와 민정사령부의 10개 행정국 중 '경찰국'이란 명칭을 단호히 반대한다고 했습니다. 경찰이라는 단어는 '일본 경찰'을 연상케 하여 한국인들에게 가장 증오심을 일으키는 단어라고 지적했습니다. 그러나 사령부의 고문인 자그루진 대좌는 '경찰'이란 명칭 사용을 고집했습니다. 조만식이 다음날 다시 사령부를 찾아와 고려인 통역관들에게 '경찰'이라는 소련어에 '보안국' 또는 '내무국'이라는 뜻은 없는지 물었습니다. 통역관들이 그런 뜻이 있다고 하자 로마넨코 민정사령관을 찾아가 경찰국 대신 보안국 또는 내무국으로 명칭을 바꿔줄 것을 요구해 보안국으로 관철시켰습니다."

제3진이 평양에 도착한 뒤 일주일이 지난 1945년 9월 말, 우즈베키스탄 타슈켄트와 사마르칸트 등에서 스탈린의 긴급 동원령에 따라 징모된 12명이 타슈켄트를 출발했다. 강상호 전 북한 내무성 정치국장 겸 제1부상, 김동철 전 사법성 부상, 정국록 전 ≪민주조선≫ 주필·정전위원회 수석 대표 등이 그 일행이다. 이들은 우수리스크에 주둔한 소련군 연해주 군구사령부에서 소련군 제25군 정치부에 배속받아 북한행 열차를 탔다. 이들

■ 북한 정권 창출의 주역들과 김일성(가운데). 레베데프 장군(왼쪽)과 발라사노프 KGB · 대좌(오른쪽).
■■ 로마넨코 평양 주둔 소련군정 민정사령관(왼쪽)과 김일성(오른쪽).

은 다른 고려인 군단과는 달리 소련군정 사령부가 있는 평양으로 가지 않고 11월 말 함흥시 등 북한 지역 주요 대도시에 주둔한 제25군 예하 각 사단 정치부에 배치되었다.

이들 대부분은 고려인에 대한 강제이주 이전 연해주에서, 강제이주된 이후 중앙아시아에서 구역 공산주의청년동맹, 구역 공산당 세포조직, 콜호스 등에서 일한 경험이 있거나 한때 소련군에 입대한 특이한 경력의 소유자들이었다. 제3진의 일원으로 북한에 들어간 강상호 전 북한 내무성 정치국장 겸 제1부상이 그 전형적인 경우다. 그는 1929년 블라디보스토크에 있는 공산당 학교와 원동 공산당대학을 졸업한 후 우수리스크 구역 소비에트 집행위원회 지도원으로 일했고, 그 후 연해주 허거우 구역 공청위원회 책임서기를 맡기도 했다. 강상호는 우즈베키스탄으로 강제이주된 후인 1942년 9월 고려인으로서는 특이하게 붉은 군대에 징모되어 우수리스크에 있는 소련군 제25군 정치부 지도원중위으로 복무하다 혹한 속에 앓게 된 급성폐렴이 폐결핵으로 번져 제대했다. 3년여 만에 소련군에 재입대해 고려인 군단 제3진으로 함흥에 온 그는 함흥시에 주둔한 소련군 제25군 40저격사단 정치부 상급지도원으로 임명되었다.

1945년 9월과 10월 두 달을 보내면서 평양의 소련군정 사령부는 '민주기지' 건설의 큰 가닥을 잡기 시작했다. 그동안 조선공산당 북조선 조직위원회를 설치해 장차 북한 정권을 이끌 기관차 격인 공산당의 터를 잡았고, '김일성 장군'을 북조선 인민들에게 선보인 후, 미리 준비한 로드맵에 맞춰 그를 북한 정권의 지도자로 양성하는 작업을 하나씩 진행해나갔다.

여기에는 지금까지 북한에 입북한 고려인 엘리트들의 노력이 큰 몫을 했다. 그러나 소련의 위성국으로서의 북한 정권을 창설하기까지는 넘어야 할 산이 많이 남아 있었다. 그리고 이를 위해 당·정·군 각 분야에서 지식과 경험이 있는 노련한 고려인 전문가가 다수 필요했다. 1945년 12월 중순경 평양에 도착한 고려인 군단이 바로 그런 사람들이었다. 이들은 대부분 소련에서 지역 소비에트 정권과 구역 당, 공산당 청년동맹, 콜호스, 학교 등에서 간부를 지낸 경험 있는 전문가들이었다. 제5진이 정확히 몇 명인지는 밝혀지지 않았으나 60여 명으로 전해진다. 정확한 숫자가 알려지지 않은 것은 우즈베키스탄과 카자흐스탄 등에서 온 고려인 군단이 이틀간 각각 30여 명 규모로 따로 소련군 제25군이 주둔하고 있는 연해주 우수리스크에 도착해 평양으로 떠났기 때문이다. 이들은 북한에 가서 당과 내각, 군, 기타 국가기관에서 고위 직책을 맡았다. 제5진에는 이른바 '소련파' 파워 엘리트들이 대거 포진해 있었다.

- 방학세: 내각 내무상, 사회안전상, 최고재판소 소장
- 허가이: 조선노동당 부위원장, 정치국 정치위원, 내각 부수상
- 박의완: 내각 철도상, 전선사령부 참모장·소장, 내각 부수상
- 김승화: 중앙당학교 교장, 내각 사무국장, 내각 건설상
- 기석복: ≪노동신문≫ 주필, 내각 문화 선전성 부상, 육군대학 총장·중장
- 김택영: 사법성 부상
- 김열: 황해도당위원장, 내각 사무국장
- 김재욱: 평안남도당위원장, 인민군 총정치국장
- 박희준: 내각 사무국장
- 허빈: 평북도당 위원장, 당 중앙위원
- 고희만: 당 중앙위원 산업부장, 내각 임업상
- 김영수: 함경북도 인민위원회 위원장, 내각 수산성 부상
- 김학인: 내각 재정성 부상
- 이춘백: 인민군 제7군단 군사위원·중장, 인민군 정찰국장

■ 김택영.
■■ 김재욱(오른쪽)과 이동화(왼쪽).

- 이동건: 내각 외무성 부상
- 김기석: 내각 석탄성 관리국장
- 박영: 사범대 학장, 도당위원장
- 박일: 김일성대학 부총장
- 안동수: 탱크사단 정치부장
- 박덕환: 외무성 국장, 주소 대사관 참사
- 박창식: 평양시 인민위원회 부위원장
- 김영삼: 내각 전기성 부상
- 유도순: 내각 무역성 부상

이와 같은 소련파 파워엘리트 그룹의 명단은 이들에 앞서 북한에 들어가 조선은행 총재와 내각 재정성 부상 등을 지내다 소련으로 귀환하여 우즈베키스탄 타슈켄트 시에 살고 있는 김찬이 필자와의 인터뷰에서 확인해준 것이다. 아울러 모스크바에서 강상호 전 북한 내무성 제1부상과 박길용 전 북한 외무성 부상, 박병률 전 강동정치학원장북한의 빨치산 양성소 등이 필자와 회동하여 이들의 북한에서의 직책과 행방 등을 재확인해주었다.

제6, 7, 8진 테크노크라트들

외형적으로나마 당분간 복수 정당 체제로 보이기 위한 평양 소련군정의 전략대로, 1945년 11월 3일 민족 지도자 조만식이 이끄는 조선민주당이 창당되었다. 소련군정은 공청조선공산주의청년동맹, 직총조선직업총동맹(노동조합), 여맹민주여성동맹 등 사회단체들이 속속 결성되는 등 정권 창출의 밑그림을 하나하나 그려나갔다. 특히 소련군정은 1945년 12월 17일 조선공산당 북조선조직위원회 확대회의에서 김일성을 제1비서에 앉혔다. 이보다 앞선 10월 13일 조선공산당 중앙위원회 위원장 박헌영이 참석한 가운데 열린 조선공산당 북조선 분국 창립 당대회에서 제1비서로 선출되었던 '소련파' 박정애조선노동당 비서, 정치국 정치위원의 남편 김용범과 토착 공산주의자이자 항일 투사인 함흥 출신 제2비서 오기섭은 두 달여 만에 그 자리를 비워줘야 했다. 소련군정은 김일성을 조선공산당 북조선 분국 제1비서에 이어, 1946년 2월 8일 출범시킨 북한의 사실상 정권기관인 임시인민위원회 위원장에 앉힐 계획을 세워놓고 있었다.

소련군이 북한을 점령한 지 넉 달여 만인 1945년 12월까지 스탈린의 긴급 동원령에 따라 북한에 들어온 고려인은 모두 152명이다. 이들은 평양의 소련군정 사령부와 민정사령부, 그리고 도·시·군 위수사령부, 1946년부터 돛을 올릴 임시인민위원회, 해방 후 중국 옌안에서 입북한 옌안파 인사들이 창당한 신민당과 합당한 북조선노동당, 당 간부학교, 내각 간부학교, 군관학교, 김일성대학, 조소문화협회 등 당·정·군·교육기관·사회단체 등에서 활동한 소련군의 전위대이다. 고려인 엘리트들의 평양행은 여기서 그치지 않고 1946년부터 1949년까지 네 차례에 걸쳐 계속 이어졌다. 1946년 8월 입북한 제6진은 각 분야 기술자 그룹 36명이다. 주요 인사 명단은 다음과 같다.

- 남일: 인민군 총참모장·대장, 외무상, 내각 부수상
- 김해경여: 대학 교수, 후방총국장 장시우 비서
- 박원무: 수력발전소 기사장, 내각 전기성부
- 허익: 중앙당간부학교 교장
- 장익환: 교육성 부상
- 김동학: 최고검찰소 부소장

- 김영삼: 전기성 부상
- 김빠베르: 교육성 고등교육국장
- 김학인: 내각 호위처장
- 장주익: 과학원 서기장
- 박일: 김일성종합대학 부총장
- 김이노겐치: 건설성 부상
- 정철우: 인민군 제4군단장, 당중앙위원회 후보위원
- 천치억: 인민군 도로관리 국장 · 소장, 내각 자동차 국장
- 이문일: 조선통신사 주필

이어 1947년 12월 북한에 들어온 제7진은 당, 행정, 교육, 기술 분야의 테크노크라트 36명이다. 주요 인사 명단은 다음과 같다.

- 박병률: 강동정치학원 원장, 내무성 후방국장
- 주광무: 내무성 예심처장
- 오기홍: 체신성 부장
- 박라오니드: 수송대대장
- 김칠성: 해군참모장
- 장돈야여: 김일성종합대학 교수
- 강소피아여: 중앙당학교 교수
- 심수철: 인민군 간부국 부국장
- 이황룡: 인민군 병기국장
- 김광: 무역성 부상
- 남창섭: 내무성 경비국 정치부장
- 지용수: 인민군 재정국 부국장

박길용 전 북한 외무성 부상의 증언은 이어진다.

"소련 고려인의 입북은 북한 정권이 수립되기 전까지는 소련군 장교의 인솔하에 집단적으로 이뤄졌습니다. 그런데 1948년 양국 간 외교관계가 수립되자 북한의 사정에 따라 공식 외교채널을 통해 파견되었습니다. 1948년부터 북조선 각급 학교에서 러시아어가 제1외국어로 지정되었지요. 이에 따라 러시아어 교사가 크게 부족했습니다. 북한 정부의 공식 요청에 따라 평양 주재 소련대사관이 본국 소련공산당 중앙위원회에 요청했습니다. 이에 따라 알마티와 타슈켄트에 러시아어 강습소를 열어 교육을 시킨 후, 1947년 12월 36명제7진을 비롯해 모두 세 차례에 걸쳐 고려인 교사 100여 명제7, 8, 9진을 한시적으로 북한에 파견했습니다.

이들은 대부분 북한의 각급 학교에서 러시아어를 가르치다 일부는 6·25전쟁 때 참전했으며, 정전이 되자 소련으로 돌아갔습니다. 그리고 6·25전쟁이 끝난 1953년 8월부터 1954년 6월까지 파괴된 인민경제 복구를 위해 석탄공업과 중공업 전문가 등 40여 명제10, 11진의 기술자 파견이 이어졌습니다. 이들 가운데 남세명내무성 정보국장 겸 부상, 소련 대좌급, KGB 출신과 이영발내무성 국장 등도 끼어 있었습니다. 이들은 '북조선에도 스탈린 시대가 도래하고 있다'며 '북조선에 오래 남으면 결국 숙청된다'고 판단해 길어야 1년 정도 머물고 소련으로 돌아갔습니다."

제6진부터 제11진은 모두 180여 명이다. 이들도 우즈베키스탄과 카자흐스탄 학교에서 교사로 있었거나 법과대학 출신, 예술인, 중앙아시아 강제이주 이전 연해주 지역과 중앙아시아의 소비에트 당이나 정권기관 등에서 일한 경험이 있는 전문가 그룹이다.

그리던 '조국' 평양으로 가는 길

북한에서 조선방송위원회 위원장을 지내다 소련으로 귀환해 하바롭스크에서 살고 있는 남봉식은 필자에게 제공한 미공개 육필 원고의 회고록에서 북한으로 가는 길의 추억을 다음과 같이 증언했다.

"1945년 8월 상순 스탈린의 징집 명령을 받은 고려인 청년 26명은 우즈베키스탄 타슈켄트를 떠나 소련군 소좌의 인솔 아래 일주일 만에 소련군 제25군이 주둔하고 있는 연해주 우수리스크 시에 도착했습니다. 제25군 포병대에 배속되어 군복으로 갈아입고 따발총을 메고 중국의 훈춘, 지린, 룽징, 투먼 등을 지났습니다. 사실상 전쟁은 끝났지만 소련군은 가끔 일본군 잔당과 전투를 하기도 했습니다. 우리를 태운 임시 군용열차가 조선 땅 회령에 들어섰습니다. 내가 태어난 함경북도 종성군 계해면 봉산동이 지척이었습니다. 나의 태를 묻어둔 고향땅이 그립고 가보고 싶었지만 군인 신분이라 봉산동 쪽을 바라보는 것으로 만족해야 했습니다.
우리를 태운 군용 열차가 회령을 거쳐 나진, 청진, 길주, 함흥역 등을 통과할 때 많은 조선 사람이 손을 흔들면서 환영해 주었습니다. 어떤 사람들은 정차해 있는 열차에까지 올라와 반가운 표정으로 눈물을 흘리기도 했습니다. 그리고 '소련에서는 조선 사람도 군인이 될 수 있는가. 이때까지 어떻게 조선말을 잊지 않았는가. 소련에도 조선학교가 있는가. 소련에는 민족 차별이 없는가' 등 많은 질문을 하기도 했습니다. 열차가 길주역에 머물렀을 때 시민들이 우리를 자기들의 집으로 초대하는 훈훈한 조선 민심을 보여주기도 했습니다. 우리는 인솔 장교의 승인을 받아 민가로 들어가 미리 차려 놓은 푸짐한 음식을 대접받았습니다. 내가 초청받은 민가에는 환갑이 넘은 노인이 계셨습니다. 그는 항일운동을 하다 일본 경찰에 붙잡혀 옥살이를 했다면서 나를 껴안고 한없이 눈물을 흘렸습니다. 내가 조선방송위원장 겸 평양방송국장 시절인 1949년 여름 함경북도 출장 때 그 노인을 찾아갔지만 벌써 돌아가셨더군요. 지금도 가끔 그 노인을 생각하면서 눈물을 흘립니다.

8월 30일 우리는 평양역에 도착했습니다. 남녀노소 수많은 사람이 역 광장에서 '우리의 해방자 소련군대 만세!', '조선-소련 친선은 영구불멸하다' 등의 플래카드를 들고 나와 열렬히 환영했습니다. 우리 일행은 이 같은 환영에 감명받아 눈물을 흘렸습니다."

제2진에 이어 제3진인 우즈베키스탄 출신 고려인 56명의 평양행은 마치 '노예들의 이동'과 같았다. 동절기 군복을 지급하지 않은 데다 수송열차는 난방이 되지 않았고 지급된 식량이 적어 추위와 배고픔에 떨어야 했다. 이는 1937년 가을 연해주의 고려인들이 스탈린의 강제이주 명령에 따라 중앙아시아로 가는 열차를 연상케 했다. 이들과 함께 평양행 열차를 탄 박길용 전 북한 외무성 부상은 미공개 회상록에서 당시 타슈켄트에서 평양까지 가는 '노예 행진'을 이렇게 증언했다.

"1945년 9월 말, 우리를 태운 열차는 타슈켄트에서 출발해 8년 전 스탈린의 명령으로 조선인들이 강제로 떠나야 했던 연해주를 향해 동쪽으로, 동쪽으로 달렸습니다. 북한과 만주의 대일전에서 동원이 해제된 소련 군인들을 실은 군용 열차들이 우리 열차를 마주하고 수없이 지나갔습니다. 그들은 역과 간이역에서 노래 부르고 춤을 추며 전쟁터에서 살아 돌아왔음을 몹시 기뻐했고, 그들의 가족도 눈물을 흘리며 기뻐하는 모습을 많이 볼 수 있었습니다.

우리가 타슈켄트를 떠날 때는 여름 날씨였으나 시베리아 근방에 들어서자 눈이 내리고 영하의 추운 날씨가 계속 되었습니다. 그러나 우리는 동절기 군복이 지급되지 않아 타슈켄트에서 입고 온 여름옷을 입고 있었고, 수송열차도 난방이 되지 않아 추위에 떨어야 했습니다. 식사도 매끼마다 빵 몇 조각이 전부였습니다. 나와 친구 김트로핌김철우과 임콘스탄친임효법 셋은 겨울밤 뜰 앞 강아지들처럼 저녁만 되면 서로 부둥켜안고 온기로 체온을 유지하며 잠을 잤습니다.

인솔 장교는 노보시비르스크에서 목욕을 시킨 후 장교복이 지급될 것이라고 했지만, 열차는 노보시비르스크를 그냥 지나쳐버렸습니다. 10여 일 동안 강제이주 때 겪었던 악몽이 되살아났습니다. 10월 초, 우리는 시베리아의 보로실로프지금의 우수리스크에 도착했습니다. 그곳에 소련군 극동전선사령부 정치지도부가 있었습니다. 제7정치국 대좌가 나타나 '당신들은 지금부터 붉은 군대 군인'이라며 북한의 상황과 북한에서 소비에트 군대로서 해야 할 일에 대해 상세히 특강을 했습니다. 그리고 동절기 야전 군복과 모조 가죽구두 등을 지급했습니다."

박길용은 절친한 친구 김철우에 대한 회고에서 나라 없는 민족의 설움을 토로한다.

"나의 친구 김철우는 붙임성이 있고 겸손하여 북한에서도 우리 사이에서 매우 존경을 받았습니다. 그러나 그의 운명은 비극으로 끝났습니다. 6·25전쟁 때 그가 지휘관으로 있던 여단이 미군의 인천상륙작전으로 포위당했습니다. 그는 기적적으로 포위망을 뚫고 빠져나와 강계까지 피해 왔습니다. 전쟁 후 그는 양강도당 위원장에 임명되었습니다. 그러나 그 후 아무런 소식 없이 사라졌습니다. 마치 소련에서 그랬던 것처럼. 그의 운명에 대해서는 아무도 모릅니다."

박길용의 회고는 계속 이어진다.

"나는 중앙아시아로 이주가기 전 5년여 동안 원동 보로실로프 시에 살았습니다. 함께 간 동료들 가운데 몇몇도 같은 도시 출신이었지요. 나의 옛집을 찾아가봤습니다. 러시아 군인들이 살고 있었습니다. 주민들은 '고려인이 떠난 후 원주민인 우크라이나인, 라트비아인, 에스파냐인, 폴란드인 등도 스탈린의 강제이주 정책에 의해 오지로 이주되었다'고 알려주었습니다. 우리 고려인처럼 '믿을 수 없는 인자'라는 이유였습니다. 우리는 다시 열차를 타고 평양으로 향하면서 이주 전 고려인들이 살던 집들이 잡초가 우거진 채 방치되어 있는 것을 볼 때마다 가슴을 에는 아픔을 참아야 했습니다.

연해주를 뒤로하고 함경북도 길주군, 경흥군을 지났습니다. 길주군은 나의 아버지 고향입니다. 주민들이 한 달여 전 두만강을 건너던 소련 고려인들 중 시인 조기천이 두만강 변 모래땅에 '오, 나의 땅이여!'라고 쓰고 소리치며 엎어져 울었다는 말을 전해주었습니다. 순간 나도 '오, 아버지의 고향 길주!'를 외치기도 했습니다. 며칠 후 평양에 도착해 소련군 제25군 정치부에서 발행한 소련군기관지 한글판을 만드는 조선신문사에서 이봉길, 조기천, 최철환, 전동혁 등을 만났습니다."

제2진으로 우즈베키스탄을 떠난 강상호 전 북한 내무성 정치국장 겸 제1부상은 필자에게 제공한 미공개 자서전 육필 원고와 인터뷰를 통해 평양으로 가는 길을 다음과 같이 증언했다.

"1945년 10월 우리 일행 12명은 시베리아 우수리스크에 주둔한 소련군 극동군구사령부대일전 때의 극동군총사령부가 축소된 것에 들러 신고를 한 후 평양에 주둔한 소련군 제25군 정치부로 배속 명령을 받았습니다. 우리를 태운 소련군 트럭은 연해주 포시에트 구역을 지나 중국 훈춘에 도착했습니다. 거기서 두만강을 건너 기차로 바꿔 타고 회령에 도착했습니다. 회령은 나의 할머니 고향입니다. 어려서 할머니에게 들은 '회령군수의 기생놀이' 이야기가 떠올랐습니다. 우리는 여관에서 축음기를 틀어놓고 「눈물 젖은 두만강」, 「홍도야 우지 마라」 등 조선의 유행가를 들으면서 감격에 젖어 목이 터져라 노래를 부르기도 했습니다.

또 다시 트럭으로 바꿔 타고 함흥을 향해 떠났습니다. 출발한 지 얼마 지나지 않아 트럭은 할아버지와 아버지의 고향 부령읍을 통과했습니다. 나의 시선은 한참 동안 부령읍에서 떨어질 줄 몰랐습니다. 할아버지가 아버지를 낳아 기르던 그 집은 어디쯤 있는지 등을 상상하면서 귀가 싫도록 들은 고향 이야기를 되새겼습니다. 우리 일행은 그날 밤 함흥시의 한 여관에 도착했습니다. 평양까지 우리를 인솔할 소련군 소좌와 함께 함경남도 공산당위원장 정달헌과 부위원장 주영하가 찾아와 인사를 하고 떠났습니다."

필자는 스탈린의 징집 명령에 따라 북한에 파견되어 고위직을 지내다 소련으로 귀환하여 모스크바, 상트페테르부르크, 하바롭스크, 타슈켄트, 알마티 등지에서 살고 있는 고려인들과의 개별 인터뷰에서 ① 북한에 파견되기 전에 소련에서 교육을 받았는가, 받았다면 그 교육 내용은 어떤 것이었는지, ② 북한 파견 이전에 김일성을 알고 있었는지, ③ 북한 파견 이전에 김일성을 지도자로 추대하라는 미션을 받았는지, ④ 김일성을 북한의 지도자로 추대하라는 미션은 언제 받았는지 등에 대해 집중적으로 물었다.

그들은 모두 입북 전 소련군으로부터 '북조선에 들어가 붉은 군대의 건국사업을 도우라'는 교육을 받았다고 밝혔다. 그리고 이들 대부분은 북한에 파견되기 이전에 전설의 '김일성 장군'에 대해 들어 알고 있었고, 김일성을 북조선의 지도자로 추대하라는 미션을 받은 것은 입북 시기에 따라 달랐다. 1945년 말까지 파견된 사람들은 북한에 파견된 이후 미션을 받았고, 1946년 이후 파견된 사람들은 파견 전 김일성 추대 미션을 받고 입북했다고 답변했다. 이들과의 개별 인터뷰를 지상 좌담 형식으로 엮어본다.

— 북한에 파견되기 전에 소련에서 교육을 받았습니까?

김찬 전 북한 조선중앙은행 총재 겸 재정성 부상^{1945년 9월 초 입북, 타슈켄트} 거주: 타슈켄트 지역 군 당국으로부터 10시간 교육을 받았습니다. 교육 내용은 '위대한 붉은 군대가 너희의 조국을 일제로부터 해방시켰다. 너희의 조국에 들어가 붉은 군대의 건국사업을 도우라'는 것이었습니다. 그리고 평양으로 가는 도중 극동 지방에 주둔한 소련군 극동총사령부에서 1박 2일 간 교육을 받았습니다. 내용은 타슈켄트에서 군 당국으로부터 받은 교육 내용과 비슷했지만 좀 더 구체적이었습니다. 교육에 들어가기 전 대위와 중위 등 군관 계급장을 달아주고, 상급자의 명령에 절대 복종하라는 등 엄격한 행동 지침을 시달했습니다. 그리고 '너의 조국에 사회주의 우월성을 전파하여 빠른 기간 내에 소비에트화를 이식하라'고 강조했습니다.

장학봉 김책정치군관학교 교장^{1945년 10월 초 파견, 타슈켄트 거주}: 파견 전에

왼쪽부터 김찬, 장학봉, 김세일.

군 당국으로부터 북한에서 행동할 교양교육을 받았습니다. 군 당
국은 고려인 모두가 엄혹한 스탈린 정책에 길들여 있었기 때문에
전혀 걱정하지 않는 눈치였습니다. 오히려 '선택된 특혜'를 제공한
것처럼 거만하게 대했습니다.

— 입북 이전에 김일성을 알고 있었습니까?

김세일 전 북한주둔 소련군기관지 한국어판 ≪조선신문≫ 기자1945년 8월
29일 파견, 모스크바 거주: 옛 소련에 살고 있는 고려인들은 부모와 선배
들에게 빨치산 독립운동을 하던 홍범도 장군을 비롯하여 전설의
'김일성 장군'에 대해 들어왔습니다. 그러나 김일성이 평양에 들어
오기 전까지는 소련군정에서 그를 지도자로 추대하라는 미션은
없었습니다.

— 북한에 파견되기 이전에 김일성을 지도자로 추대하라는 미션을 받았
습니까?

박길용 전 북한 외무성 부상1945년 10월 파견, 모스크바 거주: 1945년 9월 말

왼쪽부터 박길용, 유성철, 박병률.

우리 팀이 시베리아에 있는 소련군 극동총사령부에 도착하여 교육을 받을 때까지도 김일성을 지도자로 추대하라는 미션이 없었습니다. 그때는 이미 김일성이 평양에 들어가 있을 때였지요.

유성철 전 북한 민족보위성 작전국장ㆍ중장1945년 9월 19일 김일성 부대와 함께 입북, 타슈켄트 거주: 나는 김일성과 함께 하바롭스크 변방에 주둔한 소련군 제88정찰여단에서 복무했습니다. 소련이 대일전을 시작하기 전인 1945년 7월, 소련군 극동총사령부에서 비밀리에 우리 부대를 찾아와 김일성과 강건, 김책, 최용건 등을 면접하고 갔습니다. 그 후부터 제1대대장인 김일성 대위의 움직임이 수상했습니다. 아니나 다를까. 9월 19일 원산항으로 입북하면서부터 김일성은 '김일성 장군'으로 불렸습니다. 함께 입북한 제88정찰여단의 소련 고려인들은 그가 장차 북조선의 지도자가 될 것임을 전혀 의심하지 않았습니다.

— 그렇다면 김일성을 추대하라는 미션은 언제 받았습니까?

김세일: 이미 평양에 들어와 소련군기관지 ≪조선신문≫을 총괄하고

있던 소련군 극동 제2전선 사령부 제7호 정치국장 메클레르 중좌
가 김일성이 평양에 들어온 후부터 '김일성에 대한 특집' 준비를
지시해 감을 잡았습니다.

박길용: 1945년 10월 평양에 도착하여 소련군 고위 장교들의 통역관
요원으로 로마넨코 민정사령부에 신고했습니다. 그 자리에서 한
정보장교가 '지금 평양에서 준비하고 있는 김일성에 대한 선전활
동에 관심을 가져라. 그리고 **빠른** 시일 내에 당신들의 조국에 '민
주정권'이 들어서도록 협력하라'고 지시했습니다. 그 후부터 소련
군 고위 장교들의 통역을 위해 소련군정 사령부를 드나들면서 김
일성에 대한 소련군의 의중을 읽을 수 있었습니다.

박병률 전 북한 강동정치학원 원장1947년 12월 파견, 모스크바 거주: 타슈켄트
에서 3주간 교육을 받는 동안 '평양에 들어가 곧 수립될 김일성 정
권을 지원하라'는 지시를 받았습니다.

제2장

카 레 이 스 키 디 아 스 포 라 의 슬 픈 역 사

카레이스키는 누구?

카레이스키корéйский는 러시아어로 '한국인코리언'이다. 조선시대 말기인 1860년대부터 두만강 위쪽 동해 근처 러시아 연해주 지역으로 이주하기 시작한 한인들은 스스로를 '고려인' 또는 '고려 사람'이라고 불렀다. 옛 소련에 거주하던 한인과 그 후예로서 러시아와 중앙아시아 지역에 거주하고 있는 한인들은 지금도 자신들을 이렇게 부른다. 따라서 한인들이 자신들을 '고려인' 또는 '고려 사람'이라고 칭한 지도 연해주 한민족 이주 역사와 함께 어느새 150여 년이 되었다.

이 호칭은 한반도 일대와 연해주를 지배하던 옛 삼국시대의 고구려나 통일신라 이후의 고려와 직접적인 관련은 없다. 이에 대해 일부 학자들은 연해주로 건너간 초기 한인들이 만주와 연해주를 호령하던 조상의 기상을 되새기며 러시아인에게 '고구려 사람' 또는 '고려 사람'이라고 불러달라고 했을 가능성이 높다고 주장한다. 이를 보면 연해주로 이주한 초기 한인들의 민족의식과 역사의식이 대단히 높은 수준이었음을 알 수 있다.

'고려인 디아스포라'의 땅, 러시아 연해주. 두만강 하구를 사이에 두고 한반도와 이웃하면서 시베리아 동남단을 가로지르는 아무르 강, 우수리 강과 한국 동해로 둘러싸인 땅을 일컫는다. 말 그대로 '바다에 접한 땅'이라는 뜻이다. 엄격히 말하면 연해주는 러시아 행정구역상 주州가 아닌 국가와 국가의 경계인 변두리 지역, 즉 변경邊境 또는 변강邊疆이기 때문에 연해 변경변강이지만 연해주로 통용되고 있다. 면적은 16만 5,900km²이며, 대표적인 도시는 블라디보스토크로 러시아가 남하정책 끝에 찾아낸 부동항이다. 이 때문에 러시아는 이곳을 러시아 극동 지역의 군사 · 무역 기지로 삼았다.

러시아의 고려인들은 '연해주'와 '원동遠東'을 거의 같은 지역 개념으로 쓰고 있다. 그러나 엄격히 따지면 다르다. 원동은 연해주를 포함한 러시아의 극동부를 일컫는다. 그래서 러시아에선 이곳을 '극동'이라고 부른다. 강상호 전 북한 내무성 부상은 필자와의 인터뷰에서 "러시아 고려인들은 원동을 '고향'으로 생각하고 있으며, 그 땅에 대한 애착이 대를 이어 전해 오고 있다"라고 말했다. 그는 "우리의 할아버지와 아버지 들이 두만강과 압록강을 건너 시베리아의 찬바람이 몰아치는 만주를 거쳐 뿌리내린 땅이 바로 원동이기 때문"이라며 "그것만으로도 원동은 러시아 거주 고려인들의 마음의 고향이다"라고 설명했다. 그는 특히 "대한 독립을 위하여 무장투쟁의 햇불을 올린 곳도 원동이며, 소비에트 주권의 승리를 위해 외래 무장 간섭군, 백계군白系軍 등과 맞서 승리의 마지막 날까지 싸워 승리한 땅도 원동이었다"고 강조했다.

연해주는 한반도와 접경해 있는 지리적 조건 이외에 역사적으로 한민족의 영광과 회한이 배어 있는 땅이다. 한국의 뿌리인 부여와 옥저, 고구려와 발해가 이 지역을 오랫동안 지배하면서 민족문화를 꽃피웠기 때문이다. 연해주는 1914년 대한광복군 정부[1919년 대한민국 임시정부 수립에 영향을 끼친 단체]가 활동한 지역으로 만주의 북간도와 함께 항일무장 독립운동의 근거지로서 해방을 맞을 때까지 독립지사들의 주요 활동 무대였다. 조선조 말기, 국정이 혼란해지며 소수의 양반이 대다수 토지를 소유하자 가난한 농민들은 고향을 떠나 북쪽으로 이주했다. 당시만 해도 청나라가 중국으로 향하는 국경을 막고 있어 만주 땅으로는 갈 수 없었기 때문에 이들은 러시아 연해주를 선택했다.

역사는 한국인이 러시아로 이주하기 시작한 것을 조선조 철종 14년인 1863년으로 보고 있다. 함경북도 지방 농민 13가구가 한겨울 밤에 얼어붙은 두만강을 건너서 러시아 연해주 우수리 강 유역에 정착했다. 이어 고종 2년인 1865년에 60가구, 그다음 해에 100여 가구 등으로 점차 늘어나 1869년에는 4,500여 명의 한인이 이주했다. 이후에도 한인의 이주는 계속되었다.

이주 초기에는 대부분이 농업 이민이었다. 1897년 러시아 제국의 인구 조사 결과에 따르면, 러시아 전역에서 조선말을 하는 인구는 남자 1만 6,225명, 여자 9,780명으로 총 2만 6,005명이었다. 5년 뒤인 1902년 조사에서는 3만 2,000명을 넘어섰다. 이는 당시 연해주 지역 전체 인구의 20%에 해당한다. 두만강 바로 건너 러시아 포시에트 지역은 주민의 90% 이상이 고려인이었다. 이들 농업 이민 고려인은 불과 10~15년 사이에 버려진 땅 연해주 일대를 개간했다. 그리고 '물 만난 물고기처럼' 쌀농사를 비롯하여 여러 종류의 곡물을 심어 해마다 풍년을 이루었다. 연해주에서 생산된 농산물이 러시아 모스크바까지 팔려나갔다. 농산물 유통시장을 만든 것도 고려인이었다. '고려인이 가는 곳에는 바위 위에도 풀이 난다'는 말이 나올 정도였다고 한다. 고려인들이 개간한 콜호스는 소련에서 최고의 생산성을 자랑하는 농장이 되었다.

국내외 일부 학자는 이 같은 현상의 뒷면에는 '붉은 곰' 제정 러시아의 고도의 전략이 숨어 있었다며 다음과 같이 주장하기도 한다.

"제정 러시아는 조선조 말 가난을 이기지 못한 한인 농업 이주민들이 집단으로 두만강을 건너오는 것을 '환영'했다. 그리고 이들이 버려진 땅 연해주를 개간하도록 내버려두었다. 그런 다음 스탈린 정권은 1937년 가을, 17만 2,000명의 연해주 고려인을 카자흐스탄과 우즈베키스탄으로 강제이주시켰다. 고려인들의 강제이주를 시작으로 카자흐스탄과 우즈베키스탄 등 중앙아시아의 버려진 땅이 개간된다. 물론 스탈린의 강제이주 명령의 정치적인 이유는 고려인들이 '일본 첩자'라는 것이었다. 그러나 중앙아시아 지역의 험한 땅을 개간해 벼농사를 보급하는 등 고려인이 러시아 농업 발전에 끼친 역할을 보면 결코 정치적인 이유만은 아니었다고 볼 수 있다."

박길용 전 북한 외무성 부상에 따르면, 스탈린 정부는 이미 1930년대 초에 원동에 사는 몇백 가구의 고려인을 '경험 많은 농부'라는 이름으로 카자흐스탄에 쌀을 보급하기 위해 이주시켰다.

한편 최근 자료에 따르면, 현재 중앙아시아와 러시아 전역에 살고 있는 고려인 또는 고려 사람은 50여만 명이다. 우즈베키스탄 17만 6,000명, 러시아 14만 8,000명, 카자흐스탄 10만 명, 키르기스스탄 1만 9,000명, 우크라이나 1만 3,000명, 타지키스탄 6,000명, 투르크메니스탄 3,000명 등이다.

박길용 전 북한 외무성 부상은 필자에게 제공한 회고록에서 조상의 연해주 이주와 생활, 그리고 자신의 연해주에서의 초·중·고교 시절을 다음과 같이 증언했다.

"19세기 말엽, 나의 할아버지 박우연은 가난을 못 이겨 할머니, 아들 박태춘 등을 데리고 함경북도 길주에서 두만강을 건너 연해주 크라베한국명 미라산로 이주했습니다. 그곳에서 버려진 땅을 개간해 옥수수, 수수 등을 심었습니다. 그리고 배를 구입해 바다에 나가 고기를 잡아 쌀과 바꿔 식량을 조달했습니다. 배불리 먹지는 못했지만 조선에서와 같은 배고픔은 면했습니다. 1914년 7월 28일 제1차 세계대전이 터졌습니다. 나의 아버지 박태춘은 군대에 징집되어 소련군으로 참전하여 십자훈장과 게오르기 훈장을 받았습니다. 당시 차르^{tsar} 정부는 고려인들을 군대에 징집하거나 무기를 주는 것을 꺼리지 않았습니다. 이 때문에 많은 고려인 청년이 장교나 사관이 되기도 했습니다. 나의 아버지는 전쟁이 끝난 1918년에 집으로 돌아왔습니다. 그해 우리의 조그마한 오두막집이 불타버려 가족들은 친척집 등으로 뿔뿔이 헤어졌습니다. 나는 1920년에 친척집에서 태어났습니다. 블라디보스토크의 끝에 있는 러시아 초등학교에 3년, 고려인 초등학교에 3년을 다녔습니다. 그 덕택으로 북한에서 꼭 필요한 한국어의 기초 지식을 얻을 수 있었습니다."

당시 대부분의 고려인은 미래를 바라보면서 자녀들이 러시아 교육을 받기를 원했다. 그러나 고려인 지도자들은 '고려인 아이는 고려인 학교에 가야 한다'는 슬로건 아래 민족교육 정책을 추진했다. 고려인 초등학교를 졸업한 학생은 고려인 중학교, 직업전문학교에 진학할 수 있었다. 고려인 학교를 졸업한 학생의 상당수가 소련의 중등 및 고등 교육기관에 진학하지 못했다. 그들의 짧은 러시아어 실력 때문이었다. 1945년 8월부터 북한에 들어간 500여 명의 소비에트 고려인 중 상당수가 직업전문학교나 고려인 교원대학을 졸업한 사람들이었다. 박길용 박사의 증언을 계속 들어보자.

"니콜스크-우수리스키지금의 우수리스크에서 나는 러시아 중학교를 다 마치지 못하고 기상통보관이 되어 북극지방에서 일하기 위해 기상 직업학교에 입학했습니다. 그러나 직업학교 교육도 2주밖에 받지 못 했습니다. 강제이주라는 고려인의 슬픈 역사가 시작되었기 때문입 니다."

한인의 독립운동과 빨치산 운동의 터전, 연해주

가난에 시달린 한인 농민들의 이주는 1900년대에도 계속 이어졌다. 그 러다가 1910년 '한일합방'으로 조선이 망하자 국내에서 의병 활동과 구국 계몽 운동에 참여했던 애국지사들의 '망명 이주'가 줄을 이었다. 연해주는 조선의 독립운동을 위한 피난처가 되었다. 일본 경찰에 쫓긴 민족주의자 들과 공산주의자들은 시베리아와 연해주, 그리고 만주로 피신했다. 러시 아의 10월 혁명 및 동아시아에서의 공산주의 득세와 함께 연해주는 한인 들의 항일 독립군 양성의 터전이 되었다. 지역 내 수십 개 한인촌에서 크 고 작은 독립군 부대와 그 독립군 부대를 지원하는 자위대가 탄생함으로 써 연해주는 독립운동의 열기가 가득한 대일 항전의 기지 역할을 했다.

그 대표적인 사례를 살펴보자. 1919년 블라디보스토크의 대표적인 한인 촌 '신한촌'에 모인 조선의 민족지도자들이 3·1운동을 대대적으로 지원하 는 등 연해주 각지에서 고려인들은 연대 시위를 벌였다. 특히 신한촌은 독 립군에게 무기, 식량, 의복 등을 지원하는 기지 역할을 함으로써 민족주의 자들의 근거지가 되었다. 그 결과 신한촌은 1920년 4월 4일 일본군의 공격 으로 한인 수백 명이 사망하는 슬픈 역사를 남겼다.

원동 소비에트 정권이 붕괴된 이후 연해주에 빨치산 부대가 생겨나자 고려인들도 수십 개의 빨치산 부대를 창설해 러시아 빨치산 부대와 함께 백계군과 일본의 무장간섭군, 마적단 등과 싸우면서 소비에트 러시아 수호에 나섰다. 백계군은 정치적으로는 보수적·반볼셰비키적인 귀족, 대지주를 비롯한 부르주아 및 그 추종자들인 백계 러시아인의 군대. 혁명 당시에 좌익 혁명파가 붉은색을 상징으로 삼고 적위군을 조직하자, 보수적 반혁명파는 백색을 상징으로 한 자신들의 군대를 백위군 또는 백계군이라고 자칭한 데서 연유한 통속적 명칭이다.

고려인들의 대표적인 빨치산 부대는 수청 및 쑤저우허 지방의 한창걸 부대_{일명 수청 빨치산 부대}, 김경천 부대, 추풍 지방의 채영 부대, 이중집 부대, 그리고 솔밭관 빨치산 부대 등이었다. 고려인 빨치산 부대들은 일본 무장간섭군과 짜고 고려인들과 고려인 독립운동가들을 괴롭힌 마적단을 소탕하기도 했다.

1917년 러시아에서 '붉은 혁명'이 일어나자 서구 열강은 국제간섭군을 파견한다. 일본도 17만 5,000여 명의 군대를 파견한다. 이들 일본간섭군은 러시아군과 전투를 벌이면서, 한편으로는 항일투쟁을 하던 고려인들을 무자비하게 약탈하고 살해했다.

1910년대 연해주에서의 고려인들의 독립운동사에서는 최재형 선생 이야기를 빼놓을 수 없다. 최재형은 1860년 함경도에서 소작농 아들로 태어났다. 1869년 아버지의 손에 이끌려 두만강을 건너 연해주로 이주한 뒤, 가족을 잃고 러시아인 양자로 들어가 다양한 직업을 거치면서 '대부호'가 되었다. 그는 모은 재산의 거의 전부를 독립운동을 위해 내놓음으로써 독립운동의 '대부' 또는 '물주'로 불렸다. 1905년 일본이 조선의 외교권을 빼앗은 뒤 조선 사람들이 대거 두만강을 건너 연해주로 건너왔다. 최재형은 이들을 상대로 한 계몽과 교육, 협동조합 운동 등을 통해 인재를 양성하며 항일 독립운동단체를 조직했다. 항일 의병대를 만들어 안중근 의사 등과

힘을 합쳤고 동의회, 권업회 등을 조직해 독립운동을 벌였다. 상하이 임시
정부의 재무총장으로 추대되기도 했는데 1920년 일제에 의해 총살되었다.

　스탈린의 동원령에 따라 북한에 들어가 내무성 정치국장 겸 제1부상
등을 지내다 혹독한 사상검토 끝에 소련으로 귀환한 강상호는 필자에게
건넨 미공개 자서전 육필 원고에서 일본 무장간섭군의 앞잡이 마적단을
소탕한 한창걸 부대의 '떡메장군'을 소개했다.

　"구한말 과거시험을 준비하던 김용준은 망국 직후 서울에서 박경
천, 왕재우 등과 함께 독립운동단체 '신민단'을 조직해 활동하다가 일
본군에 쫓겨 만주 간도에 숨었습니다. 이곳에서 신민단 독립군대를
편성하고 독립군을 모집하여 활동했습니다. 그러나 여기에서도 일본
군의 감시에 쫓겨 단원들과 함께 연해주 수청 지방으로 옮겨왔습니
다. 신민단 독립군대는 독립부대로 활동하기는 불리하다는 것을 깨닫
고 수청 지방에서 활동 중인 한창걸 부대로 편입했습니다. 1920년 음
력 12월 30일, 설을 앞두고 고려인 집집마다 음식을 장만하고 있었습
니다. 빨치산 부대 간부인 김용준과 부대원 10여 명은 인근 마을 여덟
칸짜리 부잣집에 초대되어 장만한 떡과 음식을 대접받고 있었습니다.
한인 독립군이 이 집에 들어간 것을 정찰한 무장 일본군 앞잡이 마적
단 50여 명이 이 집을 포위하고 사격을 해왔습니다. 독립군 다섯 명이
보총을 들고 돼지우리 옆에 숨었습니다. 하얀 눈이 내린 들판 위에서
검은 옷을 입은 마적들이 다가오자 김용준은 절구통에서 떡메를 들고
'나가자'며 군령을 내리면서 전투를 지휘해 마적 30여 명을 소탕하고
무기를 노획하는 전공을 세웠습니다. 한인 독립군과 마을 주민들은
김용준에게 '떡메장군'이란 군사 칭호를 수여했습니다."

강상호 전 북한 내무성 정치국장 겸 제1부상은 미공개 자서전에서 조상의 연해주 이주와 연해주에서의 청년시절 등을 다음과 같이 회고했다.

"1892년에 지독한 흉년이 들었습니다. 그해 할아버지 강성문마저 돌아가시자 할머니 전 씨가 외아들 강태준을 데리고 먹고살 길을 찾아 함경북도 부령군 삼해면에서 연해주 수청강 하구에 있는 조그마한 마을로 이주했습니다. 그러나 마땅히 농사를 지을 땅이 없어 아버지 강태준은 수청강에서 나룻배 사공으로 일했습니다. 1909년, 나는 그곳에서 1남 1녀 중 외아들로 태어났습니다. 1917년 여름, 어머니 유옥녀가 전염병으로 숨졌고, 1919년 여름 아버지는 키옙카 촌에 주둔한 러시아 빨치산 부대에 입대했습니다. 부대장은 키옙카 출신 러시아인 요제프 바셴코였습니다. 1920년 4월 4일 밤, 일본 무장군대가 빨치산 부대를 공격한 전투에서 아버지는 전사했습니다. 하루 아침에 고아가 된 나는 한창걸 빨치산 부대의 유가족 보호소에 맡겨졌고, 할머니는 여동생을 데리고 고모집으로 갔습니다. 나는 보호소에서 소학교를 졸업한 후, 부농의 러시아인 집에서 목동으로 일하다 농민청년학교, 원동 공산당대학 등을 졸업하고 구역 공청 책임서기, 당위원회 농민청년부장 등을 맡았습니다. 소련 공산당에는 1930년에 정당원으로 입당했지요. 공산주의 사상뿐만 아니라 제도가 내 마음에 들었습니다. 나는 우연한 일이지만 북한에서 '소련파'의 총수이자 '당 박사'로 불린 허가이의 뒤를 따라다니면서 일했습니다."

북한에 들어가 조선방송위원회 위원장을 지내다 다시 소련으로 귀환해 하바롭스크에 살고 있는 남봉식은 할아버지와 아버지가 구한말 조선과 연해주에서 의병활동과 빨치산 운동을 한 고려인 3세다. 그는 필자에게 제공한 미공개 육필 원고 회상록에서 다음과 같이 증언했다.

"할아버지 남병흠은 1860년 함북 종성군 계해면 봉산동 빈농에서
태어났습니다. 이 마을은 겨우 20호만이 사는 두메산골이었습니다.
할아버지는 어려서부터 사서삼경을 통달한 한학자였지요. 몇 차례
과거시험을 볼 기회를 잃고 큰 동네의 훈장을 했습니다. 그러면서
일대 청년들을 모아 의병군을 조직해서 활동했습니다. 아버지 남성
보^{1883년생}도 할아버지를 이어 지하 독립군에 들어가 항일 독립운동
을 시작했습니다. 당연히 일본 순사들이 할아버지와 아버지에게 눈
을 걸고 있었습니다. 하는 수 없이 할아버지는 1916년 일곱 식구를
거느리고 두만강을 건너 러시아 땅 원동 지역 우수리스크 시에서
50km 떨어진 중십여창이라는 촌락으로 이주했습니다. 우리 집은 북
조선과 만주 등지에서 온 원동 지역 독립군들의 참모부가 되었습니
다. 당시 저명한 독립운동가 이중집, 이용, 황원우, 허승환, 라형기,
최추송, 오기섭 등과 기타 수많은 독립군이 우리 집에 모여 회의를
열고 당면한 과업들을 토의했습니다. 우리 집 작은 방에는 각 독립
군의 군기가 가득 차 있었습니다. 내가 열한 살 때 일이라 지금도 기
억이 생생합니다.

이주한 뒤 1년이 지난 1917년, 아버지는 쓰러져가는 세 칸짜리 마
을 농가 한 채를 수리해 원동에 첫 '고려학교'를 세웠습니다. 이는 당
시로선 큰 사건이었습니다. 중십여창 부근에 있는 남십여창, 북십여
창, 양재거우, 왕거우, 솔밭관, 하차막거리 등지의 아이들이 이 학교
로 공부하러 왔습니다. 선생들은 모두 내지^{당시 고려인들은 조선을 내지라고}
^{불렀음}에서 왔습니다. 교과서는 독립군들이 조선에서 넘어오면서 갖
고 온 몇 권뿐이었습니다. 이상준 선생은 수학과 국어, 유훈 선생은

한문, 이의전 선생은 체육을 담당했습니다. 매일 아침 수업이 시작되기 전 학생들은 애국가를 불렀습니다. 그러나 이 학교에선 '일본을 이기기 위해서는 일본말을 알아야 한다'라는 아버지의 뜻에 따라 일본어도 가르쳤습니다. 나도 그때 배운 일본어 덕분에 지금도 일본말을 할 줄 압니다. 해마다 3·1절이 되면 선생들이 학부모와 학생을 모아놓고 기념식을 했습니다. 선생들은 울면서 나라 잃은 설움과 독립운동에 대해 열변을 토하면서 민족의식을 고취시켰습니다. 기념식이 끝나면 학생들이 태극기를 들고 '대한독립 만세'를 외치면서 거리에서 시위를 하기도 했습니다.

시위 행진은 하차막거리에서 끝났습니다. 하차막거리는 불과 5~6호 되는 작은 촌락이지만 역사적인 촌락입니다. 1909년 10월 26일 하얼빈 역에서 조선총독부의 초대 총감인 이토 히로부미를 총살한 안중근이 이 마을에 들어와 있으면서 권총 사격 연습을 했습니다. 그래서 우리 어린 학생들은 학교에서 '이 마을을 지날 때는 반드시 마을에 들어가 안중근 의사가 권총 사격 연습을 하던 바위 앞에서 모자를 벗고 머리를 숙여 묵념을 하라'고 배웠습니다. 안중근 의사가 혼자 그 바위 위에 올라가 권총 사격 연습을 했다는 사실을 아는 고려인은 극소수라고 생각됩니다. 키르기스스탄 수도 프룬제 시지금의 비슈케크에 사는 정성길, 치타 시에 사는 홍성남이 이 사실을 알 것입니다. 이 두 사람은 어려서 하차막거리에서 살았기 때문입니다. 이곳에 와서 나의 아버지는 일본군의 감시망 속에서도 위험을 무릅쓰고 우수리스크 시에서 독립군이 일본군에게서 빼앗은 총과 탄환을 중십여창으로 운반하여 독립군들에게 나눠주었습니다. 또 수차례 일본 무장군과 전투를 했고, 일본군의 앞잡이 노릇을 하면서 고려인 촌을 밤낮없이 습격해 고려인들을 죽이거나 재산을 약탈해 가는 마적들과 여러 차례 전투를 벌여 큰 공을 세우기도 했습니다.

1922년 원동이 소비에트화되어 고려인 독립군대가 해산되자 우리 가족은 재피거우로 이사했습니다. 재피거우는 1870년경에 고려인들이 개척한 곳입니다. 1923년에 재피거우에 첫 농촌소비에트가 설립되어 나의 아버지 남성보가 초대 위원장에 선출되었습니다. 다음 해에 우리 가족은 1870년경에 고려인촌이 형성된 것으로 알려진 콜사코프카로 이사했고, 아버지는 이곳에서 고려인들의 콜호스에서 일하다 1934년에 목재소로 옮겼는데 갑자기 사라졌습니다. 들리는 바에 의하면 대일 특수 첩보공작을 위해 북조선에 보내졌다는 것입니다. 그 후 소련 당국이 아버지의 월급 형식으로 매월 150루블을 어머니에게 보내왔습니다. 1935년 가을 아버지가 뜻밖에 돌아와 '또다시 가면 언제 돌아올지 모르니 가족사진이나 찍자'고 했습니다. 나는 그때 찍은 가족사진을 지금도 가보로 간직하고 있습니다. 그날 아버지는 '아들아! 너는 아직 젊으니까 공부는 나중에 하고 우선 식솔을 먹여 살려라. 이 촌에서 살지 말고 라리츠우수리스크에서 20km 떨어진 고려인촌에 가서 살아라. 거기에는 나의 독립군 동지 라형기, 최추송 등이 있다. 그들을 믿고 살아라'고 말씀하신 후 영영 돌아오지 않았습니다.

1935년 가을, 아버지 말씀에 따라 라리츠로 이사했습니다. 그곳에서 라형기는 7년제 고려인 학교 교장이었고, 최추송은 '극성' 콜호스의 당비서였습니다. 나는 7년제 고려인학교에서 교사를 했습니다. 극성 콜호스에서는 대규모 벼농사를 지어 변강지역 국가 곡물수매에서 항상 1등을 차지했습니다."

남봉식의 증언은 계속 이어진다.

"조선방송위원회가 내각 소속이어서 위원장인 나는 항상 김일성 수상이 주재하는 내각회의 참석자였습니다. 6·25전쟁의 정전협정 이후인 어느 날 내각회의에 참석했습니다. 내 자리에서 멀지 않은 자리에 도시경영상 이용이 앉아 있었습니다. 어디서 많이 본 것 같은데 기억이 나지 않았습니다. 한참 생각하니 어려서 중심여창의 독립군 참모부 역할을 하던 우리 집에서 본 사람 같았습니다. 휴회 시간에 이용 상相 곁으로 다가가 말을 건넸습니다.

남봉식 방송위원장이하 남봉식: 상 동지를 잠깐 뵐 수 있습니까.

이용 도시경영상이하 이용: 무슨 일이 있소.

남봉식: 예, 잠깐 여쭐 말씀이 있습니다. 상 동지께서 이전에 원동 추풍에 가 계신 일이 없습니까.

이용: 그런 일이 있소. 그런데 왜 묻소.

남봉식: 원동 연해주의 궁벽한 중심여창이라는 촌이 기억되십니까.

이용: 가만 있소. 중심여창, 중심여창! 옳소, 내가 그 촌에 가 있은 일이 생각나오.

남봉식: 그때 상 동지가 남성보의 집에 가서 계셨습니다. 남성보라는 이름이 기억되십니까.

이용: 기억되고 말고, 그때 남성보의 집에 나뿐만 아니라 이중집, 황원우, 허승환, 그밖에 여러 사람이 가 있었소.

남봉식: (순간 나는 흥분된 어조로) 제가 남성보의 아들입니다.

이용: 그게 무슨 소리요. 친구의 아들을 이런 자리에서 만날 줄 누가 알았겠소. 참 뜻 밖이오. (남봉식을 포옹하면서) 반갑소.

나는 너무나 기뻐서 울고 싶었습니다. 그러나 장소가 장소인 만큼 참아야 했습니다. 이용 상이 말문을 이어갔습니다.

이용: 그래 아버지는 잘 계시오.
남봉식: 아버지는 1934년에 조선으로 대일 지하공작을 오셨습니다.
　그 후 소식을 모릅니다.
이용: 그런가, 그래 아버지를 찾아보았소.
남봉식: 아직 못 찾았습니다.”

그 만남 이후 이용은 남봉식을 아들처럼 대했고, 남봉식도 이용의 집을 자주 찾았다. 이용은 1907년 네덜란드 헤이그에서 열린 제2회 만국평화회의에 참석해 만국평화회의 의장에게 고종의 친서와 신임장인 공고사를 제출하고 한국의 대표로서 공식적인 활동을 전개하려 했으나, 일본과 영국 대표의 노골적인 방해로 뜻한 바를 이루지 못하자 순국한 이준의 손자다. 이용은 1946년 서울에서 신진당을 조직했고, 1948년 4월 남북지도자회의 때 평양에 와 주저앉았다. 남봉식의 증언을 계속 들어보자.

“북조선에서 사상검토가 시작되자 이용 상을 자주 만날 수 없었습니다. 내가 북한을 떠날 때 찾아가 인사를 드리려고 했으나 못 만났습니다. 아마 사상검토에 걸려 소식이 끊긴 것 같았습니다. 1920년대에 우리 집에 와 독립운동을 하던 오기섭도 평양에서 만나 당시의 회포를 풀기도 했습니다. 그는 해방 후 조선공산당 함북도당 창설위원장, 조선공산당 북조선 분국 제2비서, 내각 수매양정상 등을 지내다 1957년 사상검토에 걸려 자취를 감추었습니다. 장시우도 블라디보스토크 신한촌에 있는 고려중학교에서 교사를 했습니다. 그는 만주 등지에서 독립운동을 하다 해방 후 북한에서 초대 내각의 상업상을 지내다 반당·반국가 분자로 몰려 숙청되었습니다.

여맹위원장과 노동당 중앙위원회 부위원장 등을 지낸 북조선의 '여성 거물' 박정애와의 재회도 평양에서 이루어졌습니다. 해방 초기에 평양에 살던 분들은 아마 기억할 것입니다. 평남도당 건물 맞은편에 2층 붉은 벽돌집이 있었지요. 이 집에 소련군 제25군 7호 정치부국이 있었습니다. 마당에 있는 기와집에는 1945년 8월 하순 나와 함께 평양에 들어온 오기찬인민군 해안방어 제25여단장·소장, 최콘스탄친최철환, 북한 내각 사무국장, 장보리스인민군 소장가 살았습니다. 이 집 주인은 60세 가까운 분으로 젊은 여자와 살고 있었습니다.

어느 날 박정애가 이 집을 찾아왔습니다. 집주인은 박정애를 매우 친절히 맞이했습니다. 나는 박정애라는 이름을 많이 들어보았습니다. 20년 전 우수리스크 시 고려사범학교에 다닐 때 소년단을 지도하던 최베라가 틀림없다는 것을 기억했습니다. 박정애도 나를 유심히 처다보더니 '동무를 어디서 많이 본 것 같은데 잘 생각이 아니 나오'라며 말을 걸었습니다. '20년 전에 우수리스크 시에서 소년단을 지도하실 때 제가 선생이 지도하는 분단에 있었습니다'라고 말하자 '이제 알 만하오. 참말 반갑소'라면서 악수를 청해왔습니다. 어릴 적 은사를 만나니 정말 기뻤습니다. 그녀는 해방 전 조선에서 지하 공작활동을 하던 중 일본 경찰에 붙잡혀 감옥생활을 하다 해방과 함께 평양 형무소에서 나왔습니다. 초기 조선공산당 북조선 분국의 제1비서였던 토착 공산주의자 김용범의 부인이 되었고, 여맹위원장, 노동당 중앙위원회 부위원장 등을 지낸 북한 정권의 '여성 실세'였습니다.

박정애가 다녀간 후 주인에게 '어떻게 박정애를 잘 아느냐'라고 물었더니 '그가 평양시에서 지하공작을 할 때 우리 집에 살았소. 우리는 목숨을 걸고 그를 숨겨주고 온갖 심부름을 다 들어주었소'라고 하더군요. 나의 아버지도 북한 지역에서 지하공작 활동을 하셨기에 지하 공작원을 감싸준 이 노인 부부를 남달리 존경했습니다. 훗날 우리 내외는 이분들과 매우 가깝게 지냈습니다. 우리 내외가 평양을 떠날 때 작별 인사를 하러 갔더니 우리를 붙잡고 울었습니다. 아마 그분들은 지금쯤 세상을 떠났을 겁니다. 하바롭스크에 돌아와서도 때로는 그분들 생각이 났습니다."

남봉식의 회고는 계속 이어진다.

"1953년 여름에 폴란드 수도 바르샤바에서 국제방송이사회 총회가 열렸습니다. 이 총회에는 각 사회주의 국가 방송위원회 대표들이 참가했습니다. 나는 이 총회에 북조선 대표로 참가했습니다. 바르샤바 주재 북조선 대사관 대사가 허국봉이었습니다. 허국봉은 소련 군대가 감옥 문을 열었을 때 박금철, 이효순 등 혁명가들과 함께 나온 사람입니다. 그는 한때 함경북도 사람들이 청진시의 한 거리를 '허국봉 거리'라고 불렀다가 김일성에게 톡톡히 욕을 본 전력이 있습니다. 허 대사가 나를 위해 점심을 준비한 자리에서 대사관 참사 김창수가 '방송위원회에 남성보의 아들이 있다는데 아느냐'고 물었습니다. '내가 그분의 자제입니다'라고 답하자 김 참사가 '내가 그분과 함께 대일 지하 공작활동을 했던 사람'이라며 나를 포옹했습니다. 우리 둘은 한참 동안 부둥켜안고 울었습니다.

그리고 나의 선친과 함께 했던 지하활동을 털어놨습니다. '내가 성보 형님과 한 해 동안 지하 활동을 했소. 형님과 나는 거미줄처럼 총총히 박힌 왜놈 정찰망을 뚫고 조선의 북쪽에서 남쪽 끝인 부산까지 기차로 무선기를 수차례 운반했소. 그야말로 생명을 건 일이었소. 주어진 임무를 끝내면 매년 3월에 두만강을 건너 소련 땅에 있는 국경 수비대 초소로 오게 되어 있소. 그런데 어느 해 3월 약속된 날 형님이 돌아오지 않자 소련 국경수비대원들이 두만강 지역을 샅샅이 뒤져 숲속에 쓰러진 형님을 찾아 초소로 데려갔으나 결국 숨졌답니다. 수비대원들에 따르면 허기진 몸에 쓰러져 동사한 것 같다는 것입니다. 비밀사업을 하다가 숨진 사람의 장례식은 밤에 하게 되어 있소. 그 때문에 형님의 묘를 찾기는 어려울 것이오'라고 말했습니다.

나의 눈에선 눈물이 비 오듯 쏟아졌습니다. 김창수는 귀국하여 자강도당 부위원장, 당중앙위원회 통신부장 등을 지냈습니다. 훗날 아버지에 대한 자세한 이야기를 더 듣기 위해 그를 찾았으나 사상검토에 걸려 탄압을 받은 것 같았습니다."

남봉식의 증언은 계속된다.

"어느 날 북조선노동당 중앙위원회 대남부에서 일하던 김경애라는 사람이 나의 직장인 평양방송국을 찾아왔습니다. 그는 '아버지 남성보와 함께 지하공작 활동을 했다'면서, '남성보는 일본 경찰의 눈을 피하기 위해 함경북도 회령군 농촌에서 한약방을 경영하면서 농촌 여성과 동거를 했고, 그 여성과의 사이에서 낳은 남자 어린애를 하나 두었다'는 등의 이야기를 전해주었습니다. 그분에게 아버지에 대한 자세한 이야기를 더 듣기 위해 찾아갔으나 남조선으로 비밀공작을 떠난 것 같았습니다. 언젠가 북한을 자유롭게 왕래할 수 있다면 꼭 나의 이복동생을 찾고 싶습니다."

스탈린 폭력정치에 희생된 고려인들

차르 정부는 고려인들을 군대에 징집하거나 그들에게 무기를 주는 것을 꺼려하지 않았다. 이 때문에 젊은 고려인 상당수가 군대에 들어가 장교와 사관이 되었다. 그러나 스탈린은 20여만 명의 고려인을 불신했으며, 그들이 현역 군인으로 입대하는 것을 금지했다. 혁명 전야인 1937~1939년, 스탈린은 소련 군대 지휘관에서 말단 소대장에 이르기까지 고려인들을 강제로 제대시켰다. 그들이 일본의 스파이가 되거나 조국 소련을 배신하는 자가 될 수 있다는 이유에서였다. 그러나 일부 고려인 청년들은 그 후에도 자신의 진짜 성을 숨기면서까지 전선에 나가 '조국 소련'을 지키는 데 용맹과 애국심을 발휘했다. '조국'을 반역하거나 군에서 탈영한 고려인은 한 명도 없었다. 더구나 고려인 세 명은 소련연방 '최고 영웅' 칭호를 받기까지 했다.

1930년대 들어 자생적으로 늘어난 고려인 인텔리겐차 계층인 교사, 작가, 소비에트 구역 간부, 콜호스 간부, 빨치산과 독립운동을 하던 혁명가 등에 대한 스탈린의 대대적인 탄압이 있었다. 고려인들은 소련 내 스파이로 내몰린 첫 번째 희생양이 되었다. 이들은 대부분 적위군과 연대해 소비에트 주권 확립을 위해 싸워온 혁명가들이었다. 고려인 수천 명은 하루아침에 내무기관에 끌려가 재판도 받지 않고 총살당하거나 노동수용소, 광산지대, 시베리아 목재 공급 작업장 등에서 강제노동을 하다 사라져갔다. 이들 가운데 극소수가 운 좋게 돌아왔지만 불구의 몸이 되어서였다. 그들의 자식들도 어떻게 부모가 죽었는지 모른 채 살았다. 극히 일부가 국가안전위원회나 검사국에 청원한 이후에야 부모의 죽음에 대한 소식을 알 수 있었다. 박길용 전 북한 외무성 부상은 미공개 회고록에서 "최근 연구자료에 따르면, 스탈린의 폭력정치에 희생된 20여만 명 가운데 소비에트 고려인이 10%인 2만여 명"이라면서 "그러나 침묵을 강요하는 밀약 때문에 거의 30년 동안 고려인에 대한 스탈린의 억압은 잘 알려지지 않았다"라고 밝혔다.

일본 간첩 누명 쓴 카레이스키 혁명가들

라형기, 최수종, 김낙선, 박영식, 차병무. 이들 다섯 명은 1930년대 연해주에서 활동한 고려인 혁명가들 가운데 스탈린의 탄압정책에 희생된 대표적인 비운의 혁명가들이었다. 이들은 연해주 솔밭관의 이중집 빨치산 부대에서 독립운동을 하면서 소비에트 주권 확립을 위해 투쟁했다. 스탈린은 이들에게 '일본 간첩'이라는 누명을 씌워 총살했다.

라형기는 1921년 만주 간도에서 '신민회'라는 독립군대 대원 10여 명을 인솔하여 연해주 추풍지방의 솔밭관에 있는 '이중집 빨치산 부대'를 찾아가 편입했다. 당시 이중집 부대에는 600여 명의 독립군이 있었다. 라형기를 비롯한 이 부대 지도자들은 독립운동과 공산주의 운동에 앞장섰고, 백계군과 싸우며 원동 소비에트 주권 승리에 크게 기여했다. 1923년 원동 해방전쟁이 끝나자 라형기는 제대한 뒤 고려인들의 농민조합운동과 콜호스 건설에 참가했다. 그 후 그는 하바롭스크 고급 농촌경리학교를 졸업하고 연해주 랴리츠 촌 '극성' 콜호스 내 중학교에서 교장을 지냈다. 1937년 10월 17일 강제이주 열차가 출발하기 직전, 열차에 타고 있던 그는 내무기관원들에 의해 '일본 간첩'이란 누명으로 체포되었다. 그리고 바로 그날 총살당했다.

솔밭관에서 이중집 빨치산 부대를 조직한 일원이자 간부였던 최수종의 경우도 비슷하다. 그는 1920년 일찍이 공산당 당원이 되었다. 그해 7월 5

일 17개 세포의 대표들이 모여 솔밭관 당위원회를 조직했으며, 최수종은 당 위원과 당 군사위원이 되었다. 원동에 소비에트 주권이 수립되자 제대한 빨치산들과 함께 고려인 집단 거주지인 우두거우 촌에 '새 세계'라는 콜호스를 조직하고 당과 공청사업을 했다. 1934년에 하바롭스크 고급 농촌경리학교를 졸업하고 '극성' 콜호스 당 비서와 관리위원장을 지내면서 고려인들의 콜호스를 연해주 내 모범 콜호스로 성장시키는 데 큰 공을 세웠다. 그러나 1937년 10월 17일 강제이주 열차를 타기 몇 시간 전, 빨치산 동료이자 콜호스 위원장 김낙선과 함께 내무기관에 체포되어 '인민의 원수'로 숙청되었다.

연해주 고려인 3세로 20세의 젊은 나이에 이중집 빨치산 부대에 들어간 박영식 역시 빨치산 운동을 하다 제대한 후 블라디보스토크에 있는 2급 공산당 학교를 졸업한 인물로 우수리스크 구역 소비에트집행위원회 서기장, 우수리스크 주 농업국 과장을 지내는 등 소비에트 주권과 공산당에 충실한 당원이었다. 그러나 그는 1937년 여름에 '인민의 원수', '일본간첩'이라는 누명으로 내무기관에 체포되어 총살되었다.

평안북도에서 의병 활동을 하다 간도로 넘어가 독립군으로 활동했던 차병무도 1920년에 연해주 솔밭관에 있는 이중집 빨치산 부대에 들어간 전사이다. 전쟁이 끝나고 빨치산 부대에서 제대한 그는 추풍 시베이창이라는 농촌에서 농사를 지었다. 그는 콜호스에서 파종할 때 쓰려고 보관했던 불합격품 소맥을 제분해 굶주린 고려인들에게 나눠주었다는 죄로 출당당했다. 조선에서 의병, 만주에서 독립군, 러시아에서 빨치산이던 그는 복당하기 위해 팔방으로 다니다가 엄동설한에 길에서 굶주린 채 동사했다.

강상호 전 북한 내무성 정치국장 겸 제1부상은 다음과 같이 증언했다.

"1930년부터 1931년까지 2년 동안 허커우지구 공청위원회 책임서기로 있으면서 이들을 잘 알았습니다. 모두 나의 선배들로, 높은 인격과 민족정신으로 우리 고려인 청년들을 지도했고, 전 생애를 인민을 위해 헌신한 혁명가들입니다. 나는 이 선배들을 존경했습니다. 1937년 10월 17일 고려인들을 태운 강제이주 열차가 출발하기 전, 그들이 스탈린에 의해 '인민의 원수', '일본 간첩'이라는 누명을 쓰고 숙청되는 모습을 보고 들으면서 정든 고향 원동에서 강제이주 열차에 올랐습니다."

고려인들의 중앙아시아 강제이주가 시작되기 두 달여 전인 1937년 7월 초, 두만강 바로 건너 러시아 땅 포시에트 구역당 비서 사무실. 원동변강당위원회 제1비서 바레이키스, 연해주 해안경비대장 고르킨 대좌, 포시에트 구역당위원회 제1비서 센코, 제2비서 천세르게이 등이 모였다. 이 자리에 고려인으로는 유일하게 포시에트 구역 공산당청년위원회 책임비서 강상호가 참석했다. 강상호의 증언을 들어보자.

"뒤에 안 사실이지만 이 회의에 앞서 바레이키스 원동변강당위원회 제1비서는 고려인들의 강제이주를 앞두고 소련-중국-한국 등 3국 국경지대인 데다 고려인이 전체 주민의 90%를 차지하는 포시에트 지방을 사전에 현지 답사했습니다. 바레이키스 원동변강당위원회 제1비서는 포시에트 구역당 간부 등을 모아놓고 '포시에트는 국가에서 막대한 세금을 면제해주는 등 후원을 하고 있는데도 해마다 농산물 생산 계획을 달성하지 못하고 있다'고 질책했습니다. 이어 그는 '이런 식으로 가면 나라가 국경지대의 인민고려인을 보호할 이유가 없다'는 등 배경이 아리송한 '정치적인' 발언을 쏟아내고 돌아갔습니다.

이에 앞서 일주일 전, 원동 내무기관은 하바롭스크에서 느닷없이 고려인 '일본 간첩' 공개재판을 열었고, '간첩들'이 소지했다는 증거물들을 전시하기도 했습니다. 그리고 지역 신문과 방송은 전례 없이 공개 재판과 전시회를 크게 보도했습니다. 공청이나 구역 당 등에서 일하는 정치적 감각이 있는 고려인 일부는 '이상한 바람'이 불어오고 있음을 감지했습니다. 재판에 회부된 '간첩들'은 일제의 특수기관이 양성하여 소-만 국경을 통해 파견한 특수 공작원들이었는데 검거된 것입니다. 소련에서 사회주의 혁명의 승리를 위해 피를 흘렸고, 사회주의 공업과 농업발전에 크게 기여하고 있는 소련 고려인들과는 아무 관계가 없었습니다."

절대 비밀 '카레이스키 노예 지침'

이같이 고려인들의 강제이주가 비밀리에 진행된 지 한 달여 후인 8월 초순, 원동변강 당위원회 조직부 부부장이 포시에트 구역에 출장 나와 구역 당 간부들을 모아놓고 원동 고려인들의 중앙아시아 이주에 대한 정부 결정을 해설했다. 이 자리에도 포시에트 구역 공청비서 강상호가 고려인으로는 유일하게 참석했다. 해설 내용의 골자는 '일본이 소련을 침공하면 원동에 고려인들이 살고 있는 조건에서는 일본 첩자들을 분간하기 곤란하기 때문에 후방 깊숙이 고려인들을 이주시킨다'는 것이었다. 그간 생산한 농산물은 국가보험사에 신고된 수확량을 국가가 접수하여 증명서를 발급한 후 현지에 가서 전액 보상하고 이주 여비도 지급한다고 전달했다.

그러나 이 해설에서 고려인 이주에 대한 정부의 결정 가운데 가장 중요한 다섯 가지는 해설에 참석한 지역당 간부들만 알게 하고 '절대 비밀'에 부쳤다. 이 때문에 20여 만 명의 고려인은 중앙아시아까지 가서도 한참 동안 이 '절대 비밀' 사항을 전혀 알지 못했다. 말하자면 이는 스탈린 정부의 고려인에 대한 '노예 지침'이었다. '절대 비밀'이라는 붉은 도장이 찍힌 스탈린 정부의 다섯 가지 결정 사항은 다음과 같다.

1. 고려인은 일본 탐정에 매수될 위험이 있기 때문에 이들에게서 소련 공민증을 회수하고, 정치적 불순분자로 이주한 후에도 내무기관의 감시하에 있을 것
2. 고려인의 이동의 자유를 박탈할 것
3. 고려인의 거주를 특정 지역으로 제한할 것
4. 고려인은 소련 군대에서 모두 제대시키고, 앞으로 고려인을 징모하지 말 것
5. 소련 철도에서 일하고 있는 고려인들을 전부 해임하고, 앞으로 그들의 취업을 불허할 것

국가테러 행위의 극치를 보여주는 스탈린 정부의 '법령'이었다. 다섯 개 항의 절대 비밀 '노예 지침'은 고려인들의 강제이주 과정에서 그대로 현실로 나타났다. 고려인들은 연해주에서 모두 소련 공민증을 빼앗겼으며, 이들의 명단은 인솔 내무인민위원부 간부와 내무원들에 의해 현지 내무기관에 넘겨졌다. 강상호의 증언을 계속 들어보자.

"절대 비밀의 '노예 지침'이 얼마 후 나에게 현실로 다가왔습니다. 1937년 10월 17일, 원동에서 화물열차에 실려올 때 나의 호주머니에는 두 개의 문건이 들어 있었습니다. 나의 청원에 의하여 1개월 휴가를 주어 크림 요양소 치료를 보낸다는 원동변강 공청위원회 결정서

사본과 크림 요양소 입소 허가서였습니다. 나는 타슈켄트에 가서 내무인민위원회내무성를 찾아가 이 문건을 제시하고 요양소를 가야겠으니 나의 공민증을 돌려달라고 요청했습니다. 그랬더니 새 공민증을 써주었습니다.

그 후 우즈베키스탄공화국 교육인민위원회교육성 고려인 담당 시학관으로 임명되어 거주 등록을 하기 위해 오크차브리 구역 내무서경찰서에 가서 나의 공민증을 제시했습니다. 잠시 후 내무서장이 나와 '24시간 이내로 이주한 곳으로 물러가라. 너는 특이한 인민이다. 네 공민증에 뭐라고 쓰여 있는지 똑똑히 봐라. 너는 법령에 의하여 실려온 그곳에서만 살게 되어 있다. 타 도시에 가서 취직도, 거주도 할 수 없다'면서 군령을 하듯 명령했습니다. 공민증을 들여다보니 '거주 제한', '특이한 이주민'이라고 쓰여 있는 것을 발견했습니다. 서장의 말을 듣는 순간 울분에 온몸이 부르르 떨렸습니다.

부교육인민위원교육성 차관 키차노브를 찾아가 '내가 무슨 죄인이기에 이런 노예 죄목이 쓰여 있는가'라고 호소했습니다. 그가 써준 '임시 보증서'로 내무서에 등록하고 임시 공민증을 발급 받았습니다. 그 공민증에도 소비에트 공민증처럼 '노예 지침'이 찍혀 있었습니다. 그 때문에 나는 시학관과 중학교 교장 등을 하면서 여관에 들면 공민증이 없다며 시학관 신분증을 제시하곤 했습니다. 이처럼 '노예 공민증'을 8년간 갖고 다니다가 1945년 가을에 소련군에 초모招募되어 군사동원부에 그 공민증을 반납하고 군관증을 받아 당당한 소련 공민으로, 소련 군관증위으로 평양을 향해 기쁨과 긍지를 안고 떠났습니다."

강상호의 증언은 계속된다.

"우리는 1937년 10월 17일, 포시에트 구역 소재지 연추령에서 다른 고려인들과 함께 큰 기선을 타고 블라디보스토크까지 가서 기차를 탔습니다. 우리를 실은 열차는 화물열차로 차량 41개를 달았습니다. 열차의 중간에 객차 한 량을 달았는데 우리를 압송한 권총을 찬 내무원들이 탔습니다. 내가 탄 칸에는 여섯 세대 19명이 탔습니다. 늦은 가을, 시베리아 지역은 벌써 추운 겨울이었습니다. 그러나 화물열차여서 난방 장치, 급수 시설, 화장실이 전혀 없었습니다. 정기 역이나 임시 간이역마다 멈춰 취사를 하고 급수를 받고 화장실을 이용해야 했습니다. 한마디로 짐승보다 못한 '노예들의 이동'이었지요. 이런 환경 속에서 2만 리약 7,855km나 되는 철길을 가다 보니 사망자와 환자들이 쉴 새 없이 발생했습니다. 대부분 어린이와 노인이었습니다. 산전수전의 온갖 고난 끝에 우리는 타슈켄트에서 수십 킬로미터 떨어진 오지의 황야와 모래밭에서 내렸습니다. 이곳에 와서도 초기에는 말라리아 등 각종 질병이 창궐해 수많은 어린이와 노인이 죽었습니다.

스탈린 정부는 우리를 강제이주시키기 전인 1935년에, 원동에 살던 고려인 중 일부를 당 문건 검열 시에 '불순분자'라는 누명을 씌워 출당시켜 가족과 함께 카자흐스탄으로 유형을 보낸 적이 있습니다. 그런데 이제 고려인 전부가 공민증을 빼앗기고 공민권을 상실한 채 이 같은 운명을 맞게 되었습니다. 원동에 살 때는 고려인들에게 고향이 있었습니다. 유학을 떠나거나 군대에 가더라도 제 고향 원동을 찾아왔습니다. 제 집이 있고 일가친척이 살고 있으며 선조들의 산소가 있기 때문이었습니다. 그러나 어느 날 머나먼 곳에 이주해 분산되어 살다 보니 친척이 어디에 살고 있는지조차도 알 수가 없는 형편이 되고 말았습니다. 누가 말했습니까. '고향이 없는 사람은 마음 한

구석이 텅 비어 있다'고. 그때부터 고향을 잃은 중앙아시아 고려인들
은 항상 마음 한구석이 텅 비어 있었습니다."

눈물 젖은 중앙아시아 강제이주

1937년 8월 말부터 연해주와 원동 지방에 사는 고려인들에게 한 달 안
에 짐을 꾸려 이주하라는 명령이 떨어졌다. 그해 가을 들판은 풍년을 예
고하고 있었다. 벼, 옥수수, 수수, 감자 등 농작물이 무르익어 수확을 기
다리고 있었지만 모두 그대로 놓아둔 채 서둘러서 짐을 싸야만 했다. 소
와 말, 개 등 가축은 러시아인에게 헐값에 팔거나 버려둔 채 떠날 수밖에
없었다. 주인을 잃은 가축들은 오랫동안 마을과 벌판을 헤매고 다니다가
굶거나 얼어 죽었다. 박길용 전 북한 외무성 부상은 자신이 겪은 강제이
주 과정과 실상을 다음과 같이 증언했다.

"우리 가족은 내무기관으로부터 1937년 10월 6일 – 나는 이 날짜를
평생 기억하고 있습니다 – 골롄카 역으로 모이라는 통보를 받았습니
다. '이주자'라는 명찰이 붙은 50량 정도의 화물열차가 기다리고 있
었습니다. 저마다 산더미 같은 짐을 열차에 싣느라 대혼란을 빚었습
니다. 한 칸에 다섯 가구 20여 명이 탔습니다. 화물열차라서 난방시
설은 물론 급수시설, 화장실 등 편의시설이 전혀 없었습니다. 이 때
문에 정거장에서 침목 등으로 불을 피워 음식을 만들어 먹고, 한 달
여 동안 고작 두 번밖에 세수를 하지 못했습니다. 시베리아는 이미
추위가 닥쳐왔습니다. 아이들과 노인들이 동상과 병에 걸려 죽을 때
마다 그 시체를 철길 옆에 묻었습니다. 이 무덤들은 그 후로도 오랫

동안 철로를 따라 군데군데 솟아 있었는데, 이는 마치 스탈린 전제정부의 비인간적인 결정의 잔학성을 폭로하는 것 같았습니다.

수송열차는 카자흐스탄의 카잘린스크 시 주위의 크줄-오르진스크 지역에서 우리를 내려주었습니다. 그곳은 사람이 생활하기 무척 어려운 지역이었습니다. 반쯤은 사막이었고, 늪이며 갈대숲이 무성한 허허벌판이었습니다. 양떼들만이 벌판을 지키고 있었지요. 흙집이나 움막을 짓고 양떼들을 쫓아내고 양의 우리를 경계로 땅을 분할 받아 밤낮으로 개간하여 벼농사를 짓고, 감자, 옥수수 등을 심기 시작했습니다. 그리고 점점 고려인들이 몰려오기 시작했습니다. 처음 몇 해 동안은 죽기 살기로 일을 해 농사마다 풍작을 이루었고, 시간이 지나면서 고려인 콜호스로 발전되어 고려인들의 터전을 일구어 나갔습니다."

대부분의 고려인은 이주 한 달여 전에 이주통보를 받았다. 그런데 남봉식 전 조선방송위원회 위원장의 경우, 다른 지역의 고려인들이 강제이주당하고 있다는 소문만 들릴 뿐 한 달이 지나도록 '소식'이 없었다. 그런 가운데도 언젠가 이주하라는 통보가 올 것이라고 각오하고 있었다. 아니나 다를까, 1937년 9월 말, '일주일 내로 원동을 떠나라'는 내무기관의 통보를 받았다. 남봉식의 증언을 들어보자.

"10월 7일, 랴리츠역은 온통 아수라장이었습니다. 여기저기서 사람 찾는 소리, 아이들 울음소리 속에서 임산부들, 병을 앓는 노인들과 아이들, 시각장애인들과 신체장애인들이 뒤엉켜 아수라장을 이루었습니다. 총을 멘 내무기관원들이 한 달여 동안 먹을 식량과 이부자리 등만 들고 화물열차를 타라고 지시했습니다. 한 칸에 수십 세대 씩 400여 명이 탔습니다. 열차가 달리는 동안 여러 역을 지나쳤지만, 우리에게 손을 흔들어준 러시아인은 한 사람도 없었습니다. 그들은 우리를 '죄인'으로 알고 내무기관원들이 무서워서 손을 흔들지 못한 것으로 알려졌습니다.

우리는 20일 만에 타슈켄트 화물역에 도착해 화물트럭으로 옮겨 타고 한 시간 뒤 스레드니 칠치크 구역에 속하는 갈대밭 벌판에 도착했습니다. 그곳에는 과거 우즈베키스탄 사람들이 살던 빈 흙벽 집들이 있었습니다. 이 흙벽 집을 수리하거나 천막을 치고 살면서, 이리 떼가 득실거리는 갈대밭을 개간해 벼농사를 짓기 시작했습니다. 다행히 첫해부터 강우량이 풍부해 풍작을 이루어 식량난은 겪지 않았습니다. 그리고 첫해부터 연해주에서 손꼽혔던 '극성' 콜호스를 재건하여 터전을 잡기 시작했지요. 그러나 가장 걱정되는 것은 아이들 건강이었습니다. 기후가 갑자기 바뀌고 생활환경이 나빠지는 바람에 아이들이 이를 이겨내지 못해 '극성' 콜호스에서만 두 해 동안 150여 명의 아이가 숨졌습니다."

'똥 묻은 바지를 팔더라도 자식 교육만은 시켜야 한다.' 옛날부터 고려인들 사이에서 전해오는 '자식 교육관'이다. 그래서 연해주 고려인의 교육열은 토착 러시아인은 물론 기타 소수민족에게 귀감이 되어왔다. 강제이주라는 날벼락 속에서도 고려인들은 자녀 교육 문제를 최우선으로 챙겼다. 자녀 대부분이 강제이주라는 난리 통에 학업을 중단했거나 학교에 가지 못했기 때문이다. 따라서 무엇보다 먼저 고려인 학교를 세웠다. 학교는 원동지역에 있었던 고려인 교원대학들이 이주해 온 해에 문을 열었다. 카자흐스탄의 대표적인 학교는 크줄-오르두에 있는 고려인 교원대학과 대학예비학교이다. 박길용 전 북한외무성 부상의 증언을 들어보자.

"1938년 가을, 알마티에 있는 의과대학에 합격해 알마티로 갔습니다. 그곳에서 고려인 학생들은 또 강제이주를 당해야만 했지요. 우리는 내무인민위원회로 끌려가 '3일 안에 알마티를 떠나라'는 명령을 받았습니다. 이유인즉 고려인들은 대도시에서 살아서는 안 되며, 크줄-오르진스크 지역 경계선 부근에서만 살아야 한다는 것이었습니다. 의과대학 3학년에 편입한 고려인 학생 부부는 강제이주민의 비애를 참지 못해 자살하기도 했습니다. 나는 할 수 없이 크줄-오르두로 돌아가 교원대학 러시아 문학부에 입학했습니다. 1934년에 블라디보스토크에서 문을 연 이 대학은 순수한 고려인 대학이었습니다. 이 대학은 각 지역에 분포한 고려인학교의 교사를 양성하기 위해 꼭 필요했습니다. 이 대학이 1938년 가을 크줄-오르두로 옮긴 다음부터 모든 학과에서 러시아어로 수업이 진행되었습니다. 학생들에게는 비극이었습니다. 그들은 그때까지 조선어를 배워왔는데, 갑자기 러시아어를 익혀야 했기 때문에 어려움이 있었지요. 이는 러시아에 있는 모든 민족이 러시아 단일어를 사용하면 공산주의하에서 소수민족에 관한 큰 문제가 없을 것이라는 스탈린 정부의 발상에 의한 것으로 생각되었습니다. 1939년에 또 다른 재난이 닥쳐왔습니다. 유료교육제도 도입과 장학금의 급격한 삭감이었습니다. 이 때문에 많은 고려인 학생이 학업을 중단해야 했습니다."

남봉식 전 조선방송위원회 위원장의 증언을 함께 들어보자.

"이주한 지 1년 후인 1938년 10월, 우즈베키스탄과 카자흐스탄에서는 다시 고려인 검거 선풍이 불기 시작했습니다. 고려인은 전쟁이 나면 일본 편으로 넘어갈 위험이 있는 분자라는 것이었습니다. 타슈켄트 외곽에 있는 '극성' 콜호스에서만 50여 명이 검거되었습니다. 나도 이때 검거되어 타슈켄트에 있는 형무소로 끌려가보니 무려 500여 명의 고려인이 붙잡혀 왔습니다. 이들은 대부분 과거 연해주에서 활동한 소비에트 주권을 위해 싸워온 혁명가들이었습니다. 나는 아버지 남성보가 소련의 대일 특수공작대원으로 북조선에 들어가 희생되었다는 사실이 밝혀져 다행히 두 달 후에 풀려났지만, 나머지 고려인의 대부분은 시베리아 등의 노동수용소에 끌려갔고, 생사를 알 수 없었습니다."

원동지방에서의 고려인 강제이주가 단행된 지 50년이 지난 1989년 11월, 소비에트연방의 최고 권력기관인 소연방 최고회의는 "강제이주와 권리를 박탈당했던 인민들에게 자행된 강제이주 정책이 비합법적이고 범죄에 준한다는 것을 인정한다"고 선언했다. 이 선언에서 고려인은 "강제이주 정책은 고려인, 희랍인, 쿠르드족, 그리고 다른 몇몇 민족에게 영향을 미쳤다"는 문장에서 언급되었다.

이와 같은 강제이주 정책이 소련 고려인들에게 어떻게, 얼마나 영향을 미쳤던가. 강제이주 시기는 전쟁 이전이었다. 스탈린 부하들은 '모든 조선인이 일본과 이웃에 살고 있고, 조선과 연해주는 조-소 국경선이 접해 있어 그들과 동족 관계에 있기 때문에 일본의 스파이로 의심할 수 있다'는 해괴한 논리로 몰아붙였다. 이런 논리라면 국경을 따라 그들과 친척 관계를 맺고 있는 우크라이나, 백러시아지금의 벨라루스 등과 그 밖의 민족들은 어느 나라 스파이란 말인가. 결과적으로 나라를 잃은 채 조국을 떠나 연해주로 이주할 수밖에 없었던 힘없는 소수민족인 고려인은 소련에서 스파이로 내몰린 첫 번째 희생물이 되고 말았다.

제3장

소련군정과 북한 주민의 가교

소련군 지도부의 '귀와 입'

1945년 8월 말부터 12월까지 평양에 도착한 200여 명의 소련 고려인 엘리트는 모두 평양에 주둔한 소련군 제25군에 배속되었다. 그리고 평양에 있는 소련군정 사령부와 도·시에 설치된 위수사령부에 배치되었다. 초기 이들의 임무는 한국말과 한국 실정을 전혀 모르는 소련군 장교들의 통역 및 소련군과 북한 주민과의 가교 역할이었다. 이들은 제25군사령관 치스차코프 대장을 비롯해 군사위원 레베데프 소장, 민정사령관 로마넨코 소장 등 군정사령부의 고위 장성과 제7호 정치국장 이그나치예프 대좌와 같은 핵심 장교들에게 한두 명씩 배치되었다. 또한 군 단위를 제외한 북한 전역의 도·시 위수사령부에 집중 배치되어 소련 장교들의 통역과 소련군과 주민 간의 가교, 지역 행정과 교육, 치안 등 주도적 역할을 맡았다. 훗날 '당 박사'라는 별명과 함께 노동당 중앙위원회 부위원장과 정치위원을 지내다 숙청된 허가이도 입북 초기 로마넨코 소장이 이끄는 민정

평양 주둔 소련군정 지도의 모습. 소련 제25군 사령관 치스차코프 대장(왼쪽), 민정사령관 로마넨코 소장(오른쪽).

사령부 행정 10국 중 하나인 교통국에서 통역을 담당한 바 있다. 이 시기를 '카레이스키 통역관들의 통치 시대' 또는 '카레이 통역관들의 시기'라고 부르기도 한다.

한편 평양 주둔 소련군 제25군 사령관 치스차코프 대장과 소련군정 정치사령관 레베데프 소장 등은 훗날 모스크바에 돌아와 『조선 인민과의 우정의 이름으로』모스크바, 1966, 『굳건한 우정』모스크바, 1971, 『조선 해방』모스크바, 1976 등 회고록을 출간했다. 그러나 이들은 회고록에서 소련군 고위 장교들의 귀와 입, 손과 발 역할을 했던 고려인 통역관과 정치일꾼들에 대해서는 한 마디도 언급하지 않았다.

박길용 전 북한 외무성 부상은 "평양에서 활동했던 소련군 고위 장성들이 회고록에서 고려인 통역관들과 정치일꾼들에 대해 한 마디도 언급하지 않은 것은 그들의 역할을 무시하는 것인지, 아니면 언급할 가치가 없다는 것인지, 그렇지 않으면 소련에 살고 있는 소수민족을 소모품으로 보고 있는 것인지 묻고 싶다"고 지적했다. 강상호 전 북한 내무성 정치국장 겸 제1부상의 미공개 자서전 육필 원고와 증언에서 소련이 무엇 때문에 느닷없이 고려인 엘리트들을 북한에 급파했는지에 대한 일단을 읽을 수 있다. 그의 증언을 들어본다.

"1945년 10월 초순, 우리 일행 12명은 타슈켄트를 출발하여 우수리스크에 주둔한 소련군 연해주 군구사령부에 들러 평양에 주둔한 제25군 정치부에 배속을 받았습니다. 그리고 군용 트럭을 타고 연해주 포시에트 구역을 지나 함흥에 도착해 여관에서 여장을 풀었습니다. 정달헌 함경남도 공산당위원장 등이 '입북 환영'을 명분으로 여관에 찾아와 우리를 인술하던 소련군 소좌에게 우리 일행 중 한 사람이 함흥시 공산당원들에게 '특별 강의'를 해주었으면 한다고 요청했습니다. 주문한 강의 내용은 소-독 전쟁에서의 소련군의 승리, 소련 고려인의 생활 형편, 장차 조선에 어떤 제도가 들어설 것인가 등이었습니다. 우리를 인술한 소련군 소좌는 공산대학 졸업 및 구역공청 책임비서 등의 경력을 인정하여 나를 강사로 지명했습니다. 다음 날 나는 공산당원 1,000여 명 앞에서 두 시간 정도 특강을 했습니다. 이들은 '장차 조선에 어떤 제도가 들어설 것인가'를 가장 궁금해했는데, 이에 나는 '해방된 조선의 새 제도는 조선인들이 결정할 것'이라고 답변했습니다."

강상호의 증언은 계속 이어진다.

"함흥시 공산당원들에게 특강을 한 지 이틀 후 공산당 함남도당은

'함흥에서 했던 내용으로 흥남지구 산업노동자들에게 특강을 해달라'고 요청해 왔습니다. 소련군 소좌와 함께 흥남화학공장에 갔더니 역시 노동자 1,000여 명이 모여 있었습니다. 생애 처음으로 그리워했던 조선의 프롤레타리아들 앞에서 특강을 하는 것 자체가 흥분된 일이었습니다. 강의는 한 시간 30분쯤 했고, 질문과 답변 역시 그 정도 소요되었습니다. 노동자들은 소련의 실정에 많은 관심을 갖고 알아보려고 했습니다. 일본인들이 소련 공산주의에 대해 악선전을 했던 탓인지 소련의 공산주의 제도에 대한 질문이 쏟아졌습니다."

소련군 장교들의 '귀와 입', 그리고 '손과 발' 역할을 한 고려인 통역관들은 대부분 정직하고 예절 바른 사람들이었다. 그리고 이들은 새로운 조선을 건설하기 위해 혼신의 힘을 다했다. 아쉽게도 이들 중 극히 일부가 '옥에 티'가 되었다. 박길용 전 북한 외무성 부상에 따르면, 남평양에 있는 평안남도 위수사령부의 통역관 유 아무개는 대규모 쌀 투기뿐 아니라 토지개혁 당시 토지 투기를 했다가 적발되었다. 또 민정사령부의 보안국 고문인 자그루진 대좌의 통역관인 박 아무개는 체포된 사람들의 몰수 재산에 손을 댔으며, 민정사령부 토지국 고문의 통역관인 문 아무개는 지방 상인들과 청량음료 공장을 거래하다 꼬리를 잡혔다. 이들 통역관 세 명은 소련군정 경찰에 검거되어 유죄를 받거나 소련으로 추방되었다.

함흥학생운동과 조만식 매장 시나리오

소련군정 사령부는 예기치 않은 위기 사태가 벌어지면 그때마다 고려인 엘리트들을 활용하곤 했다. '피는 물보다 진하다'고 했던가. 소련군 위수사령부는 북한 주민들을 설득해야 하는 상황이 생기면 피부와 말씨가 다르고 북한 실정을 전혀 모르는 소련군인보다 같은 민족인 고려인 군관을 내세워 문제를 해결해나갔다.

1946년 3월 2일 함흥에서 일어난 대규모 학생시위가 그 대표적인 사례다. 학생들은 함흥의 식량을 소련으로 반출하는 바람에 시민들이 굶주리고 있으니 이를 즉각 중단하고, 소련군은 북조선에서 철수하라며 시위했다. 토지개혁에 반대한다는 목소리도 나왔다. 시위대에는 젊은 시민도 상당수 끼어 있었다. 함흥은 신의주와 함께 일제 때부터 항일운동이 어느 지방보다 강했던 곳이다. 독립운동을 하던 토착 사회주의 그룹도 많았다. 소련군정 지도부도 함흥의 이 같은 지역 특성을 파악하고 있었다. 자칫 잘못 건드리면 대규모 시위로 번질 '폭발성 시위'임을 알고 있었던 것이다. 특히 북한에 소련의 '민주기지'인 위성국을 세우기 위해 준비한 정치 프로그램에 따라 토지개혁, 주요 산업의 국유화, 8시간 노동제, 무상의료, 무상교육 등 이른바 '민주개혁'을 추진하고 있던 길목에서 대규모 학생시위가 터지자 소련군정 수뇌부는 크게 당황하며 바짝 긴장했다. 그렇다고 학생 시위대를 무력으로 진압하거나 해산할 수도 없는 지경이었다. 상황이 급박해지자 소련군은 고려인 군관을 학생들 앞에 내보내 설득하는 작업을 시도했다.

강상호 일행 12명은 평양에 도착하여 제25군 간부부에서 도·시에 주둔하고 있는 소련군의 위수사령부에 배치되었다. 소련군 중위 계급장을 단 강상호도 함흥시에 주둔한 제40저격사단이 관할하는 함경남도 위수사령부에 배치되었다. 사단 정치부장은 강상호에게 함경남도 위수사령관 스쿠바 대좌의 통역을 전담하고, 함흥 지역 정당과 사회단체, 기타 문화기관과의 연계망을 확보하라고 지시했다. 이에 따라 강상호는 함흥 지역의 공산당, 민주당, 청우당, 공청동맹, 농민동맹, 직업동맹, 여성동맹, 기타 사회단체와 관계를 맺으면서 그들의 사업을 지원했다.

이런 가운데 1946년 3월 2일, 학생 1만여 명이 함흥 시내 중심가에서 시위를 벌인 것이다. 함흥사범학교, 함흥농업고등학교 등 함흥 시내 중·고교생들이 주축이었다. 학생들은 "함흥에 있는 쌀을 모두 소련으로 실어 갔다. 이 때문에 지금 함흥 시민들은 굶어 죽고 있다. 소련군은 쌀을 함흥 시민에게 되돌려주고 즉각 철수하라"고 외쳤다. 함경남도 인민위원장 도영호가 시위대 앞에 나가 해명했다. 그러나 학생들은 "시시하다"고 외치며 더욱 격렬하게 시위했다. 권총을 차고 말을 탄 함흥시 보안대원들이 시위대를 에워싸고 만일의 사태에 대비했다. 그러나 학생들은 보안대원 대열을 뚫고 돌진해 함경남도 도당사무소를 습격하고, 돌멩이와 몽둥이로 유리창과 기물 등을 부쉈다. 함경남도 보안대장 이필규옌안파가 위수사령부에 전화를 걸어 "학생들이 도당을 습격해 파괴하고 있다. 소련군이 진압해달라"고 요청했다. 위수사령부는 자동차와 오토바이를 탄 소련군을 출동시켰다. 소련군이 따발총을 쏘며 시위대 앞에 나타나자 학생들은 혼비백산해 달아났다.

여기서 강상호의 증언을 들어보자.

"'주동 학생들을 모두 촬영하라'는 보안대장 이필규의 지시에 따라 보안대원들이 촬영한 주동학생들의 사진을 토대로 이날 밤 50여 명을 체포해 함흥 형무소에 가두었습니다. 나는 학생들이 무슨 근거로 소련군이 쌀을 반출했다고 하는지, 왜 소련군의 철수를 주장하는지 등을 파악하기 위해 형무소를 찾아가 학생들과 터놓고 이야기했습니다. 학생들은 '소련군이 쌀을 자동차로 실어 나르는 것을 목격했다. 그리고 함흥에 주둔하는 저 많은 소련군 사단본부와 군단본부 군인들이 우리 쌀을 먹고 있지 않은가'라고 주장했습니다. 물론 나는 학생들의 주장에 대해 조목조목 반박했지만, 학생들은 '군색한 변명 따위는 건 어치우고 소련군 책임자가 나와 해명하라'고 다그쳤습니다.

함흥시 보안대 내무부장이 구속된 학생들의 가정을 조사해보니 모두 지주계급이었습니다. 그들의 아버지는 대부분 서울로 피난 간 상태였습니다. 이들의 어머니와 누나들은 흰쌀밥과 찰떡을 싸서 면회를 왔습니다. 보안대원들은 학생들에게 이 점심을 가리키며 '이것 봐라, 이래도 너희들이 배고파 굶어 죽느냐'고 따졌습니다. 공산당 함경남도 도당은 '토지 무상몰수 조치를 앞두고 지주계급 아들들이 주동한 시위'라고 분석했습니다. 보안대는 시위 동기와 실태 등을 조사한 후 '앞으로 절대로 시위를 하지 않겠다'는 각서를 받고 2주일 후 이들을 석방했습니다. 이 조치는 물론 함경남도 소련군 위수사령부의 승인을 받은 것이지요. 그러나 이들 중 상당수가 석방 후 다시 시위를 주동하거나 시위 준비를 하다가 체포되어 시베리아로 보내졌습니다."

강상호의 증언은 계속 이어진다.

"나는 함흥 위수사령관 스쿠바 대좌의 지시에 따라 학생 군중 앞에 나섰습니다. 학생 군중은 소련군관 중위 계급을 단 한국인이 나타나자 조용해지면서 무슨 말을 하는지 좀 들어보자는 분위기로 전환되었습니다. 그리고 나의 연설에 귀를 기울였습니다. 나는 제2차 세계대전에서 소련군의 승리와 해방 사명, 붉은 군대가 세계 최강을 자랑하는 일본 간토군關東軍을 격멸하고 만주와 북한을 해방한 것에 대해 설명했습니다. 이와 함께 소련은 해방된 조선 인민의 의사에 따라 새 민주제도를 수립할 것을 원한다고 설파했습니다. 학생들의 시위는 더 이상 격렬해지지 않았고, 날이 저물자 해산되었습니다. 다음 날도 일부 학생이 거리에 나와 웅성거렸으나 대규모 시위로 번지지는 않았습니다."

이렇게 해서 우선 함흥에서의 급한 불은 껐다. 이 외에도 북한 주둔 소련군과 주민 간의 갈등과 불화가 심심치 않게 발생했다. 그때마다 소련군은 주민들과 원활한 소통이 되지 않아 애를 먹었다. 1946년 여름, 평양시에서 멀지 않은 평안남도 순천시에서 소련군 위수사령부 보초병의 오발로 여덟 살 아이가 죽었다. 기독교 목사들이 시민들과 함께 소련군 위수사령부를 둘러싸고 돌팔매질을 했다. 이 바람에 사령부의 유리창이 박살났다. 순천시에 주둔하고 있는 소련 군대가 시위대를 포위해 주동자 여덟 명을 검거하고 시위를 진압했다. 그러나 아이를 잃은 부모의 슬픔과 한은 가라앉지 않아 분노가 언제 다시 폭발할지 모르는 긴장된 상황이었다.

남봉식 전 조선방송위원회 위원장의 증언을 들어보자.

"평양의 소련군 민정사령부는 평양방송국에서 일하고 있는 나를 순천시로 급파했습니다. 일주일 동안 순천시에 있으면서 순천시 위수사령부의 소련 고려인 통역관 강영환과 함께 매일 죽은 아이의 부모와 친척들을 만나 사고 경위를 설명하고 위로했습니다. 그리고 검거된 주동자들의 가족과 교회를 찾아가 흥분을 가라앉히면 시베리아 유형은 면할 수 있게 노력하겠다고 설득했습니다. 시간이 지나면서 다행히 아이 부모와 시민들의 흥분이 진정되어 시위는 재발하지 않았습니다."

남봉식의 회고는 계속 이어진다.

"평양에 온 소련 고려인들의 활동과 전혀 관계없는 일이지만 차제에 꼭 짚고 넘어가고 싶습니다. 1946년 여름, 평양 시내에서 이런 사건이 있었습니다. 당시 평양 시내 중심가 건물과 전신주 등에는 마르크스-엥겔스, 레닌, 스탈린 등의 초상화가 걸려 있었습니다. 그런데 어느 날 하룻밤 사이에 이 초상화들에 기관총 집중 사격이 가해졌습니다. 나는 이때 중앙방송국에서 일하고 있었기 때문에 이 사건에 대한 내막을 대강 짐작할 수 있었습니다. 북조선 임시인민위원회는 이 사건의 배후로 민족 지도자 조만식을 지목했습니다. 조만식의 사택 지붕 위에서 기관총이 발견되었다는 것이었습니다. 신문과 방송은 사실fact을 취재 및 확인하지 않고 임시인민위원회의 발표만을 일제히 크게 보도했습니다. 그 후 조만식은 이 사건의 두목으로 몰려 북조선 사회에서 아예 매장되었습니다. 나는 지금도 이 사건은 조만식을 아주 없애치우기 위한 어느 한 사람의 흉계가 아닌가 하고 의심을 떨치지 못하고 있습니다."

북한 맞춤형 경제정책 수립

북한의 도 · 시 소련군 위수사령부의 통역 전담으로 배치된 고려인 군관들과 중앙아시아에서 새로 파견된 고려인 군단 가운데 일부 엘리트들이 1945년 10월 소련군정 사령부 내에 설치된 민정사령부의 행정 10국에 재배치되었다. 당시 북한에 주둔했던 소련군 장교들은 민정사령부를 사령관 로마넨코 소장의 이름을 따서 '로마넨코 사령부'라고 부르기도 했다. 고려인 엘리트들은 로마넨코 사령관을 비롯하여 각 국의 국장大좌의 통역을 맡고, 해당 국들이 당면한 문제들, 즉 북한 내 정세 파악과 경제 상황 등을 조사하고 대책을 수립하는 일을 맡았다. 고려인 엘리트들은 민정사령부의 전위대였다. 특히 초기 민정사령부 산업국은 북한에서 생산된 쌀과 주요산업 시설을 해체하여 비밀리에 소련으로 보내는 작업을 전담하기도 했다.

여기서 민정사령부 산업국에 재배치되었던 박길용의 증언을 들어본다.

"산업국의 고문은 젤레즈노프 대좌였습니다. 그가 산업국을 총지휘했지요. 나의 직속상관은 스미르노프 대위였습니다. 우리는 일본인이 떠난 이후 북조선의 산업 실태 조사, 자원 및 재료의 산출, 여러 산업 부문의 노동자 조사, 인민경제의 핵심인 공장 가동 문제 등을 조사하고 대책을 수립했습니다. 그리고 특히 일본인이 남기고 간 기업, 공장, 자원, 재료 등 이른바 전리품 재산의 실태를 조사해 북한 인민의 저항 없이 비밀리에 이들의 관리권을 제25군 사령부가 갖도록 조치하는 것이 주 임무였습니다. 이들 주요 산업시설은 1946년 소련군정이 '민주개혁' 조치의 일환으로 모두 북조선 임시인민위원회에 넘겨 국유화합니다.

그러나 문제는 이 과정에서 주요 산업시설을 해체하여 함흥 지방의 쌀과 함께 소련으로 밀반출하는 것이었습니다. 나는 당시 함흥항에서 쌀과 전리품을 선적한 소비에트 화물선을 두 눈으로 똑똑히 보았습니다. 산업국에서 일하면서 수풍발전소의 기계 세 대가 비밀리에 분해되었다는 이야기도 들었지요. 이 수력발전소는 당시 아시아에서 가장 컸습니다. 일본인들은 이 발전소에 카플란과 프랜시스 터빈 시스템을 설치했습니다. 그 해체 작업은 제25군 공병사령관 페니콥스키 중장이 지휘했습니다. 공병부대 연대 병력이 이에 동원되었지요. 한국의 최고 전문가인 이문환 수력발전소 엔지니어-기술국장

이 이를 보고 분개하면서 소문이 퍼지기 시작했습니다. 이 소문을 들은 로마넨코 민정사령관이 수력발전소 터빈 분해를 반대하고 상부에 보고했다는 말도 나돌았습니다. 그러나 끝내 터빈을 떼어냈으며 그곳에는 커다란 지붕엄호물이 설치되었습니다. 세 대의 터빈 중 한 대는 안가라 수력발전소에 보내는 것으로 예정되었으며, 두 대는 비밀리에 소련의 깊숙한 곳으로 운반된 것으로 알려졌습니다. 10년도 채 안 되어서 터빈 한 대는 되돌려졌으며, 두 대는 레닌그라드의 공장 건설에 쓰였습니다. 소련군이 북조선에서 산업 설비를 떼어 밀반출한 사례는 이 외에도 많습니다. 예를 들면, 북조선 주둔 소련군은 1945년 11월 일제시기에 건설된 청진시의 인조섬유 공장에서 핵심 부품인 백금으로 만들어진 필터를 떼어내 소련으로 밀반출하기도 했습니다."

소련 군대의 이 같은 불법 행위, 또는 약탈, 폭력에 대한 북조선 인민의 불만이 로마넨코 사령부에 퍼졌다. 로마넨코 사령관은 이들 소문을 조사해 치스차코프 대장을 경유해 상부에 보고했다. 이후부터 소련 군인의 개인적인 불법행위는 엄히 다스려졌고, 인민들 사이에 로마넨코 사령관이 '북조선 이익의 보호자'라는 소문이 퍼졌다.

북한 주민의 '불만 해결사'

북조선의 해방 직후 당면한 가장 큰 과제는 식량 문제였다. 느닷없는 소련군의 점령으로 사회가 경색되자 부유한 농민들이 쌀을 내놓지 않아 식량이 절대 부족했다. 이런 가운데 소련군이 양곡 창고를 털어 많은 쌀을 소련으로 밀반출하는 바람에 식량난은 더욱 가중되었다. 북조선의 곡창지대로 불리는 황해도 사리원에서조차 식량이 모자라 주민들이 '소련군이 쌀을 소련으로 빼돌려 굶어 죽게 되었다'며 동요하기 시작했다. 이를 감지한 소련 군정 사령부는 사리원 시민과의 소통이 시급하다고 판단하고, 소련 출신 고려인 남봉식 전 조선방송위원회 위원장을 현지에 급파한다.

남봉식의 증언을 직접 들어보자.

"1945년 10월 하순, 입북과 동시에 소련군정 사령부에서 발행한 한국어판 ≪조선신문≫에서 일하던 나는 제25군 제7호 정치부의 명령에 따라 한 달 간 사리원시 위수사령부로 파견되었습니다. 주어진 임무는 발등에 떨어진 사리원 지역의 양곡 유통 문제를 해결하는 것이었습니다. 노동자들의 식량 문제를 보장해야 공장이 움직이고, 탄광에서 석탄이 나오고, 기차와 선박이 운행될 수 있기 때문이지요. 해방 후 발족한 시 인민위원회 간부들이 경험과 지도력이 없어 이 문제는 시 위수사령부가 맡았습니다. 사리원시 위수사령관 소련군 중좌는 '귀하는 과거 콜호스에서 양곡 문제를 다룬 경험이 풍부한 사람이니 사리원 양곡 문제를 해결하라'고 지시했습니다.

사리원은 북조선 벼 생산량의 큰 비중을 차지하는 곡창지대이지요. 그러나 부유한 농민들이 양곡을 감추고 내놓지 않고 있었습니다. 그들에게서 양곡을 반출케 하는 일은 쉬운 일이 아니었습니다. 약 한 달 동안 지주들을 모아놓고 '소련군의 쌀 밀반출은 근거 없는 유언비어이다. 식량이 없어 우리 형제들이 굶어 죽을 지경이다. 그들이 살아야 나라 경제가 돌아간다'고 설득했습니다. 다행히 나의 호소가 받아들여져 지주들이 대량으로 쌀을 내놓아 사리원의 식량 문제가 해소되었습니다."

1945년 11월, 남봉식이 소련군정 사리원시 위수사령부에서 통역관으로 일할 때 있었던 일화 중 하나를 소개한다. 한국말을 완벽하게 하는 일본인이 있었다. 그는 소련군이 북한을 점령하면서 미처 일본으로 귀환하지 못한 일본인 중 한 명이었다. 시 위수사령부가 일본 포로병들을 노동에 동원할 때 그를 통역으로 활용했다. 남봉식의 회고를 직접 들어보자.

"어느 날 저녁에 그 일본인이 나를 찾아와 '당신들의 나라 소련에서도 선물을 주는 법이 있느냐'고 물었습니다. 그래서 내가 선물을 주고받는 법은 어느 나라에도 있다고 대답했지요. 이튿날 저녁 사령관과 함께 앉아 이야기를 주고받고 있는데 그 일본인이 들어왔습니다. 우리와 함께 이런저런 이야기를 하다가 호주머니에서 붉은 명주 천으로 싼 조그마한 문갑 두 개를 꺼내 사령관과 나에게 주었습니다. 사령관이 문갑이 묵직하게 느껴지자 '이 상자 속에 무엇이 들어 있느냐'고 물었습니다. 그 일본인은 아무 말 없이 고개를 숙였습니다. 나도 이상해서 문갑을 열어보니 붉은 천으로 포장한 토끼 모양의 누런 금덩어리가 들어 있었습니다. 사령관이 '당신은 무슨 목적으로 우리에게 이 금덩어리를 선물하는 것이오. 아니 이것은 선물이 아니라 뇌물이오. 그러니 우리는 이 선물을 받을 수가 없소'라고 말했습니다.

그랬더니 그 일본인은 '선물을 받지 않아도 좋으니 나를 일본으로 보내달라'고 호소했습니다. 이 일본인을 바로 위수사령부의 군사재판에 넘길 수도 있었지만, 사령관과 나는 토의 끝에 금덩어리는 은행에 맡기고 일본인은 사리원시 인민위원회에 넘겼습니다. 그 후 그 일본인은 어떻게 되었는지 모릅니다."

제4장

소비에트화와 '김일성 정권' 터 닦은 정치 일꾼들

김일성 정권 탄생 산파역

소련군이 북한 지역을 점령한 1945년 8월 하순부터 북한 정권이 수립되기 9개월 전인 1947년 12월까지 모두 아홉 차례에 걸쳐 평양에 간 소련 고려인은 줄잡아 300여 명에 이른다. 이들은 19세기 말경부터 두만강과 압록강을 건너 만주를 경유하여 연해주로 이주한 농업 이민, 의병, 독립군, 빨치산 등의 후예인 한인 2~3세다. 대부분 러시아 원동과 러시아 내륙, 중앙아시아 등에서 4년제 교원대학, 철도대학, 전기기술대학, 경제·재정대학 농업대학, 군관학교, 2년제 직업전문학교, 1년제 소련 2급 공산대학 등을 졸업한 엘리트들이다.

소련 정부의 치밀한 계획에 의한 고려인 강제이주 이전에는 대부분 원동에서 소련공산당 정당원으로 소비에트 구역 당과 구역 공산주의 청년동맹 책임서기, 고려인 콜호스의 간부, 고려인학교 교사 등을 지냈다. 카자흐스탄과 우즈베키스탄 등 중앙아시아로 강제이주된 후에도 대부분 고려인은 각 급 학교 교사와 교장, 대학 교수, 고려인의 콜호스 간부 등으로 일했고, 일부는 지역 공무원이나 구역 당 간부, 공청 간부 등 다채로운 경력을 갖고 있었다.

스탈린의 동원령에 따라 평양에 파견된 이들 카레이스키 군단은 소련군의 북한 점령 초기 4개월 동안 소련군 장교들의 통역관을 맡으면서 소련 군정과 민족지도자 및 토착 공산주의자들, 특히 북한 주민들과의 가교 역할을 했다. 그리고 소련의 북한 내 '민주기지' 창설과 북한의 지도자로 내밀하게 정해진 김일성을 지원하기 위한 정치적 기반을 다지는 등 사전 준비에 한몫을 했다.

기관지 발행해 소련식 공산주의 소개

1945년 8월 28일, 북한 지역을 점령한 소련군 제25군 사령관 치스차코프 대장에 이어 군사위원 레베데프 소장 등이 속속 평양으로 날아왔다. 그리고 소련군정 사령부와 위수사령부를 설치했다. 이와 함께 대일전에 앞서 중앙아시아에서 징모된 고려인 '글 박사' 28명이 8월 29일 평양에 도착했다. 이들을 인솔한 장교도 소련 고려인 강미하일 소좌였다. 이에 앞서 하바롭스크에서 날아온 소련군 제2극동전선 사령부 제7호 정치국장군 정치 부내의 민정 전담 메클레르 중좌가 이들을 맞이했다. 이들은 일단 제25군 제7호 정치부에 배속되었다.

앞서 들어온 메클레르 중좌는 평양역 앞 한 건물에 소련군기관지 조선신문사를 차렸다. 고려인 '글 박사'들은 이곳에서 ≪조선신문≫을 발행했다. 초기에는 소련군의 제2차 세계대전 승리, 북조선을 해방한 붉은 군대의 위대함, 마르크스-레닌주의, 동유럽에서의 소수민족 해방과 민주기지

메클레르.

창설, 소련의 공산주의 제도의 장점과 문화 등 북조선에 소비에트를 이식하기 위한 내용을 집중적으로 소개했다.

이와 함께 일제 치하의 평양방송국과 각 도청 소재지에 있는 지방방송국의 전파를 복원해 방송을 재개했다. 그동안 중단되었던 각 도의 지방신문들도 도·시 위수사령부와 인민위원회, 지역 공산당 지도 아래 발행을 재개토록 했다. 이들 고려인들을 총지휘한 소련군 장교는 메클레르 중좌였다. 메클레르 중좌는 모스크바 자택에서 필자와의 인터뷰를 통해 초기 북한에서 신문과 방송을 통해 '민주기지'의 터를 닦은 과정을 다음과 같이 증언했다.

"평양 도착에 앞서 1945년 7월 하바롭스크 변방에 있는 소련군 제88정찰여단을 찾아가 김일성, 김책 등 항일 빨치산 출신 조선인 간부들을 면접하고, 빨치산 활동 경력과 지도력, 소련에 대한 충성도, 조선에서의 기반 등을 소련군 제2극동전선 사령부에 보고했습니다. 이 보고서는 하바롭스크에 있는 소련군 극동총사령부를 거쳐 모스크바의 국방성, 소련공산당 중앙위원회 등에 보고되었습니다. 이 보고서 가운데 특히 김일성에 대한 보고서가 훗날 소련군과 스탈린이 김일성을 선택하는 데 큰 영향을 주었을 것입니다.

이후 제25군 참모부와 함께 평양에 들어가 장차 북한에 세워질 정권의 지도자를 양성하라는 비밀 지령이 떨어졌습니다. 강미하일 소좌가 인솔한 고려인 군단을 중심으로 한글판 소비에트신문사와 조선신문사를 세워 신문을 발행하여 도·시·군 소련군 위수사령부를 통해 북한 전역의 인민들에게 배포했습니다. 김일성이 입북해 1945

년 10월 14일 평양 모란봉운동장에서 열린 소련군 환영대회에서의 '김일성 연설' 이후부터는 신문 대부분이 '김일성 장군'에 대한 기사로 지면을 채웠습니다. 평양과 지방 방송국에도 이 신문들의 기사를 그대로 집중 보도하도록 지시했습니다. 우리는 '신문·방송은 사회주의 혁명의 총알이다'라고 강조한 스탈린 대원수의 어록을 늘 상기했습니다."

'김일성 장군' 신문·방송 특집 제작

고려인 '글 박사' 부대는 소련군 환영 평양시민대회에서 김일성이 첫선을 보인 후부터 눈코 뜰 새 없이 바빠졌다. 연일 '김일성 장군' 특집을 호외로 제작해야 했기 때문이다. '김일성 장군' 추대 작업에는 신문뿐만 아니라 잡지 등 출판물까지 총동원되었다. 따라서 9월과 10월에 연이어 입북한 고려인 군단 중에서 글재주가 있는 엘리트들을 뽑아 신문사에 충원했다. 고려인 '글 박사' 그룹을 인솔했던 강미하일 소좌는 초기에 직속상관 격인 메클레르 중좌를 비롯하여 민정사령부의 제2인자인 이그나치예프 대좌, 군사위원 레베데프 소장 등 소련군정 핵심인사들의 통역을 맡았다. 말하자면 고려인 '통역 일꾼' 중 '수석 통역관'이었다. 김일성은 로마넨코 장군, 레베데프 장군, 이그나치예프 대좌 등의 빈번한 방문객이었다. 김일성의 집은 소련군정 사령부에서 자동차로 5분 거리에 있었다. 김일성은 소련군정 실세들을 방문할 때마다 항상 하바롭스크 제88정찰여단에서 함께 입북한 소련 고려인 출신인 비서이자 통역관인 문일을 대동했다.

박길용 전 북한외무성 부상의 증언을 들어보자.

■ 문일이 평양의 한 사진관에서 김정일을 안고 자신의 가족과 함께 찍은 사진(1946년 초봄).
■■■김일성(앞줄 왼쪽에서 세 번째)·김정숙(앞줄 오른쪽 두 번째) 부부, 비서 문일(뒷줄 오른쪽 두 번째) 부부 등이 평양 시내 인민위원장 관저에 모였다(1974년 가을). 이 두 장의 사진은 김일성과 문일의 각별한 관계를 잘 보여준다.

"모란봉운동장에서 최초로 행한 김일성의 연설문은 '정치 일꾼' 메클레르 중좌가 작성했습니다. 그는 유대인 출신으로 오랫동안 소련군 제7호 정치부 장교로 일했기 때문에 정치적 감각과 문장력이 뛰어난 '정치 일꾼'이었지요. 1946년 6월 평양에서 여자 문제로 잡음이 일어나자 소련으로 복귀하여 대좌로 승진한 후 제대했습니다. 1970년대부터 나와 함께 소련아카데미 동방학연구소에서 책임연구원을 지냈습니다. 메클레르가 작성한 연설 원고를 고려인 '글 박사' 전동혁이 한국어로 번역했고, 문필가 한재덕이 문장을 다듬었습니다. 한재덕은 훗날 김일성의 눈에 들어 ≪민주조선≫이라는 신문의 편집인이 되었으나 숙청되어 일본을 경유해 서울로 갔습니다. 이후 김일성의 모든 연설문은 고려인 '글 박사들'이 도맡았습니다. 기석복, 전동혁, 김세일, 조기천 등이 작성한 연설 원고는 강미하일 소좌를 경유하여 메클레르 중좌의 '오케이'를 받았지요. 그리고 이 원고는 민정사령부 행정 10국 중 하나인 총무국의 베스필로프와 코발레프 두 중좌의 행정적인 최종 '심사'를 거쳤습니다."

초기 소련군정 사령부 내에서 한국말을 하는 정규 소련군 장교는 강미하일 소좌가 유일했다. 정치적 식견도 높았다. 그는 민주당과 신민당 창당 과정에서 '김일성 담당관'인 직속상관 메클레르 중좌와 함께 소련군정 고위 지도부와 김일성을 조만식, 김두봉 등 지도자들과 연결시키는 가교 역할을 하기도 했다.

'당 기술자들' 북조선노동당 창당 주도

평양군정 정치사령관 레베데프 소장은 모스크바 자택에서 필자와의 인터뷰를 통해 "소련군정은 1945년 12월 17일 '1국 1당주의'를 넘어 서울의 조선공산당 중앙위원회를 제치고 조선공산당 북조선 분국을 북조선공산당 조직위원회로 바꿨다"고 증언했다. 사실상 북조선만의 독자적 정당이라 할 수 있는 '북조선공산당'으로 둔갑시킨 것이다. 김일성은 이 북조선공산당 조직위원회의 제1비서를 맡았고, 이어 1945년 2월 8일 출범한 임시인민위원회 위원장이 되었다. 말하자면 오른손에 당을, 왼손에 정권기관을 쥔 셈이다.

소련군정은 스탈린의 지령에 따라 한반도 반쪽에 소련의 위성국 창설을 위한 터를 어느 정도 닦았으니 본격적으로 주춧돌을 놓고 기둥을 세워 '위성 정권'이라는 집을 지어야 할 판이었다. 그러자면 먼저 정권을 이끌 두 기관차 중 하나인 당을 만드는 일이 시급했다. 즉, 소련 공산당의 '형제당'인 노동당을 창당하는 작업을 서둘러야 했다. 이어 동유럽에서처럼 장차 소련 위성국의 당과 정권기관인 인민위원회 등을 끌고 갈 '간부 일꾼'을 양성하는 일을 추진해야 했다.

그러나 당 창당과 운영, 당·정 간부 양성 등을 김일성 빨치산 부대와 토착 공산주의자들, 그리고 중국 옌안에서 들어온 '옌안파'에게만 맡길 수 없는 실정이었다. 이들 각 파 모두가 사회주의 정당을 조직해보았거나 정부를 운영한 경험이 전혀 없었기 때문이었다. 특히 이들이 모두 마르크스-레닌주의 사상으로 무장되지 않은 데다 일부는 소수민족 혁명가들의 특징인 '종파주의적 경향'까지 있어 안심하고 맡길 수 없는 형편이었다.

그렇다고 소련에서 온 고려인 전부를 창당 작업에 끌어들일 수도 없는 속사정이 있었다. 평양에 파견된 고려인들은 엄연히 소련 공민이자 붉은

북조선 임시인민위원회 위원장이 된 34세의 김일성.

군대 군관이었다. 북조선의 당 일꾼이 되려면 북조선 공민이면서 당원이어야 한다. 그렇지 않을 경우 국내파 공산주의자들의 반발을 살 것이 분명했다. 소련으로서는 과거 동유럽에서 위성국을 건설하면서 이미 비슷한 경험을 겪어보았다.

　그래서 착안한 아이디어가 과거 연해주와 중앙아시아에서 공산당 대학을 졸업했거나 공산당 구역 당과 공청 등의 간부 경력이 있는 고려인들을 소련 국적을 포기시키고 북조선 공민으로 국적을 바꾸어 북조선노동당 창당 작업에 투입시키는 것이었다. 1946년 7월, 북조선공산당과 신민당이 북조선노동당으로 합당되기까지 한 달을 앞두고, 고려인 테크노크라트인 허가이, 박창식, 김영태, 김영수, 김열, 한일무, 김재욱, 이히준, 장철 등 아홉 명이 소련 공민증과 소련 군관증을 반납하고 북조선 공민이 되었다. 이는 소련군정의 기획·연출이었지만 외형적으로는 북조선 임시인민위원회가 소련 공산당 중앙위원회에 공식 요청하는 형식을 취했다. 이들은 북조선 공민으로 북조선노동당에 입당하면서 대부분 중앙위원, 도당위원장, 인민군 고위 장성, 내각 부상 등의 요직을 받았다. 허가이에 대해서는 뒤에서 자세히 기술하기로 하고, 나머지 여덟 명의 북한 정권하에서의 경력은 다음과 같다.

　　■ 박창식: 1948년 8월 최고인민회의 제1기 대의원, 10월 노동당 중앙위원회 산업부장, 1951년 12월 평양시 인민위원회 부위원장, 1955년 자강도 인민위원회 위원장
　　　■ 김영태: 평양시 인민위원회 위원장, 중앙민청위원장
　　　■ 김영수: 함경북도 인민위원회 위원장, 수산성 부상
　　　■ 김열: 1946년 8월 북조선노동당 강원도당위원장, 내각 사무국장
　　　■ 한일무: 1946년 8월 북조선노동당 중앙위원, 1948년 노동당 강

원도당위원장, 1950년 민족보위성 부상 겸 해군사령관, 1956년 공군 사령관 · 중장, 당 중앙위원, 1958년 몽골대사

■ 김재욱: 1946년 북조선노동당 평남도당 위원장, 1950년 북한 인민군 총정치국장

■ 이히준: 1946년 북조선노동당 중앙위원, 1953년 내각 간부국 장, 국가검열성 · 보통교육성 부상

■ 장철: 인민군 후방 총국장, 인민군 대장

이와 함께 마르크스-레닌주의로 이론 무장이 되어 있고, 대학교수와 각 급 학교에서 교사와 교장을 했거나 콜호스와 사회단체 등에서 조직생활 을 해본 고려인 엘리트들은 소련 공민 자격을 그대로 유지한 채 내각 간 부학교와 중앙당학교 등에 배치되어 교장이나 교원을 맡아 당과 내각의 간부를 양성했다. 이들의 명단은 다음과 같다.

■ 강상호: 내각 간부학교 교장
■ 현히안: 내각 간부학교 교무주임
■ 허익: 중앙당학교 교장
■ 이영발: 내무성 간부학교 교장
■ 정춘옥: 내각 간부학교 부교장
■ 장남익: 내각 간부학교 교무주임
■ 박태화: 중앙당학교 교장

아울러 소련군정 사령부의 고문들이 일부 고려인 엘리트에게 소련군관 교육을 시켜 각 군 학교와 군관학교의 교원과 교장을 맡김으로써, 군 간부 양성 등 북한인민군 창설의 기초를 닦도록 했다. 그 명단은 다음과 같다.

- 황금철: 해군학교 교관
- 전성화: 군관학교 교장
- 허학철: 정치군관학교 강습소장
- 유성걸: 항공군관학교 교장
- 장학봉: 정치군관학교 교장
- 이세호: 해군군관학교 교장
- 유금석: 정치군관학교 부교장
- 최학일: 군관학교 교장
- 오성화: 군관학교 교장
- 김광빈: 해군군관학교 교장
- 김알렉산드리: 정치군관학교 교수

특히 하바롭스크 변방에 있던 소련군 제88정찰여단에서 정찰대원으로 복무하다 김일성과 함께 입북한 유성철 등 소련 고려인 11명은 1946년 2월 8일 발족한 보안대대본부 창설에 참여하여 보안대대본부가 인민군의 모태가 되도록 하는 데 기여했다. 그 명단은 다음과 같다.

- 김봉률: 포병사령관, 당중앙위원회 후보위원^{1956년 4월 노동당 제3차 대회}
- 정학준: 포병참모부 참모장 · 소장
- 이종인: 인민군 통신국장 · 소장
- 김빠베르: 교육성 국장
- 문일: 김일성 비서
- 박길남: 인민군 공병국장 · 소장
- 이동화: 인민군 군의국장, 보건성 부상

- 김창국: 인민군 정찰국 부국장·대좌
- 유성철: 민족보위성 작전국장·중장
- 이청송
- 김파

　강상호 전 북한 내무성 정치국장 겸 제1부상의 경우 소련군기관지 조선신문 기자로 일하다 1946년 6월 그로모프 정치부장의 명령으로 내각 간부학교 정치경제학 교원으로 옮겼다. 이 학교는 내용적으로는 소련군정의 소비에트화 프로그램에 따라 진행되었지만, 외형적으로는 북조선 임시인민위원회의 요청 형식을 갖추어 소련군 제25군이 마르크스-레닌주의 이론을 학습한 고려인 군관들 가운데 여덟 명을 교원으로 선발해 문을 열었다.

　교장은 중국 팔로군八路軍, 중국혁명군 제8로군 군관 출신으로 해방 후 북한에 들어와 임시인민위원회 양정국장을 하던 옌안파 박효삼이 맡았다. 그는 6·25전쟁 때 인민군 소장으로 참전했으나 옌안파 숙청 때 희생되었다. 내각 간부학교의 2대와 3대 교장도 옌안파 윤공흠, 김창만이 역임했고, 교무주임은 소련 고려인 출신 박영빈이었다. 이어 4대1949년 6월부터 교장을 강상호가 맡았다. 이 학교는 조선민주주의인민공화국 대의원과 정부기관의 간부들을 마르크스-레닌주의로 무장시키는 '정치 학교'였다.

소련인 고문들의 '손과 발'

　평양의 소련군정은 한마디로 '고문 정치'라고 불러도 결코 과장된 것이 아니다. 북한에 주둔한 제25군 장교 대부분이 전투병과 장교이다. 따라서 스탈린의 '정치 지령' 실행은 온전히 정치 장교들의 몫이었다. 소련군정

사령부 내 민정사령부에 설치된 열 개 행정국은 물론 각 도와 시의 위수사령부에도 정치 장교인 '고문'이 파견되었다. 이들은 모두 소련군정 정치사령관으로 불리는 제25군 군사위원 레베데프 소장의 부하들이다.

고문들은 사단의 정치지도부장이거나 소련 육군 정치지도부에서 일한 장교들이다. 한시적으로 소속 부대를 떠나 민정사령부 열 개 행정국과 각 도·시 위수사령부에 파견된 것이다. 이들 고문은 민정사령관 로마넨코 소장의 지휘를 받으면서 민정사령부 행정국과 위수사령부를 움직이는 '보이지 않는 손'이었다. 열 개 행정국의 책임 고문들은 앞에서 이미 언급했다. 여섯 개 도 위수사령부 사령관 고문은 다음과 같다.

- 평양: 육군사령부 군사위원 코로레프 대좌
- 함흥: 사단 정치부장 데민 대좌
- 청진: 사단 정치부장 구레비치 대좌
- 원산: 사단정치부장 쿠주모프 대좌
- 신의주: 사단 정치부장 그라모프 대좌
- 해주: 사단 정치부장 코뉴호프 대좌

각 위수사령관과 고문관 아래에는 반드시 고려인 엘리트 군관이 배치되었다. 고려인 엘리트들은 이들의 통역은 물론 군정의 정책수립 과정에서 북조선 실정에 맞는 자문과 주민들과의 가교 역할을 맡았다.

북조선 정권이 출범하면서 그동안 하바롭스크 소련군 극동사령부에서 소련군정을 원격 지휘했던 스티코프 대장이 군복을 벗고 평양 주재 초대 소련대사로 주저앉았다. 말하자면 위성국 북한을 관리하는 '스탈린의 전권대사'인 셈이다. 이와 함께 과거 동유럽에서 소비에트 위성정권을 수립한 뒤 그랬듯이 평양 주재 소련대사관에도 북한 정부 내각의 각 부처를 담당

북한 정권 창출의 주역 소련군정 정치사령관 레베데프 소장과 그의 아내(장군의 70세 생일 기념 사진).

■ 스티코프.

■■ 스탈린의 특명을 받고 소련군 대위 김일성을 북조선의 최고지도자로 양성한 연해군구 군사위원 스티코프 대장(오른쪽)이 1949년 1월 군복을 벗고 평양 주재 초대 소련대사로 부임한 뒤 북조선 수상관저 앞에서 김일성(왼쪽)과 포즈를 취하고 있다.

하는 분야별 전문가 고문 수십 명을 포진시켰다. 이들은 각 병과별 예비역 장성 또는 대좌 출신이었다.

소비에트 정권이 이처럼 신생국 주재 대사관에 군 출신 고문을 대거 상주시킨 것은 외형상으로는 사회주의 정권 수립 역사가 짧은 북한 정부를 지도하고 도와준다는 명분 때문이었다. 그러나 이들 고문의 역할을 보면, 이 집단은 스티코프 대사가 지휘하는 또 하나의 북한 주재 '소련 내각'이라 할 수 있다. 북한 정권 수립을 전후로 소련군정 고위 지도부와 김일성 수상 등 권력 핵심부에서 통역을 맡았던 박길용 전 북한 외무성 부상은 필자와의 인터뷰에서 다음과 같이 증언했다.

"소련은 동유럽에서 소비에트 위성정권을 세운 후 양국 간 외교관계가 수립되면서부터 신생 정부를 지원한다는 명분으로 각 분야별 전문가 그룹을 대사관에 상주시켜 위성국을 관리했습니다. 당시 소련은 북한에도 소비에트화의 견고한 이식을 위해 이 시스템을 그대로 적용했다고 봐야 할 것입니다. 스탈린의 전권대사 스티코프와 고문들, 그리고 스탈린과 스티코프의 충실한 부하 김일성, 당과 내각의 고려인 출신 '일꾼' 등이 거미줄처럼 엮여 있음을 읽을 수 있어야 합니다. 훗날 러시아의 일부 학자들은 이 시스템을 일컬어 '고문 정치'라고 말하기도 합니다. 겉으로 나타난 현상보다는 그 시스템에 숨은 소비에트화 전략이 중요합니다."

북한정부 수립 이후, 즉 1948년 9월부터 6·25전쟁이 발발하기 이전인 1950년 3월까지 스티코프 전권대사의 주변에 포진한 소련 고문단의 성격과 역할은 두 종류로 분류할 수 있다. 하나는 대부분 북한 정권의 정치체제가 완전한 사회주의를 목표로 한 공산정권으로 성장하도록 각 분야에

6 · 25 당시 유성철(왼쪽)과 제2군단장 최현(오른쪽).

서 지원하는 테크노크라트다. 또 다른 부류는 6 · 25전쟁 이전 북한 무장력 창건에 결정적인 역할을 한 군사 고문단이다. 북한에서 조선 인민군 작전국장을 지내다 타슈켄트로 귀환한 유성철 중장은 필자와의 인터뷰에서 이렇게 증언했다.

"북한 인민군은 소련 군사고문단의 지도 아래 군사력 및 정치적 훈련을 받았고, 소련군 제25군이 북한에서 철수하면서 넘기고 간 현대 병기로 무장되었습니다. 그리고 6 · 25전쟁이 시작되기 전인 1950년 봄, 소련은 새 얼굴들로 군사 고문단을 교체하여 북한 수뇌부와 작전 계획 등을 짜는 등 사전 전쟁 준비에 들어갔습니다. 이 과정에서 나와 경비사령부 참모장 황성복 중장 등 고려인 출신 장성들이 소련 군사

고문들이 작성한 6·25전쟁 계획 문건을 번역하고 군사고문들의 통역을 맡았습니다."

북한 정권의 당·정·군 2인자

소련은 동유럽에서 위성국 정권을 수립할 때 활용했던 기본 전략을 북한에 그대로 적용했다. 내각의 상을 비롯해 최고인민회의의회와 각 사회단체 등 권위 있는 고위 직책과 명예직은 모두 빨치산파와 국내파, 옌안파, 남로당파, 월북 인사 등 다른 계파 출신에게 맡겼다. 그리고 내각의 각 부상과 부위원장 등이 실권을 행사하도록 한 뒤, 이 자리에는 소련의 충실한 일꾼 고려인 엘리트들을 임명했다. 북한의 1948년 9월 1차 내각을 분석해보면 이를 증명할 수 있다.

빨치산파로는 수상 김일성을 필두로 제3부수상 겸 산업상 김책, 민족보위상 최용건 등이 있다. 국내파는 국가계획위원장 정준택, 상업상 장시우, 교통상 주영하, 체신상 김정주 등이다. 옌안파는 내무상 박일우, 재정상 최창익, 문화선전상 허정숙 등이 있다. 또 남로당파는 제1부수상 겸 외무상 박헌영, 사법상 이승엽, 노동상 허성택, 보건상 이병남, 농림상 박문규 등이 포진했다. 그리고 서울에서 월북한 인사들로는 제2부수상 홍명희, 국가검열위원장 김원봉, 교육상 백남운, 도시건설상 이용, 무임소상 이극로 등이 있다.

1차 내각의 상 가운데 이른바 소련파로 불린 고려인 출신은 단 한 명도 없다. 초대 최고인민회의 의장단에도 소련파 인사는 끼지 않았다. 이와 달리 1차 내각의 부상 자리에는 고려인이 다수를 차지했다. 17개 부처 부상 중 절반이 넘는 아홉 명이 소련 고려인이었다. 대부분 힘 있는 알짜배기 부처들이다. 1차 내각에서 부상을 맡은 소련 고려인들은 다음과 같다.

- 고히만: 산업성
- 권알렉산드로: 국가검열위원회
- 박동철: 외무성
- 박의완: 교통성
- 남일: 교육성
- 오성화: 문화선전성
- 이동화: 보건성
- 유가이: 상업성
- 방학세: 내무성

이들 가운데 고히만임업상, 박의완내각 부수상, 남일내각 부수상, 방학세내무상, 사회안전상 등 네 명은 훗날 내각 부수상 또는 상까지 지낸다.

북한에서 외무성 부상을 지내다 1959년 말 '소련파' 숙청 바람이 불 당시 자진귀국 형식으로 러시아로 귀환해 소련과학아카데미 동방학연구소 선임연구위원으로 일했던 박길용 박사는 필자와의 인터뷰에서 이렇게 증언했다.

"당시 소련 정부의 각 부처에서도 인민위원보다 부인민위원이 실무적인 권한을 쥐고 있었습니다. 소련은 이 시스템을 동유럽에 이어 북한에도 그대로 적용했습니다. 소련 출신 고려인들이 각 부처의 부상을 장악하도록 한 것은 실제 권한을 행사할 수 있게 해서 각 파의 상을 견제하겠다는 '붉은 곰'의 발톱이 숨어 있었다고 볼 수 있습니다."

소련군정 지도부와 북조선노동당 고위 간부들. 앞줄 왼쪽부터 허가이, 김일성, 레베데프, 김두봉,
이그나치예프, 김책. 뒷줄 왼쪽부터 주영하, 박일우, 최창익(1946년 8월).

그러나 당에서의 소련파의 위상은 내각과는 크게 달랐다. 조선공산당
북조선조직위원회가 자리를 잡으면서 당내에서 고려인의 위치는 어느 계
파보다 막강해지기 시작했다. 앞서 기술한 대로 소련에서 공산당 대학을
졸업하고 구역 당과 공청에서 비서나 서기를 맡았거나 콜호스 등에서 당
업무를 수행한 경험이 있는 허가이 등 아홉 명이 일찍부터 북조선 공민으
로 국적을 바꿔 당 조직에 깊숙이 들어갔다.

특히 허가이는 조선공산당 북조선조직위원회에 입당하면서 노동부장
을 맡았고, 이어 조직부장이 되어 당헌과 당규, 당 기구 등을 만들어 북조
선공산당의 기본 틀을 짜나갔다. 이와 함께 중앙당을 중심으로 각 도당과
군당까지 모든 조직의 구성을 완료했다. 또한 각 대학과 학교, 기업소, 공
청, 직총 등 사회단체에도 당위원회를 조직했다. 특히 그는 원동 지역과
중앙아시아의 소련공산당 구역 당에서 일하면서 쌓은 지식과 경험을 유

감없이 발휘하여 1946년 8월 북조선공산당과 옌안파 중심의 신민당이 합당해 북조선노동당을 만들 때, 1949년 북조선노동당과 남로당을 합당해 조선노동당을 만들 때 모두 산파역을 맡았다. 허가이는 조선노동당 중앙위원회 제1비서, 부위원장 직위까지 올라갔고, 1948년부터 당중앙위원회 정치위원으로 활동하기도 했다. 따라서 북한 정권에서 김일성, 김두봉에 이어 서열 3위를 차지했다.

한편 1946년 8월 28일부터 30일까지 열린 북조선노동당 창당대회에서 선출된 중앙위원 43명 중 빨치산파는 김일성, 김책, 안길, 김일 등 네 명인 반면, 소련 출신 고려인은 허가이, 박창식, 김열, 김재욱, 한일무, 태성수, 한빈 등 일곱 명으로 빨치산파보다 많았다. 나머지는 옌안파 12명, 국내파 13명, 기타 일곱 명 등으로 구성되었다. 하지만 이들 초기 소련파 중앙위원 일곱 명은 훗날 숙청 그물에 걸려 단 한 사람도 북한 정권에서 살아남지 못했다. 강상호 전 북한 내무성 정치국장 겸 제1부상은 필자와의 인터뷰에서 다음과 같이 증언했다.

"당은 정부와 사회단체 등 모든 영역을 지도합니다. 외형상으로는 허가이가 권력 순위 3위지만 당 사업의 실권은 허가이에게 있었습니다. 그는 소련의 절대적인 신임을 받았습니다. 또한 허가이는 모든 문제를 소련과 협의해 나갔습니다. 당 중앙위원회에서 일체의 당 사업을 지도했고, 모든 당 행정 문건의 최종 결재자는 허가이였습니다. 그래서 6·25전쟁 이후 평안남도 인민위원장 박영섭은 허가이를 '당 사업 박사'라고 불렀습니다. 이 발언 때문에 박영섭은 평안남도 인민위원장에서 쫓겨나기도 했습니다. 그리고 김일성도 공·사석에서 허가이를 '당 박사'라고 부르면서 빈정대기도 했습니다."

허가이와 함께 박창옥이 당 선전선동부장을 맡아 초기부터 중앙당을
사실상 고려인들이 장악했다. 이와 함께 '팔도대장'으로 불리는 각 도당
위원장까지 거의 소련 출신 고려인이 차지했다. 고려인이 차지한 북조선
노동당의 초기 도당 위원장은 다음과 같다.

- 김재욱: 평안남도당위원장
- 허빈: 평안북도당위원장
- 김열: 함경남도당위원장
- 한일무: 강원도당위원장
- 장철: 자강도당위원장
- 송원식: 평양특별시당부위원장

이들의 뒤를 이어 각 도당 위원장이나 부위원장을 맡은 소련 출신 고려
인은 다음과 같다.

- 서춘식: 평안북도당위원장
- 박영: 함경남도당위원장
- 김창수: 자강도당부위원장
- 박사현: 평안북도당부위원장
- 강상호: 강원도당부위원장

이처럼 당과 내각 등에서 잘 조직된 고려인 군단은 소련과 스탈린에 의
해 한반도 반쪽의 '수령'으로 지명된 김일성의 충실한 부하였다. 또 김일
성과 함께 하바롭스크 부근에 있는 소련군 제88정찰여단에서 정찰대원을
했던 소련 출신 고려인들은 초기 인민군 창설에 깊이 관여하고, 6·25전

북한인민군 모태가 된 보안간부학교 앞에서 기념 촬영을 한 모습(1946년). 앞줄 오른쪽부터 김일성, 소련군 대좌, 이동화(소련파), 뒷줄 오른쪽부터 최용건, 김책, 기석복(소련파).

쟁 등에서 인민군의 핵심 지휘관으로 북한 정권의 전위대 역할을 했다. 인민군의 모태인 보안대대본부는 1946년 2월 8일에 창설되었는데, 대장은 김일성의 빨치산 동지 최용건, 참모장 역시 김일성과 함께 소련군 제88정찰여단 출신인 안길이 맡았다. 보안대대본부 창설에는 빨치산 유격대원 최용건, 안길, 임춘추, 박성철, 김일, 전문섭, 전문욱, 오백룡, 이을설, 김용연, 이두익, 김익현, 김성국, 오진우, 최광, 이봉수 등 20여 명과 소련군 제88정찰여단 출신 소련 고려인 김봉률, 유성철, 정학준, 이종인, 김빠베르, 문일, 박길남, 이동화, 이청송, 김파, 김창국 등 11명, 그리고 중국 옌안에서 나온 군인들인 무정, 박효삼, 최인, 왕렴 등 네 명이익선, 방호산,

장평산, 리림, 송파 등은 인민군 창설 또는 6 · 25전쟁 때 인민군에 참여이 참여했다.

보안대대본부 교원은 소련 출신 고려인과 옌안파 간부, 훈련교관은 김일성 빨치산 출신이 각각 맡았다. 서울의 미군정이 미 · 소 공동위원회 준비에 몰두하고 있는 사이 평양의 소련군정과 김일성은 북한 정권을 지탱함과 동시에 전쟁을 준비하기 위한 군대를 물밑에서 조직하고 있었던 것이다. 전 북한 민족보위성 작전국장 유성철 중장은 필자와의 인터뷰에서 다음과 같이 증언했다.

"보안대대본부는 김일성당시 조선공산당 북조선 분국 제1비서이 소련군 군사고문들과 협의해 설치한 것입니다. 소련군정은 '하루빨리 당 · 정 · 군 등 정권의 틀을 갖추기 위해서는 무엇보다 먼저 '권력의 총알'인 군대를 가져야 한다'는 생각을 하고 있었습니다. 김일성 역시 항상 남조선보다 먼저 강한 군대를 만들어 자신이 통일을 이루겠다는 생각을 가진 '개인 영웅주의자'였습니다. 그러나 소련군정은 서울에 주둔하고 있는 미군정의 눈치를 살피지 않을 수 없었습니다. 당시 한반도 정세가 아직은 양쪽 모두 군대 조직을 가질 수 있는 상황이 아니었기 때문입니다. 소련군정은 국제사회 여론을 의식해서 대외적으로는 보안대대본부를 경찰학교라고 선전했습니다."

김일성은 소련군정과 협의하여 보안대대본부를 설립한 지 4개월 후인 1946년 6월, 평안남도 강서군 대안리 강선제강 자리에 보안간부학교를 설립했다. 초대 학교장은 옌안파의 박효삼, 부교장은 빨치산파 박성철이 맡았다. 박효삼은 최용건과 함께 중국에서 황포군관학교를 졸업한 후 장제스蔣介石 군대에 있던 사람이다. 김일성이 소련군정과 협의해 보안간부학교를 세운 목적은 장차 군대 창설에 대비해 군 간부들을 양성하기 위해

서였다. 보안간부학교 역시 핵심 교원은 소련군 제88정찰여단 출신 고려인들이었다. 전술주임 유성철, 포병주임 정학준, 사격주임 박길남, 통신주임 이종인 등 소련군 제88정찰여단 출신이 포진했다. 교육기간은 1년, 한 기당 학생은 300명이었다. 졸업생에게는 소위 계급장을 주고, 성적이 좋은 졸업생에게는 중위 계급장을 달아 중대장을 시켰다. 1947년 6월에 제1기 졸업생을 배출했다. 한 달 후 부교장 박성철이 중앙당 행정부장으로 올라가자 유성철이 부교장을 맡았다. 유성철 전 인민군 중장에 따르면, 북한은 보안간부학교 학생들의 배출과 함께 병사를 모집하여 나남, 회령, 청진, 원산, 신의주, 평양, 함흥 등 일곱 군데에 연대를 설치하고 본격적인 훈련에 돌입했다. 초창기 연대본부는 일본군이 쓰던 막사를 사용했고, 무기는 북한 주둔 소련군 제25군에서 풍부하게 지원받았다.

일본군으로부터 노획한 무기는 총 한 자루도 사용하지 않고 모두 폐기했다. 북한은 1948년 남조선이 군대를 조직한다는 정보에 따라, 그해 2월 8일 인민군을 창설하고 보안간부학교를 군관학교로, 보안대대본부를 인민군 총참모부로 명칭을 바꿨다. 그동안 보안대대본부에서 양성한 장교들이 인민군의 주력을 이루고, 간부들은 정권 수립과 함께 민족보위성의 핵심 참모를 맡아 6·25전쟁을 준비하고 참전했다.

초대 인민군 총참모장이 된 강건제88정찰여단에 있을 때 이름은 강신태은 김일성과 함께 소련군 제88정찰여단에 있다가 해방 후 만주에서 활동하던 중 김일성의 편지를 받고 급히 평양에 들어왔다. 6·25전쟁 이후 군관학교의 명칭은 6·25전쟁에서 전사한 강건의 이름을 붙여 '강건군관학교'로 바뀌었다. 이는 소련식으로, 인민의 추앙을 받는 특정인의 뜻을 기리기 위한 것이다.

지상 좌담, '스탈린은 왜 김일성을 선택했는가'

소련군정은 "북한만이라도 빨리 '민주기지'를 창설하라"는 스탈린의 지령에 따라 점령 3년여 만에 북한에 김일성을 지도자로 한 사회주의 정권을 수립한 뒤 철수했다. 필자는 스탈린의 징집명령에 따라 북한에 파견되어 소련군정이 세운 북한 정권에서 고위직을 지내다 소련으로 귀환하여 모스크바, 상트페테르부르크, 하바롭스크, 타슈켄트, 알마티 등지에서 살고 있는 고려인들과 개별 인터뷰를 통해 ① 스탈린은 왜 33세의 젊은 청년 김일성에게 한반도 반쪽을 맡겼을까, ② 김일성이 북한의 지도자로 사실상 지명된 시기, ③ '건국 공신' 소련파 총수 허가이와 김일성의 관계, ④ 남로당의 총수 박헌영과 소련파의 총수 허가이와의 관계 등에 대해 집중 인터뷰했다. 이를 지상좌담 형식으로 구성해본다.

— 스탈린이 왜 33세 소련군 대위 출신 김일성에게 한반도 반쪽을 맡겼다고 생각합니까.

박길용 전 북한 외무성 부상모스크바 거주, 이하 박길용: 김일성이 스탈린으로부터 북한의 지도자로 지명되도록 한 1등 공신은 누가 뭐래도 소련 군부임에 틀림없습니다. 김일성의 지명 과정을 단계적으로 정리하면 평양 주둔 소련군 제25군 군사위원일명 정치사령관 레베데프 소장과 민정사령관 로마넨코 소장전 제35군 군사위원 → 소련군 제1극동전선사령부 군사위원 스티코프 상장후에 대장 진급 → 소련군 제1극동전선 사령관 메레츠코프 원수 → 소련군 극동전선 총사령관 바실리예프스키 원수 → 소련공산당 중앙위원회 → 스탈린으로 이어집니다. 이를 건축물을 짓는 과정에 비유한다면 설계기획과 연출는 스티코프 상장이 하고, 이 설계에 따라 터를 닦고 기초공사를 한

초기 북한 정권의 '삼총사'로 불린 김책, 허가이, 문일(오른쪽부터). 김책과 허가이는 초기 북한의 지도자 후보 물망에 오르기도 했다. 사진은 소련군정 정치사령관 레베데프 소장 부인과 함께 한 사찰에서 찍은 것이다.

후 기둥과 지붕을 세우는 일체의 공사는 평양의 소련군정, 특히 노련한 정치장교 레베데프 소장이, 공사가 완공되기까지 총감독 은 바실리예프스키 원수가, 최종 건축물 준공검사스탈린의 지명는 소 련공산당 중앙위원회가 담당한 셈입니다.

강상호 전 북한 내무성 정치국장 겸 제1부상상트페테르부르크 거주, 이하 강상호:

소련군이 북한에 들어갈 때 사전에 치밀한 정치적 준비가 없었던 것은 여러 측면에서 드러났습니다. 우리 고려인들을 '날벼락'처럼 북한에 파견한 것을 봐도 그렇습니다. 소련 군부가 김일성을 선택한 이유를 여러 가지로 분석할 수 있지만 유력한 지도자 후보였던 이유는 세 가지로 요약할 수 있을 것입니다. 첫째, 당시 김일성은 조선에 영웅적인 항일 빨치산 대장 '김일성 장군'으로 소문나 있었고, 둘째, 김일성은 소련군 제88정찰여단에 복무하면서 소련에 대한 충성심을 쌓은 데다 오직 소련만 믿고 있는 인물이었으며, 셋째, 조선에 정치적 기반이 없어 파쟁종파에 휩싸이지 않은 신진 인물로 객관적 입장에서 일할 수 있는 인물이라고 판단했을 것으로 생각합니다.

정률 전 북한 문화성 제1부상알마티 거주, 이하 정률: 초기 북한의 지도자 후보로 서울의 남로당 총수 박헌영을 비롯하여 빨치산 운동을 하다 소련군 제88정찰여단에서 김일성과 함께 입북한 김책, 소련에서 지역공산당 간부를 지내다 평양에 파견된 허가이 등이 물망에 오르기도 했습니다. 특히 평양의 소련군정 정치고문 발라사노프와 서울 주재 소련총영사관 부총영사 샤브신 등 정보기관에서 소련공산당 중앙위원회에 박헌영을 지도자로 강력히 추천했습니다. 결국 스탈린은 소련 군부가 추천한 김일성을 최종 낙점한 것이지요.

남봉식 전 북한 조선중앙방송위원회 위원장하바롭스크 거주, 이하 남봉식: 김일성이 지도자가 된 것은 박헌영이 지도자가 되지 못한 이유를 하나하나 분석하면 명쾌하게 답이 나옵니다. 박헌영은 첫째, 스탈린이 선호하지 않는 코민테른국제공산당 출신입니다. 스탈린은 코민테른 사람들이 자신에게 복종하지 않는다며 대대적인 숙청을 했습니다. 박헌영이 코민테른에서 주로 활동한 시기가 1920년대이기 때문에 스탈린이 박헌영을 잘 이해하지 못한 것이지요. 둘째, 스탈린은 파쟁을 싫어했습니다. 조선공산당은 파쟁이 심했습니다. 소련군정의 정보장교에 따르면, 스탈린이 정보기관에서 추천한 박헌영에 대한 경력을 보고 '파쟁 없는 사람을 물색하라'고 지시했다는 겁니다. 이런 과정에서 한때 일부에서 중국 옌안에서 들어온 무정 장군이 거론되기도 했답니다. 그러나 스탈린이 내면적으로 마오쩌둥과 사이가 좋지 않았기 때문에 마오쩌둥 사람인 무정을 배제했다는 것입니다. 결국 소련군 지도부가 '지도자를 내 사람으로 앉혀야 한다'는 스탈린의 의중을 잘 읽어 스탈린이 좋아하는 군출신 김일성을 선택한 것으로 보아야 할 것입니다.

장학봉 전 북한정치군관학교 교장타슈켄트 거주, 이하 장학봉: 평양의 소련군정이 박헌영을 배제한 이유로 박헌영이 오랫동안 항일운동을 하다 감옥에 있을 때 '일제에 협조하겠다'는 자백이 있었는지 여부가 명확히 밝혀지지 않은 점도 작용했다고 봅니다. 또 박헌영이 마르크스-레닌주의 이론가였으나 북조선의 대중에게는 '김일성 장군'처럼 인기가 없었던 것도 한 원인으로 꼽을 수 있습니다.

강상호: 김일성이 지도자가 되는 과정에 옌안파도 크게 기여했다고 생각합니다. 김두봉, 최창익, 김창만 등 옌안파가 해방과 함께 중국에서 조선으로 나와 보니 소련이 김일성을 내세우고 있었습니다. 또한 소련에서 허가이 등 소련파가 대거 나와 소련의 지령에 따라 활동하고 있었습니다. 이런 가운데 자신들의 정치적 무대를 다지기 위해 한빈 등을 서울에 급파했으나 큰 성과 없이 평양으로 되돌아올 수밖에 없었습니다. 결국 소련군과 관계를 맺지 않고는 자신들의 정치적 입지 확보가 어렵다고 판단해 소련군이 지지하는 김일성과 손을 잡기 시작한 것입니다. 당시 북한에서 가장 세

력 있는 화요파일제시기 조선공산당 창당을 주도했던 사회주의 사상단체, 단체 설립일 (1924.7.7)과 카를 마르크스 생일(1818.5.5)이 화요일인 데서 유래 그룹의 국내파 오기섭, 장시우 등을 견제세력으로 보고 김일성파와 연계하여 박헌영 밀어내기에 안간힘을 썼습니다. 한편으로 서울 등에 있던 ML파마르크스-레닌의 첫 글자 이니셜을 딴 명칭. 해방 전 한국 공산당의 한 파벌 최익한, 정백 등도 옌안파와 연계하여 1946년 1월부터 박헌영을 견제하면서 김일성을 돕는 활동을 시작했습니다.

김찬 전 북한 조선중앙은행 총재 겸 재정성 부상타슈켄트 거주: 김일성의 경력이라고는 오직 빨치산뿐입니다. 국내 공산주의자들의 파벌 투쟁에 넌더리를 내고 있던 소련 군부는 인격, 지식, 재능 등을 보지 않고 오직 군부를 신봉하는 자를 고르고 있었던 것 같습니다. 따라서 김일성이 과거 정치활동을 하지 않아 종파도 없기 때문에 배신하지 않을 사람이라고 판단했던 것 같습니다.

— 김일성이 북한의 지도자로 지명된 시기는 언제라고 봅니까.

유성철 전 북한 민족보위성 작전국장타슈켄트 거주, 이하 유성철: 소련군 제88 정찰여단에서 김일성과 함께 복무할 때, 소련군 극동 제1전선 사령관 메레츠코프 원수와 군사위원 스티코프 상장의 지시로 극동 제1전선 사령부 제7호 정치국장 메클레르 중좌가 일본과의 전쟁 1개월여 전인 1945년 7월 제88정찰여단에 와서 중국인 여단장 저우바오중周保中 대좌의 소개로 김일성, 김책, 최용건, 강건 등을 면접하고 돌아갔습니다. 이후 소련 장교들이 김일성을 주목하기 시작했고, 블라디보스토크에서 군 수송선을 타고 원산항에 입항하는 과정에서도 일개 소련군 대위 계급을 단 김일성에 대한 예우가 달랐습니다. 수송선 안에서 안내 장교는 북조선에 들어가면 제88

정찰여단 제1대대장 김일성 대위를 '김일성 장군'으로 호칭하라고 지시하기도 해 함께 배를 탄 제88정찰여단의 김일성 빨치산 부대원들과 소련 출신 고려인 대원 등 73명은 김일성이 장차 북한의 '큰사람'이 될 것으로 짐작했습니다.

박길용: 1945년 10월 초순 평양에 도착하니 벌써 소련군정의 분위기가 김일성 쪽으로 잡혀 있더군요. 1945년 10월 14일 모란봉 공설운동장의 소련군 환영대회 때, 소련군정이 김일성을 항일 빨치산 투사 '김일성 장군'으로 소개한 것은 그를 지도자로 내세우려는 극동 소련군부의 의지의 표현이라고 봐야 할 것입니다. 하지만 당시에는 스탈린의 재가를 받은 것은 아니었을 것입니다.

김세일 전 소련군기관지 ≪조선신문≫ 기자역사소설 『홍범도』 작가, 모스크바 거주: 김일성을 북한의 지도자로 최종 추천한 사람은 스티코프 대장입니다. 김일성이 1945년 12월 17일 조선공산당 북조선 분국 제1비서가 되었지만, 아직 지도자로 자리를 굳힌 것은 아니었다고 봐야합니다. 1946년 2월 8일 북조선 임시인민위원회 위원장에 선출됨과 동시에 사실상 최고지도자가 된 것이라고 볼 수 있습니다. 물론 1946년 7월 말 모스크바에서 스탈린이 김일성과 박헌영을 면담한 후에 최종 낙점되었지만 말입니다.

— 소련파 총수 허가이와 김일성의 관계는 어떠했습니까.

김이노겐치 전 평양 주재 KGB 요원모스크바 거주: 1945년 9월 초순, 워싱턴 주재 소련대사관에서 '미국이 이승만을 데리고 가 남한의 대통령을 시킬 것으로 보인다'는 정보가 날아왔습니다. 소련도 소련파 허가이를 북한의 지도자로 고려했습니다. 그러나 소련군에 5년 동안 있으면서 보인 소련에 대한 충성심과 성격, 지도력, 신념 등을 고려해 김일성이 더 낫다고 판단한 것입니다. 훗날 이 사실을 알게 된 김일성은 늘 허가이를 의식했습니다.

박길용: 김일성은 허가이를 '미래의 권력'으로 의식하지 않을 수 없었습니다. 무엇보다 사회주의 종주국 소련이 허가이의 후견인으로 버티고 있었기 때문입니다. 그는 북한에 오기 전 소련에서 지역 공청과 당에서 오랫동안 책임비서 등을 맡으면서 쌓은 풍부한 경험을 바탕으로 노동당을 매끄럽게 창당하고 당을 장악했습니다. '당 박사'라는 별명이 붙을 정도로 실력과 리더십을 유감없이 발휘했지요. 이 과정에서 그는 모든 것을 소련 군부와 상의했고 그 지시에 충실했습니다. 또 그의 뒤에는 고려인 엘리트 수백 명이 포진하고 있었습니다. 설령 북한 주둔 소련군이 철수한다 해도 허가이는 북한의 '미래 권력'임을 의심할 수 없는 인물이었습니다. 이런 허가이가 견제당하지 않을 리 없었습니다. 김일성은 빨치산파 참모들이 모인 자리에서 '선진국이라는 좋은 환경에서 태어난 자들은 집에서 대학까지 다녔지만, 우리는 일찍이 집을 나와 엄동설한 산과 들에서 총칼을 메고 일제와 싸운 사람들'이라는 발언을 하곤 했습니다. 이는 허가이 등 소련파를 견제하는 그의 의중을 드러낸 것이지요.

— 남로당의 총수 박헌영과 소련파의 총수 허가이의 관계는 어떠했습니까.

강상호: 그렇게 좋은 사이는 아니었습니다. 그렇다고 서로 견제하는 사이도 아니었습니다. 허가이가 소련군정의 지령에 따라 1국 1당 원칙을 깨고 조선공산당 북조선 분국을 북조선노동당으로 탈바꿈시킬 때, 박헌영은 서울에 있었기 때문에 당에 손을 미칠 수 없었지요. 훗날 북조선노동당과 남로당이 합당하여 노동당이 되기는 합

니다만, 당은 이미 허가이 손에 들어가 있었지요. 박헌영이 월북하여 남로당 간부들을 노동당에 승차시키는 과정에서 허가이와 의견 차이를 보이곤 했지요. 중앙당의 주요 간부들을 비롯하여 '8도 대장'이라고 불리는 각 도당위원장의 상당수를 소련파가 차지했습니다. 여기에는 사실상 소련군정의 의도가 숨어 있었다고 봐야 합니다. 사회주의 국가에서는 내각 위에 당이 있기 때문에 당당규의 위상은 초헌법적이기 때문입니다.

박병률 전 북한 강동정치학원 원장모스크바 거주: 강동정치학원은 빨치산 양성소나 다름없었기 때문에 박헌영과 이승엽 등은 매주 2일 이상 학원을 찾아오는 등 관심이 컸습니다. 김일성도 가끔 들러 격려했습니다. 그러나 허가이는 3년 동안 한 번 들렀을 뿐입니다. 저는 박헌영을 비롯하여 월북한 남로당 간부들이 허가이를 견제 또는 음해하는 발언을 하는 것을 들어보지 못했습니다.

정률: 소련에서 나간 간부들은 모두 스탈린 시대에 길들여져 있었기 때문에 '길들여진 양떼'처럼 오직 소련군의 명령에 따르는 충실한 일꾼이었을 뿐입니다. 허가이가 당의 실력자이긴 했으나 소련파 내에서 '그를 장차 북한의 지도자로 추대하자'라는 정치적 움직임 같은 것은 생각지도 못했습니다. 그리고 허가이 역시 그 같은 야심을 드러낸 적이 없었습니다. 서로 살아온 환경이 달라서인지 박헌영과 허가이 사이에서 약간 서먹한 분위기는 읽을 수 있었습니다.

강상호: 부언하면 고려인 간부들은 종파주의나 체제 저항, 노선 비판 등을 절대 외면해왔습니다. 따라서 박헌영과 허가이 사이를 오가면서 아첨하는 사람은 없었지요. 오직 최고 권력 김일성 수상을 받들고 행동했습니다. 출세주의자 박창옥이 예외 인물이었습니

다. 허가이 사망 때도 고려인 간부들의 종파적 행동은 전혀 없었습니다.

한일무

허가이

1948년 9월 평양의 내각 청사 앞에서 소련군정 지도부와 북한의 초대 당·정 고위 인사들이 기념촬영을 했다. 앞줄 가운데에는 오른쪽부터 소련군정 정치사령관 레베데프 소장, 김일성 수상, 김두봉 최고인민회의 상임위원회 위원장, 박헌영 부수상이 앉았다. 앞줄 왼쪽부터 박일무 내무상(세 번째), 오른편에는 최창익 재정상(다섯 번째), 주영하 당 중앙위원회(여섯 번째), 김책 부수상(여덟 번째)이 보인다. 둘째 줄에는 최경덕 직총 위원장(일곱 번째), 한설야 문화예술총동맹 위원장(열 번째), 태성수 노동신문 사장(열한 번째)이 서 있다. 김일성과 김두봉 뒤에는 김찬 조선중앙은행 총재가 있다. 셋째 줄에는 김광협 군단장(오른쪽에서 두 번째), 오기섭 노동상(세 번째), 임해(네 번째)가 자리를 잡았다. 넷째 줄에는 김일 군단장(오른쪽에서 두 번째), 장순명 함경북도당 위원장(다섯 번째)이 보인다.

점선 원으로 표시된 열 명이 소련파이다. 명단은 다음과 같다. 한일무 강원도당 위원장, 허가이 당 중앙위 부위원장, 박창옥 당선전부장, 김열 함남도당 위원장, 기석복 당선전부 부부장, 장철 인민군 후방국 부국장, 김승화 김일성종합대학 부총장, 이훈일 군단장, 박창식 평양시장, 박정애 여맹 위원장.

제5장

소련파와 6 · 25 전쟁

소련파 간부들의 6 · 25전쟁 증언

냉전이 해체된 1990년대 이후 옛 소련과 중국 등에서 6 · 25전쟁에 대한 새로운 문서와 자료 등이 발굴 및 공개되었다. 이들 문서와 자료에 따르면, 6 · 25전쟁은 김일성과 스탈린, 마오쩌둥의 주도면밀한 계획에 의해 발발했다. 이로써 그동안 북한과 일부 학계에서 주장했던 '북침설'은 설 자리를 완전히 잃고 말았다.

6 · 25전쟁이 발발하자 북한 정권에서 일하던 소련 고려인 엘리트들 중 일부 간부와 교육자, 기술자 등을 제외한 200여 명이 전선에 동원되었다. 북한 인민군의 모태라고 할 수 있는 보안간부학교 시절부터 북한의 무장력 창출에 참여했던 고려인들은 정부 수립과 동시에 인민군으로 넘어가 최고 중장, 소장 계급이 되었기 때문에 자동적으로 전선에 뛰어들었다. 나머지 당과 내각 등의 간부 출신 고려인들도 대부분 상장, 중장, 소장, 대좌, 상좌, 중좌 등 계급장을 달고 전선에 참여했다.

전선사령부에서의 직위는 군사위원, 각 군 사령관, 사단장, 여단장, 참모 등 다양했다. 예를 들면 조선중앙은행 총재 김찬, 평안남도당 위원장 김재욱, 중앙당학교 교원 김철우, 내각 간부학교 교원 리춘백, 교육간부 최학인 등은 군사위원으로, 강원도당 위원장 한일무는 해군 사령관으로, 러시아어 교원 김칠성은 해군 참모장으로, 내각 간부학교 교원 장학봉은 공군사령부 군사위원으로, 내무성 간부학교 교장 김철우는 기계화부대 여단장 등으로 전선에 동원되었다. 6·25전쟁에 참전한 주요 고려인 간부들의 명단은 다음과 같다.

[표 5.1] 6·25전쟁에 참전해 소련으로 귀환한 고려인 장령(장군)들과 군관들

강상호 내무성 중장	박일무 탱크 대좌	장철 중장
고표트르 탱크 대좌	박진 상좌	장태국 대좌
기석복 중장	박태섭 소장	장학봉 대좌
김동수 내무성 소장	서용선 소장	정률 소장
김단 대좌	신태봉 상좌	정철우 탱크 소장
김봉률 중장	심수철 대좌	조영철 대좌
김세일 대좌	알렉세이 중좌	주광무 내무성 소장
김영철 내무성 대좌	오기찬 소장	지용수 대좌
김우현 해군 대좌	오표트르 대좌	천율 소장
김일 소장	유성걸 대좌	천이완 소장
김재욱 중장	유성철 중장	천치억 후방군 소장
김찬 소장	윤선복 소장	최일 상좌
김창국 대좌	이황룡 소장	최표덕 탱크 중장
김철수 중좌	이동화 소장	최학일 소장
김학천 소장	이세호 해군 대좌	최한극 대좌
리근 상좌	이영발 내무성 대좌	한일무 해군대좌
명월봉 대좌	이철우 중좌	허학철 대좌
박길남 공병 소장	이춘백 소장	황금철 대좌
박병률 내무성 소장	임용겸 상좌	황성복 소장

[표 5.2] 6 · 25전쟁에 참전해 북한에서 소련으로 돌아가지 못한 고려인 장령(장군)들과 군관들

[표 5.2] 6 · 25전쟁에 참전해 북한에서 소련으로 돌아가지 못한 고려인 장령(장군)들과 군관들

이름	직급	비고
김동철	사법 소장	사상검토 후 행방불명
김원길	소장	사상검토 후 행방불명
김원무	대좌	사상검토 후 행방불명
김철웅	대좌	사상검토 후 웅기로 정배
김칠성	해군 소장	사상검토 후 행방불명
김태건	항공 소장	사상검토 후 행방불명
김해경	중좌	사상검토 후 평안북도 파견
남일	인민군총참모장 · 대장	사망
박창원	소장	행방불명
안철	대좌	사상검토 후 지방정배
이종인	통신 소장	사상검토 후 행방불명
이춘백	대좌	사상검토 후 행방불명
정학준	포병 중장	사상검토 후 처단
최원	소장	사상검토 후 소식 두절
최종학	인민군 총정치국장 · 상장	사상검토 후 지방정배
최흥국	인민군 후방국장 · 소장	사상검토 후 지방정배

[표 5.3] 6 · 25전쟁 참전해 전사한 고려인 간부들

이름	소속 및 직급
김영삼	소장, 내각 전기성 부상
박진	상좌
박춘	대좌, 사단정치부장, 105탱크여단 정치부장
안동수	대좌
이명억	내무성 중좌
장남익	대좌, 내각 간부학교 교무주임
조기천	상좌, 시인

소련 고려인의 6 · 25전쟁 참전에 대해 강상호 전 북한 내무성 정치국
장 겸 제1부상의 증언을 들어본다.

"소련의 조국전쟁에 참전하지 못한 우리 고려인들은 6·25전쟁이 발발하자 조선민주주의인민공화국을 수호하기 위해 목숨을 걸고 싸워야 한다고 결심하고 나섰습니다. 우리는 6·25 동란을 미국의 침략전쟁으로만 알았습니다. 그래서 우리 모두는 진실로 소련 공민답게, 소련공산당 당원답게 영용무쌍하게 싸웠습니다. 6·25전쟁에 참전한 고려인들 가운데 탱크군단 지휘관 안동수, 포병사령관 김봉률, 공병국장 박길남, 해군 참모장 김칠성 등은 조선민주주의인민공화국의 영웅칭호를 받았습니다. 이 밖에 많은 소련 고려인 출신 장령 및 군관도 전쟁 공훈을 세워 국가 표창을 받았습니다."

6·25전쟁이 북한의 계획적 남침이라는 사실은 이제 논쟁거리가 될 수 없는 너무도 분명한 '역사적 진실'이다. 그러면 6·25전쟁을 앞두고 북한은 사전에 구체적으로 어떤 준비를 했을까. 북한에서 고위직을 지내다 소련으로 귀환한 고려인들에 따르면, 평양 주재 소련대사 스티코프 휘하에 있는 소련 군사고문단이 6·25 남침 계획 초안을 작성했다. 이를 북한의 인민군 고위 장성들이 번역하고 수정했다. 이 과정에 소련 고려인 출신 고위 장성이 대거 참여했다. 또 1949년 10월부터 김일성 수상 직속으로 내각 무력후방위원회라는 극비 전쟁준비 태스크포스T/F를 두고 소련 무기 지원요청 계획을 세워 6·25전쟁 직전까지 소련으로부터 전쟁 물자를 대량으로 들여왔다. 이 태스크포스에 소련 출신 고려인 간부들이 깊숙이 참여했다. 이 밖에 6·25전쟁 발발 3일 전 평양중앙방송국에 특급 비상근무령을 내려 '전쟁 방송'을 준비했고, 6·25전쟁 두 달 전에는 중국 인민해방군 2개 사단을 38선에 배치하는 등 북한의 남침 준비가 치밀하게 이뤄졌음이 관계자들의 증언으로 밝혀졌다.

카레이스키 간부들, 6·25 남침 계획 관여

6·25 남침 계획 작성에 참여했던 전 북한 인민군 작전국장 유성철 중장은 타슈켄트에서 필자와의 인터뷰를 통해 다음과 같이 증언했다.

"6·25전쟁 작전 계획은 전쟁 발발 한 달 전 민족보위성 작전국의 한 방에서 극비리에 최종 작성되었습니다. 이 작전 계획 작성에는 나를 비롯하여 강건 인민군 총참모장빨치산파, 김봉률 포병사령관소련파, 정학준 포병사령관 참모장소련파, 박길남 공병국장소련파, 리종인 통신국장소련파, 한일무 항공사령관소련파, 김원무 해군참모장소련파, 서용선 병기국장소련파, 정목 후방국장옌안파, 최원 정찰국장소련파 등 11명이 참여했습니다. 책임자인 강건 총참모장과 정목 후방국장 등 두 명을 제외한 아홉 명이 소련에서 나간 고려인 출신이었습니다.

소련군 고문단이 작성한 작전 계획 초안이 러시아어로 되어 있고, 소련에서 나간 고려인 장성들 대부분 소련에서 군사학교를 졸업하고 하바롭스크에 있었던 소련군 제88정찰여단에서 정찰 업무를 수행한 경험이 있었기 때문입니다. 6·25전쟁 작전 계획은 소련 고문단이 작성한 초안을 토대로 소련파의 손에서 현지 실정에 맞게 재작성된 것이라고 말할 수 있습니다. 이 작전계획 초안은 평양에 있던 소련 고문단이 두 번째로 작성한 것입니다. 첫 번째 초안은 통과되지 못하고 고문단을 소련-독일 전쟁 등 경험이 풍부한 군단사령관 출신 바실리예프 중장수석고문, 포스토니코프 소장인민군 총참모부 고문, 마루첸코 소장인민군 총정치국 고문 등 장령들로 교체하여 새로 작성한 것이었습니다.

1950년 4월까지 북조선 인민군 각 병종별 부대에 배치되었던 소런 수석고문 스미루노프 중장 등 소련 고문들이 모두 소련으로 돌아 갔습니다. 전쟁 중에 소련 고문들이 국방군의 포로가 되는 것을 막는 사전 준비였습니다. 이는 특히 소련군이 전쟁에 관여했다는 것을 감추기 위한 것이었습니다.

우리는 이 작전계획의 실행을 앞두고 비밀을 보장하기 위해 훈련 형식을 취하면서 38선에 아군부대들을 집결시켰습니다. 그리고 기동훈련에 대한 명령을 무전으로 공개하여 전달했습니다. 아마 국방군 참모부는 우리의 이 같은 기만작전에 속았으리라고 생각합니다."

소련파가 전쟁 무기 태스크포스 주도

소련에서 나간 고려인들 가운데 6·25전쟁 준비에 깊숙이 관여한 전 북한 인민군 병기국장 이황룡 소장러시아 로스토프 거주은 필자와의 인터뷰를 통해 이에 대한 실상을 자세하게 증언했다.

이황룡 소장은 러시아 원동에서 태어났다. 할아버지 대에 함경북도 부령에서 원동으로 간 고려인 3세다. 원동 조선사범대학 어문학과를 졸업한 후 고려인 중학교 교장과 지역당 위원장을 지냈다. 1944년 1월 소련해군학교에서 8개월간 강습을 받고 소련 해군 참모부에 배속을 받았다. 1945년 8월 소련의 대일전에 참전하여 후방 정찰 임무를 수행했다. 전쟁이 끝난 후 러시아로 돌아가 있다가 소련군의 명령에 따라 1948년 8월 다시 북한에 파견되었다. 강원도 원산에서 남조선 정세를 분석해 모스크바에 보고하는 임무를 맡다가, 9월 평양으로 올라가 최용건 민족보위상을 면접한 후 인민군 상좌 계급장을 달고 민족보위성 병기국 부국장을 맡았다.

북한 정권 수립 1년여 후인 1949년 8월, 극비리에 김일성 수상 직속 내각

이황룡.

무력후방위원회가 설치되었다. 위원장에 김책 부수상, 수석부위원장에 문일 김일성 수상 비서 소련파, 부위원장에 김열 내각 사무국장소련파, 그리고 지도국장에 이황룡 상좌가 임명되었다. 그 밑에 대좌를 부장으로 포병, 공병, 통신, 해병, 항공, 자동차, 군복 등 일곱 개 부를 두었다. 이 기구 자체가 절대 비밀에 붙여졌고, 사무실도 수상실 바로 아래층에 있었다. 따라서 이황룡은 보위성 소속이었지만, 그의 직속상관은 바로 김일성 수상이었다. 여기서 전 북한 인민군 병기총국장 이황룡 소장의 증언을 들어보자.

"위원회 발족과 함께 김일성 수상이 수석부위원장 문일 비서를 통해 '사단, 여단, 연대, 대대 등에 보급할 무기 보급 계획과 함께 소련 무기 원조 요청 계획을 세워 보고하라'는 명령을 보냈습니다. 일곱 명의 부장과 머리를 맞대고 계획서를 만들어 위원장 김책 부수상에게 보고하면, 이를 문일 비서가 러시아어로 타자하여 평양 주재 소련 대사 스티코프에게 보냈습니다. 이런 과정을 통해 1949년 10월 소련에서 탱크, 자동차, 76mm 곡사포, 직사포, 중기, 병기, 보총, 권총, 통신기재, 공병기재 등이 대량으로 들어왔습니다."

이황룡의 증언은 계속된다.

"1950년 3월, 김일성 수상이 내각에 '주을온천에 휴양 간다'고 하고 문일 비서만 데리고 모스크바에서 스탈린을 만나고 돌아왔습니다. 문일 비서가 '계획대로 모든 것이 이루어졌다'며 기세가 등등했습니다. 보름 후 김일성 수상이 불러 올라갔더니 '흥남과 청진에 가서 소련 무기를 인수하라'고 지시했습니다. 함흥과 청진에 가니 15만 톤급 운송선 두 척이 들어와 있었습니다. 이들 운송선에는 고사포 구경 85mm, 37mm 자동 고사포, 76mm 곡사, 직사포, 105mm 직사포, 탱크, 자동포, 수뢰, 어뢰, 어뢰정 아홉 척, 공병기재, 비행기 부속, 포탄, 탱크 부속품 등이 실려 있었습니다.

평상시에는 무기가 들어오면 일단 청진항과 흥남항에 있는 일본군이 만들어놓은 간이 병기창에 보관하고, 각 부대의 병기 공급부장을 불러 인수받도록 했습니다. 그러나 1950년 3월과 4월은 각 부대 병기공급부장^{상좌}을 부르지 않고, 민족보위성 병기국장 서용선 소장^{레닌그라드 포병사관학교 졸업, 소련파}과 내가 나가 직접 인수해 38선 부근 부대로 바로 보냈습니다. 무기는 40~50량의 화물차량으로 하룻밤에 네 차례씩 일주일 동안 수송되었습니다. 김일성이 모스크바에 다녀온 후 각 부대는 후방은 모두 비워놓고 전방으로 집결했습니다.

이 과정을 지켜보면서 당시 당은 '남조선이 북침할 것'이라고 선전했지만, 방어전이 아니라 공격전^{진공전}이 시작되었음을 직감할 수 있었습니다. 또 6·25전쟁이 발발한지 4일 후인 6월 29일, 김일성의 명령으로 검찰소장 채규형^{소련파}과 함께 만주 동북 쑤이펀허^{綏芬河}에 가서 소련의 원동 병기창 소장에게서 소련 무기를 인수받아 화물열차와 군용 트럭으로 전방에 수송하기도 했습니다."

당 선전부장, 전쟁 3일 전 '특별방송 준비'

6·25전쟁 발발 사흘 전, 노동당 중앙위원회는 평양중앙방송국에 '전쟁방송'을 위한 비상 근무령을 내린다. 그리고 사전에 방송 원고가 들어 있는 비밀통신문을 내려보낸다. 남봉식 전 북한 방송위원회 위원장은 하바롭스크 자택에서 필자에게 제공한 회고록 형식의 미공개 육필 원고와 인터뷰를 통해 다음과 같이 증언했다.

"6월 22일 오후 3시경입니다. 조선노동당 중앙위원회 선전부장 박창옥소련파이 갑자기 불렀습니다. 그리고 그는 다음과 같은 지시를 내렸습니다. '이제 사흘 후에 큰 사변이 있을 것이오. 동무는 이를 미리 알고 방송조를 면밀히 조직해야 하오. 방송원 여덟 명을 24시간 대기시키고, 전 방송국 직원들의 외출을 금지시키고 24시간 근무 체제를 조직하시오. 이 사실은 당분간 동무만 알고 있으시오'라고 말했습니다. 나는 '부장 동지의 지시대로 방송조를 조직하겠습니다'라고 말하고 부장실을 나왔지요. '사흘 후에 큰 사변이 있을 것'이라는 그의 발언은 나에게는 새로운 소식이 아니었습니다. 우리 고려인 출신 간부들 사이에서는 은밀히 '북조선이 곧 전쟁을 시작한다'는 말이 오래전부터 나돌기 시작했었기 때문이었지요. 전쟁 일주일 전 소련에서 함께 입북한 김책 부수상의 비서 김단 소장에게 '우리가 곧 전쟁을 시작한다. 이 전쟁을 일주일 내에 끝낼 것이다. 그렇지 못하면 우리는 패전할 것이다. 왜냐하면 우리는 전 군대가 전력전을 하기 때문에 일주일 이상 버틸 여력이 없다'는 말을 들었습니다."

남봉식의 회고는 계속된다.

"6월 25일 새벽 4시, 중앙당에서 직원이 봉함한 봉투에 비밀통신 이하 비통을 가지고 내 방으로 들어왔습니다. 비통을 열어보니 '오늘 새벽에 이승만 괴뢰군이 미군의 엄호하에 우리 국경을 침범했다. 우리 인민군대가 적의 침공에 반격을 가하면서 파죽지세로 매진하고 있다'는 등의 내용이었습니다. 이 비통은 평소와는 달리 손으로 쓴 것이 아니고 사전에 프린트한 것이었습니다. 우리는 평상시처럼 오전 6시에 정규 방송을 시작했습니다. 오전 6시 20분 쯤 박창옥이 전화로 '정규 방송을 중지하고 비통 내용을 그대로 매시간 네 번씩 방송하라'는 지시를 내렸습니다. 신의주, 철원, 청진, 해주, 강계 등 다섯 개의 지방 방송국에 '정규 방송을 중단하고 중앙방송을 중계하라'는 긴급 전통문도 보냈습니다. 이날 오후 중앙당에서 '우리 인민군대가 남조선을 향해 계속 전진하고 있다'는 내용의 비통을 보내왔습니다. 전쟁 발발 만 24시간 후인 6월 26일 새벽, '인민군대가 남조선 심장부 인근까지 접근, 승리의 깃발을 눈앞에 두고 있다'는 비통을 보내오기도 했습니다.

첫 방송을 맡은 방송원은 방을만당시 32세이었으며, 송정봉방송부장, 이상벽, 정금선여 등 네 명이 교대로 방송했습니다. 첫날은 당에서 비통을 직접 가지고 왔지만, 이후부터는 편성부장 안기옥이 당에 올라가 방송문을 가지고 왔습니다. 26일 오전 11시, 김일성 수상은 '인민들에게 고함'이라는 방송 연설을 통해 '이승만 괴뢰정부를 타도해 남조선 인민을 해방시키고 통일의 깃발 아래 조선민주주의인민공화국을 세우자'라고 역설했습니다."

김일성의 방송 연설에는 그의 침략 의도가 그대로 드러나 있다. 남봉식의 증언은 계속된다.

"6·25전쟁이 시작되자 중앙당과 내각 간부들은 가족들을 중국으로 피난시켰습니다. 나도 이를 알고 있었지만 중앙당의 공식적인 지시가 없어 가족들을 보내지 않고 있었지요. 소련에서 함께 온 친구들도 가족들을 중국으로 보내면서 내게 알리지 않았습니다. 전쟁 초기라 방송국 일에 바빠서 거의 매일 집에 들어가지 못했습니다. 그러던 어느 날 중앙당에서 허가이가 전화를 걸어와 '당신의 식솔을 후방으로 보냈소?'라고 물었습니다. 내가 '아직 그런 지시를 못 받았습니다'라고 대답하니, '당신이 정신이 있소! 내일 저녁에 중앙당 문건을 실은 기차가 서평양역에서 떠나니 그 기차에 식솔을 보내시오'라고 지시했습니다. 그의 지시대로 가족들을 데리고 서평양역에 나가 기차에 태웠습니다. 그런데 밤이 깊도록 기차가 떠나지 않았습니다. 역장에게 곧 떠날 것이라는 말을 듣고는 나는 방송국으로 돌아왔습니다.

사무실에서 밤늦게까지 일하고 있는데 정준택 국가계획위원회 위원장이 전화로 '당신 식솔이 용성굴 속에 갇혀 있으니 빨리 데리고 오시오'라고 알려주었습니다. 그 길로 용성굴에 찾아가 이불을 둘러쓰고 엎드려 있는 식솔을 데리고 평양으로 왔습니다. 사정을 알고 보니 서평양역에 스며든 미국 간첩들이 그날 저녁에 고의적으로 열차를 발차시키지 않고 질질 끌다가 새벽녘에 서평양역에서 멀지 않은 용성굴에 열차를 처넣었다는 것입니다. 아니나 다를까. 낮 열두 시나 되어서 B-29기 세 대가 날아와 거의 한 시간 동안 용성굴을 폭격했습니다. 다음 날, 나의 친구 조영철 대좌의 군용 자동차로 식솔을 자강도로 보냈습니다. 자강도에서도 위험하다고 해서 나의 식솔은 다시 중국 하얼빈으로 보내졌습니다. 그 후 1949년 10월에 평양에서 태어난 셋째 아들 보바가 홍역을 앓아 죽기 직전에 중국 의사의 도움으로 목숨을 구하기도 했습니다."

남봉식의 증언은 계속 이어진다.

"전쟁 시기 평양중앙방송국이 겪은 파란곡절 몇 가지를 소개하고
자 합니다. 항상 방송국은 폭격 대상이었지요. 해방산 곁에 있는 방
송국은 일제시기에 지어진 단층 건물입니다. 전쟁 초기부터 방송국
이 수차례 폭격을 받았지만 다행히 큰 피해를 입지는 않았습니다.
그래서 그곳에서 방송을 계속했지요. 그러다가 평양을 떠나라는 중
앙당의 지시를 받았습니다. 그때 벌써 적들이 평양 근처에 침입했습
니다. 대포 소리가 요란하게 들리는 어느 날 저녁에 화물차 두 대에
방송 기자재와 기술자 몇 명을 태워 평양을 떠났지요. 나머지 많은
직원은 걸어서 강계 쪽을 향해 출발했습니다.

우리 일행이 고개를 넘어 어느 한 마을에 다다르니 날이 밝아와 더
갈 수가 없었어요. 자동차를 옥수수밭 한가운데에 세우고 풀로 위장
했는데, 이것이 적기에 발견되어 생필품을 실은 트럭 한 대가 몽땅 불
에 타버렸습니다. 다행히 방송기기를 실은 트럭은 무사했습니다. 방
송기기를 실은 트럭을 앞서 보내고 나는 직원들을 데리고 걷기 시작
했지요. 배는 고픈데 먹을 것이 없어 콩밭에서 콩을 뜯어 호주머니에
넣고 먹으면서 걸었습니다. 배고픔보다 더 참기 어려운 것은 온몸에
퍼져 있는 이들이 사정없이 물어뜯는 것이었습니다. 이의 공격을 당
해보지 못한 사람은 우습게 여길 수 있을 것입니다. 그러나 그것은 잘
못입니다. 만약 사람의 몸을 이에게 맡겨둔다면 사람이 이한테 죽을
수도 있다는 것을 내가 직접 체험했습니다. 그때 우리는 개울에 나가
내의를 벗어 돌에 대고 막 두드려 이를 죽이기도 했습니다."

남봉식의 증언을 계속 들어보자.

"어느 한 마을을 지나가다가 산기슭에 있는 집으로 찾아 들어갔습니다. 빈집이었습니다. 주민들이 폭격이 무서워 낮에는 집에 있지 않고 산으로 피신하기 때문이었습니다. 집 뒤에 있는 돼지우리에 돼지 한 마리가 있었습니다. 굶주린 직원이 '위원장 동지, 저 돼지를 잡아먹으면 안 될까요' 하고 제의했습니다. 나도 솔직히 그런 생각을 했습니다. 그렇지만 책임자로서 빈집에 들어 남의 가축에 손을 대는 것이 양심에 걸려 쉽게 대답을 못하면서도, 속으로는 돼지가 폭격에 맞아 없어지는 것보다 배고픈 사람들이 잡아먹는 것이 낫지 않을까 하는 생각으로 직원에게 '동무들 소신대로 하시오'라고 말했습니다. 이 말이 떨어지기 바쁘게 몇 사람이 소매를 걷고 대들어 돼지를 단숨에 잡았습니다. 나는 직원들에게 주인을 위해 반 마리를 남겨놓으라고 지시했지요. 벌써 돼지가 솥에서 끓기 시작하고 밖에는 어둠이 깃들었습니다. 이 때 집주인이 나타났습니다. 우리는 당황해 '빈집에 들어와 도적 행세까지 해서 미안합니다'라고 용서를 빌었습니다. 그러자 집주인은 '천만에 말씀이오. 잘 하셨소. 맛있게 잡수시오'라면서 쉽게 용서해주었습니다. 우리는 이 집에서 자고 꼭두새벽에 길을 떠났습니다."

남봉식의 증언은 계속 이어진다.

"평양을 떠나 일주일 만에 구사일생으로 자강도 강계에 도착했습니다. 강계도 매일 적의 폭격을 당했습니다. 이런 불길 속에서도 방송을 계속했지요. 그러나 날로 심해진 폭격 때문에 더 이상 자강도에서 방송을 할 수가 없어 방송기기들을 평안북도 만포진으로 옮겨 방송을 계속했습니다. 만포진에도 적의 폭격이 이어졌습니다. 이런 가운데 우리 방송 팀은 평양이 해방되자 1951년 정월 중순에 만포진에서 평양으로 들어왔습니다. 당시 평양은 설상가상이었습니다. 큰 도시가 온통 폐허가 되어 스산하기까지 했습니다. 방송국이 들어오기는 했으나 발붙일 곳이 없었습니다. 우선 옛 최고인민회의 상임위원회 방공호에 임시 자리를 잡고 방송을 시작했습니다. 식량과 식수, 전력이 부족해 힘들게 살았습니다. 창피한 일이지만 우리는 미군이 버리고 간 쓰레기 더미 속에서 씨레이션C-ration, 전투식량과 소금 등 식료품을 찾아내 연명했습니다. 그리고 미군이 버리고 간 알루미늄 휘발유통을 부셔 밥통, 대접, 숟가락 등 식기들을 만들어 사용하기도 했습니다."

남봉식의 증언을 더 들어보자.

"전쟁 통에 1951년 8·15 기념행사에 관한 프로그램을 알리는 방송을 매시간 송출하라는 지시가 중앙당으로부터 떨어졌습니다. 심지어 평양 시내에서 8·15 전후 있을 예술단 공연을 매시간 알리라는 것이었습니다. 적기들이 일기예보를 듣고 폭격할 수 있으니 전쟁 시기에는 일기예보도 하지 말라는 중앙당의 방송지침에 따라 일기예보도 하지 않고 있었을 때였습니다. 앞뒤가 맞지 않아 나는 중앙당에 질의했으나 아무런 대답을 얻지 못했습니다.

전쟁 발발 이래 가장 혹심한 폭격이 1951년 8월 14일 낮과 밤에 있었습니다. 이 공습에 B-29기 180대가 참가했다고 합니다. 이 폭격으로 평양 시내 밀집 주택가가 가장 큰 피해를 당했습니다. 주민들은 '낮에 폭격이 있었으니 밤에는 없겠거니' 하고 집에서 자다가 변을 당했던 것입니다. 주택가에 시체가 하도 많아 수십 대의 군용트럭을 동원하여 시체들을 실어냈습니다. 이때 사망자 수는 절대 비밀로 분류되어 알려지지 않았습니다. 그리고 이 사태를 일절 방송하지 말라는 중앙당의 지시가 떨어졌습니다. 이 사태로 8·15 기념행사가 취소되었습니다. 북조선 지도자들이 평양 상공을 지킬 방어 대책도 없이 8·15 행사를 전쟁 통에 대대적으로 거행하려고 했는지, 나는 지금도 이 수수께끼를 풀 수 없습니다. 아마도 과거 스탈린이 전쟁 때 10월 혁명 기념행사를 크렘린 광장에서 성대하게 했던 것을 모방한 것 같다는 추측을 지울 수 없었습니다. 적의 폭격이 매일 이어지는 불길 속에서도 방송이 중지된 날은 하루도 없었습니다."

전쟁 두 달 전, 중국군 38선 배치

강상호 전 북한 내무성 정치국장 겸 제1부상의 증언은 6·25전쟁 전후 자신이 겪은 상황을 다음과 같이 증언했다.

"6·25전쟁 발발 45일여 전인 1950년 5월 중순, 노동당 강원도당 부위원장인 나는 군당사업을 지도하기 위해 연천군으로 출장을 갔습니다. 정태희 연천군 당위원장과 함께 38선 부근을 답사하면서 중국의 인민해방군 2개 사단이 38선 부근에 배치되어 있음을 목격했습니다. 나는 국군의 북침이 가까워온다는 것과 북한 당국은 이에 대비해 전쟁 준비를 하고 있는 것으로 추측했습니다."

이에 대해 소련무기 원조 요청 계획 등 6·25전쟁 준비를 위해 김일성 수상 직속 내각 무력후방위원회 지조국장을 지낸 전 북한 인민군 병기총국장 이황룡은 필자와의 인터뷰를 통해 다음과 같이 증언했다.

"김일성과 마오쩌둥이 협의해 팔로군에서 복무하던 2만~3만 명 규모의 조선인 부대가 중국 동북에서 조선으로 입국할 수 있었습니다. 강원도 38선 부근에 배치된 이들은 팔로군의 명장인 방호산 장군과 장평산 장군의 지휘하에 인민군의 주력 부대가 되었습니다."

강상호 전 북한 내무성 정치국장 겸 제1부상의 증언을 더 들어보자.

"20여 일이 지난 6월 초, 나는 갑자기 늑막염을 앓아 평양특별병원에서 입원 치료를 받고 있었습니다. 그때 이 병원에는 공화국 최고인민회의 의장 허헌, 평남도당 위원장 김재욱 등 간부들이 입원해 있었습니다. 우리는 가끔 병실 복도에 모여앉아 '이승만이 전쟁을 도발한다'는 정보를 받은 인민군이 반격전을 준비하고 있는 것 같다'는 등 금명간 전쟁이 발발할 징조가 보인다고 수군거렸지요. 6월 25일 새벽 2시, 당중앙위원회 제1비서 허가이가 병원 숙직실로 전화를 걸어 퇴원 날짜가 언제인지 물어왔습니다. 오늘 내일 퇴원할 수 있다고 답하자 '그러면 지금 곧 내각 수상실로 오라'는 것이었습니다. 새벽 3시에 내각 수상실로 들어가니 김일성과 당중앙위원회 정치위원들과 내각의 각 상들이 모여 있었습니다. 곧이어 김일성 수상이 내각회의를 주재하고 '오늘 밤 1시경에 남조선 국군이 38선 전 지역을 통하여 북침을 개시했다'고 말했습니다. 그는 이어 '내가 최고사령관으로서 아군인민군에게 반격명령을 내렸다'고 말하고, '본 내각회의는 국군의 북

침에 대한 우리 인민군의 반격전을 비준하는 결정을 채택해야 한다'
고 제의했습니다. 토론은 없었지요. 전원 찬성의 거수로 그 제의를
채택했습니다."

강상호의 증언은 계속된다.

"6·25전쟁이 발발한 지 3일 후인 6월 28일, 나는 남조선의 강원
도 지역으로 출장을 떠났습니다. 철원과 금화에 들렀고, 화천에 이르
러 군당위원장 박 모 이름이 기억나지 않음와 함께 춘천을 향해 떠났습니
다. 그런데 어느 읍이나 촌에도 국군의 포격에 의해 파괴된 흔적을
찾아볼 수 없었고, 포탄이 떨어져 패인 구덩이를 밭에서나 도로 연변
에서 보지 못했습니다. 화천강을 건너자 38선이고 그곳을 지나니 남
한 땅이었지요. 여기서 시작하여 산 굽이굽이마다 토치카와 대포가
놓여 있고 쏘지 않은 포탄이 널려 있는데 탄피는 보이지 않았습니다.
그리고 미처 거두지 못한 국군의 시체가 드문드문 보였습니다. 그러
나 춘천 가까운 곳에서는 다소간 탄피가 있었습니다. 여기서는 국군
의 포격이 있었음을 짐작할 수 있었습니다.

바로 여기서 나에게 의문이 생겼습니다. 누가 전쟁을 먼저 시작했
는가를 다시 생각하게 되었지요. '만일 국군이 먼저 북침을 개시했다
면 왜 38선 부근 국군의 토치카에 탄피는 없고 쏘지 아니한 포탄이
쌓여 있는가'라는 의문이었습니다. 또 다른 한 가지 의문은 모든 전
쟁에서와 마찬가지로, 먼저 전쟁을 도발한 군대만이 전쟁 초기에 전
격적으로 진공할 수 있는 것처럼 인민군도 먼저 손을 썼기 때문에 단
기간에 서울까지 점령할 수 있었다고 생각했습니다. 그리고 미국이
북진 통일을 하기 위해 6·25 동란을 개시하라고 이승만에게 지시했

다면 왜 남한에 딘$^{William Dean}$ 소장이 지휘하는 한 개 사단만 남겨두었다가 사단장까지 생포되었는가 하는 의문이 점점 커졌습니다."

박헌영과 유성철, 중국군 지원 요청하러 베이징행

6·25 남침 계획을 수립했던 전 북한 인민군 작전국장 유성철 중장은 중국 인민해방군 참전 과정에도 개입했다. 1950년 9월 인천상륙작전 이후 인민군의 패주가 계속되자, 인민군 최고사령관 김일성은 박헌영과 협의하여 인민군 내에 당과 정치사상 사업을 총책임지는 부서로 인민군 총정치국을 신설한다. 그리고 인민군 총정치국장에 박헌영 내각 부수상 겸 외무상을 임명한다. 김일성 최고사령관과 박헌영 총정치국장 명의로 인민군에게 현지 사수를 명령했으나 인민군의 패주는 계속되었다. 사기가 저하되면서 인민군의 패주와 탈영이 잇달았다. 한국군과 미군이 38선을 넘어 평양 바로 밑까지 진격했던 1950년 10월 18일, 인민군 작전국장 유성철 중장은 박헌영과 특별비행기 편으로 베이징으로 날아갔다.

여기서 유성철 장군의 증언을 들어보자.

"1950년 10월 15일, 그 준엄한 시기에 나는 전선참모부에서 평양 총참모부 남일 총참모장의 호출 명령을 받았습니다. 그도 소련에서 들어온 고려인 중 한 사람이었습니다. 남일은 김일성 최고사령관이 찾고 있다며 평양 외곽에 있는 김일성의 지하벙커로 나를 데리고 갔습니다. 그곳에는 박헌영 부수상 겸 외무상이 이미 와 있었습니다. 김일성은 전쟁 상황을 설명한 뒤 '중국 공산당과 중화인민공화국을 찾아가서 신속한 군사방조지원를 요청하라'고 지시했습니다. 나는 박헌영 동지와 함께 그날 저녁으로 신의주에 도착했습니다. 신의주에서 신의주인민위원회 위원장 유민을 통역으로 불러 세 명이 18일 특별기 편으로 베이징에 도착했습니다. 박헌영이 인민군 동기 피복 문제를 해결하기 위해 무역대표로 베이징에 있던 무역성 부상 이상조에게 통역을 맡기고 유민을 신의주로 돌려보냈습니다.

우리는 마오쩌둥 주석과의 접견을 신청해놓고 숙소에서 기다렸습니다. 그러나 밤늦게 '내일 주석을 접견할 수 있을 것 같다'는 통지를 받고 잠자리에 들었지요. 그런데 갑자기 '주석을 접견할 수 있을 것 같으니 톈안먼天安門으로 오라'는 연락이 왔습니다. 톈안먼에 도착해보니 중국 공산당 정치국위원들이 모여 있었습니다. 정치위원들은 우리와 인사를 나눈 후 제각기 자리에 가 앉았습니다. 좀 늦게, 허리를 구부리고 지팡이를 짚은 주더朱德 장군이 나타났습니다. 모두 자리에서 일어났고, 그는 우리와 악수를 나누고 정해진 자리에 앉았습니다. 이어 마오쩌둥이 우리가 베이징에 온 사연을 말하라고 박헌영 동지에게 청했습니다.

박헌영 동지는 김일성 수상의 안부를 마오쩌둥 주석에게 전하고 베이징에 온 사연을 한 시간에 걸쳐 설명했습니다. 국내외 정세에 대해 말한 다음, 중국 공산당과 중국 정부에 군사 방조를 요청한다는 김일성의 제의를 전달했습니다. 이어 내가 군사 정세에 대해 말하려고 하자 마오쩌둥 주석이 손을 들고 나의 보고를 중지시켰습니다. 그리고 그는 가려져 있던 흰색 커튼을 걷고 벽에 걸린 군용 지도를 열었습니다. 우리가 평양을 출발할 때는 적이 평양의 턱밑까지 진출했는데, 그 군용 지도상에는 적군이 벌써 평양을 점령했고 동해안을 따라 진공하던 부대들은 일부 국경지역까지 공격해왔습니다. 순간 대표단은 부끄러웠습니다. 나는 비행기와 고사무기가 필요하다고 짧게 보고했습니다.

　그러자 마오 주석은 '중국 공산당과 중화인민공화국이 이 준엄한 시기에 조선 인민을 방조하기 위해 조선에 지원군을 파견하기로 결정했다'고 우리에게 통보했습니다. 그리고 그는 우리에게 다음과 같은 정치국의 의견을 제의했습니다. 지원군이 조선 전쟁에 참전하는 군사 정치적 의의를 조선 인민들에게 설명할 것을 당부하고, 간부 조절 배치 및 통역원 문제, 후방 공급에 대한 여러 문제에 대해 언급했습니다. 이어 펑더화이彭德懷 장군을 조선으로 파견하고 후방은 그 당시 중국 동북정부 부주석으로 있던 가오강高崗이 책임지게 되었다고 전하면서, 이들 두 동지와 손을 잡으면 조선 문제는 해결될 것이라고 말했습니다. 접견이 끝나자 저우언라이周恩來가 우리를 전송하면서 김일성에게 전달하라며 긴 봉투 하나를 박헌영 외상에게 주었습니다."

제6장

소련파 '총수' 허가이 죽음의 숨은 진실

허가이는 누구인가?

허가이는 1908년 3월 18일 하바롭스크에서 태어났다. 그의 아버지는 한인학교 교원이었다. 그가 태어난 지 3년 후인 1911년에 어머니가, 5개월 후 아버지가 사망했다. 고아가 된 허가이 형제는 삼촌 밑에서 자랐다. 한 살 아래 동생도 몇 년 후 죽었다. 그는 하바롭스크에서 초등학교와 직업학교를 졸업했다. 역시 하바롭스크에 있는 1년 과정 직맹간부양성학교를 마쳤다. 17세 때인 1924년에 소련 공산주의 청년동맹에 가입했고, 원동변강 공청위원회 간부로 등용되었다. 처음에는 소수민족청년부장이었고, 후에 조직부장, 제3비서로 올라갔다. 이런 가운데 23세 때인 1930년에 소련공산당에 입당했다. 강상호 전 북한내무성 제1부상 겸 정치국장의 증언을 들어보자.

"내가 육성농민청년학교 3학년에 다니면서 그 학교 공청세포 책임서기로 사업할 때인 1925년 10월에 허가이가 찾아왔습니다. 그는 당시 원동변강 공청위원회 소수민족청년부장이었습니다. 국가가 머슴, 고아, 극빈민의 자제들을 교육하는 육성농민청년학교 공청세포사업을 보기 위해 찾아온 것이었습니다. 이것이 나와 허가이의 첫 만남인 셈이지요. 그의 러시아 이름은 허가이 알렉세이 이바노비츠입니다. 그에게는 조선 이름이 없었지요. 하지만 북한에 가서도 허가이라고 불렸는데, 허는 성, 가이는 이름이 된 것이지요. 이를 김두봉 선생이 1946년 봄에 한자로 '哥而'라고 써주어서 허가이가 된 것입니다.

그는 키가 크고 안면이 넓으며 건강해 보이는 18세 홍안의 청년이었습니다. 우리는 학교의 공청세포 총회를 열었습니다. 나의 공청세포사업보고가 있은 후에 허가이는 '당의 농업집단화 정책을 실현하는 오늘에 있어서의 공청단체의 임무와 고업'에 대해 연설했습니다. 그 후 나는 여러 차례 허가이와 만났습니다. 1930년 여름, 추풍 허커우지구 공청위원회 책임서기 자격으로 블라디보스토크에서 열린 원동변강 한인공청원 열성자대회와 그해 12월에 원동변강 공청 대표자 회의 등에서 만나 소수민족 청년들의 공청사업과 농업 집단화, 공청의 과업 등에 대해 많은 토의를 하곤 했습니다. 그는 독서량이 많아 문장력이 뛰어났습니다. 원동변강 공청위원회에서 상부에 보고하는 보고서, 지시문, 결정서 등 문건 작성은 허가이가 도맡아 했습니다. 변강위원회에서 승급이 빨랐던 것도 그 때문이라고 나는 짐작합니다."

허가이는 20세 되던 해인 1927년 가을에 리아나 이노겐치예브나^{한국명} 순희와 결혼했다. 자녀는 1남 4녀를 두었다. 아들은 이끄리고, 첫째 딸은 마야^{타슈켄트 거주}, 둘째는 게라^{사망}, 셋째는 넬라^{시베리아 거주}, 넷째는 리라^{타슈켄}

트 거주이다.

원동변강 공청위원회 제3비서인 허가이는 1930년 모스크바에서 소집된 전 소련 공청연맹대회에 원동공청단체 대표로 참가했다. 그리고 26세 때인 1933년 가을에 모스크바 스베르들로프 공산대학에 입학하여 공부하다가 생활이 어려워 2학년 때 중퇴했다. 이후 원동으로 돌아가 1936년 6월 아무르 주 포시에트 구역 공청위원회 비서에 임명되었다. 포시에트 구역은 원동 최남단에 있는 지역으로 조선과 만주와 국경을 이룬다. 조선과는 두만강 입구부터 상류로 16km가 국경이다. 포시에트 주민의 90%가 한인이기 때문에 이 구역 지도간부들도 한인이었다. 구역 내에는 한글로 수업하는 사범전문학교와 중·소학교가 있었고, 구역신문도 한글로 발행했다. 당시 구역 당 제1비서는 김아파나시, 구역 소비에트 집행위원회 위원장은 박승철, 구역 공청위원회 비서는 장기태, 구역신문 주필은 김진이었다. 이들 포시에트 구역 한인 간부 전부는 그 악명 높은 1934~1937년 스탈린의 숙청 정책에 의해 희생되었다.

강상호 전 북한 내무성 정치국장 겸 제1부상의 증언을 계속 들어보자.

"한인자치구역에서, 또는 조선과 중국에 인접한 구역에서 지방민족 간부를 거의 다 숙청한 것을 고려했던지 당시 공산당 기관지 ≪볼세비키≫에는 다음과 같은 포시에트 구역에 대한 소련 공산당 중앙위원회의 결정이 발표되었습니다. 원동변강당위원회는 빠른 기간 내에 원동에서 검열된 유능한 한인 간부들을 선발하여 포시에트 구역의 지도간부로 임명한다는 내용이었습니다. 변강당위원회는 스파스크 구역당 제2비서 허학봉을 포시에트 구역당 제2비서로, 아무르주 공청위원회 조직부장 허가이를 포시에트 구역 공청위원회 비서로, 스코토브 구역당 선전부장 천세르게이를 포시에트 구역 선전부장으로, 구역 직

오른쪽부터 김책, 허가이, 김일성, 문일(1949년 금강산 기념 촬영).

맹위원장 정명언을 구역 소비에트 집행위원회 위원장으로 각각 임명했습니다. 1937년 5월에 나는 변강 당위원회 직속 마르크스-레닌주의 강습소를 졸업하고 포시에트 구역 공청위원회 비서 허가이의 후임으로 임명되었습니다. 허가이는 구역 당 제2비서로 승진하고, 제2비서 허학봉은 바라바스 구역당 제1비서로 승진했습니다."

허가이는 이렇게 포시에트 구역에 가서 공청동맹 및 당 사업을 하다가 1937년 여름 당과 정권기관 간부들에 대한 탄압이 한참 심할 때 출당되었다. 출당 이유는 첫째, 당시 변강당 대중선동부장으로 허가이의 입당 보증인이었던 김아파나시가 '인민의 원수'로 숙청되었다는 것, 둘째, 변강 공청위원회 제1비서 리스돕스키 및 제2비서 젬젠코와 다년간 변강위원회에서 사업을 함께했는데 그들이 '인민의 원수'로 숙청되었다는 것, 셋째, 포시에트 구역 공청위원회 비서로 있으면서 그 사업을 파탄시켰다는 것 등 크게 세 가지였다. 그해 9월 허가이는 우즈베키스탄 얀기율 시로 강제이주되어 채소판매장 회계원으로 취직해 살아갔다.

강상호의 증언을 더 들어보자.

"1939년 여름, 우즈베키스탄 당중앙위원회에는 당 중앙검열위원회 대표 코미시야가 와 있으면서 출당자들의 복당 문제를 취급하고 있었습니다. 나는 당시 우즈베키스탄 교육위원부교육성에서 한인학교 담당 시학관으로 일하고 있었습니다. 코미시야가 나를 불러 '허가이 출당의 목격자인 당신이 그에 대한 증언을 하라'는 것이었습니다. 나는 허가이의 입당 보증인인 김아파나시는 엄연히 당원이었고, 허가이가 포시에트 구역에서 공청사업을 파탄했다는 문제는 내가 그의 후임으로 일했기 때문에 파탄시키지 않았다고 자신 있게 말할 수 있다고 증언했습니다."

1939년에 복당된 허가이는 얀기율 구역 당위원회 제1비서 보좌원, 지도원, 조직부장 등을 거쳐 제2비서로 등용되었다. 이어 1941년 말에 니스니 칠치크 구역 당 제2비서로 옮겼다. 그리고 1943년에 파를하드 수력발전소 중앙당 부조직원으로 일하다, 1945년 12월 소련군에 동원되어 평양에 주둔한 소련군 제25군 정치부에 파견되었다.

허가이는 1946년 봄, 소련 공민과 소련 공산당 당원을 포기하고 북한 공민과 조선 공산당 북조선조직위원회의 당원이 되었다. 처음에는 조선 공산당 북조선조직위원회의 노동부장과 조직부장을 맡았다. 그러면서 창당된 공산당의 당 규약 작성, 각급 당위원회 부서, 기구 등 조직, 당 문건 작성 등 일체를 창안했다.

허가이는 과거 원동변강과 중앙아시아에서 익힌 당 사업에 대한 풍부한 경험과 실무 능력을 발휘하여 노동당 중앙위원회 제1비서, 부위원장

직위까지 올라갔다. 특히 1948년부터 당중앙위원회 정치위원이 되어 김일성에 이어 노동당 서열 2위까지 올랐다. 그는 자신의 배후 세력인 소련의 절대적인 신임 속에서 모든 문제를 소련과 협의해나갔다. 그리고 그의 주위에는 수백 명의 고려인 엘리트 집단이 있었다. 1947년에 그의 아내 리아나가 사망했다. 1949년 1월, 허가이는 조선 인민군 기갑탱크군 사령관 최표덕 중장소련군 대령 출신의 딸 최니나와 재혼했다. 그녀는 소련의 하리코프 국립종합대학교 어문학부를 졸업한 인텔리 여성으로 허가이와의 사이에 아들 하나를 낳았다.

자살인가, 타살인가?

1950년 6·25전쟁이 발발하고 중국 지원군이 조선전쟁에 참전하면서부터 북한에서 중국의 영향이 커지고, 상대적으로 소련의 영향이 약화되었다. 이런 환경에서 정권을 쥐고 있던 김일성이 당을 비판하기 시작하면서부터 당에서 허가이의 위치가 흔들리기 시작했다. 김일성은 1951년 11월 당 전원회의에서 "6·25전쟁에서 우리 인민군의 후퇴 시 후퇴하지 못한 당원들을 검열하는 과정에서 출당자 수가 많이 나온 것은 일부 당 지도일꾼의 잘못이다"고 지적하고, "허가이가 취소주의인민위원회의 발전을 방해하거나 인민위원회의 존재를 위태롭게 하는 사상이나 태도적 오류를 범했다"고 신랄하게 비판했다. 그리고 김일성은 "입당 문제와 간부 등용 문제에서 일부 당 지도일꾼들은 산업 노동자에게 치중하면서 노동당을 대중당이 되지 못하게 했다"고 몰아붙였다.

이 전원회의에서 허가이는 조선노동당 중앙위원회 비서에서 해임되고 내각의 농업담당 부수상으로 쫓겨났다. 이때 미 공군은 평안남도 순안저수지를 매일같이 폭격했다. 전원회의는 이 저수지의 방어와 복구 책임을 허가이에게 맡기기로 하고, 그를 저수지로 파견할 것을 결정했다. 허가이는 이 결정에 따르지 않고 자택에 머물러 있었다. 결국 순안저수지는 미 공군에 의해 파괴되었다. 인근 민가들도 큰 피해를 당했다. 1953년 6월 30일 열린 정치위원회에서 그 책임을 허가이에게 전가했다. 그리고 이틀 후인 7월 2일 정치위원회에서 그의 문제를 심의하기로 결정했다. 그 회의 전야인 7월 1일 허가이는 총에 맞아 사망했다.

여기서 강상호 전 북한 내무성 제1부상 겸 정치국장의 증언을 들어보자.

"허가이의 사망에 대해 박정애 당중앙위원회 부위원장허가이의 후임은 '허가이가 자살했다'고 각급 당 단체에 하달했습니다. 허가이가 정말 자살했는가? 아니면 암살되었는가? 이에 대해 나는 확답하기 어렵습니다. 어떤 물적 증거를 찾아볼 수 없기 때문입니다."

강상호의 증언을 더 들어보자.

"허가이 사망 당시 고려인 간부들 사이에서 나온 허가이에 대한 이야기들을 종합하면 다음과 같습니다. 내각의 농업담당 부수상으로 좌천된 허가이는 자신이 위원으로 있는 정치위원회에서 신랄한 비판을 받습니다. 김일성은 '국가와 당 사업에 대해 나와 상의하지 않고 소련과 상의하는 데 대한 자기비판을 하라'고 했습니다. 그러나 허가이는 '그런 사실이 없기 때문에 자기비판도 할 수 없다'고 말했습니다. 그러자 같은 소련파인 당 선전선동부장 박창옥이 일어나 '우리 당의 모든 문제를 사전에 소련에 보고하거나 승낙을 받아 추진하지 않았느냐'는 등의 공격을 했습니다. 허가이는 러시아어로 '공식적인 자리에서 함부로 말하는 것 아니다'라고 쓴 메모 쪽지를 박창옥에게 전달했습니다. 박창옥은 자리에서 일어나 그 메모 쪽지를 보이면서 '수상 동지, 이 메모 쪽지를 보십시오. 허가이 동지는 아직도 정신 못 차리고 이 쪽지를 나에게 보냈습니다'라고 폭로했습니다. 이날 정치위원회에서 박창옥을 비롯해 박정애, 박영빈, 박금철 등 '4박가' 정치위원 또는 후보위원 들이 허가이를 집중적으로 몰아붙였습니다. 분위기가 험악해지자 회의는 중단되었습니다. 다음 날 속개하기로 하고 허가이는 귀가했습니다."

북한에서 당·정·군의 고위직을 지내다 소련으로 귀환한 고려인들은 평소 김일성이 허가이에 대해 어떻게 생각했었는지 파악하려면 이 사태 훨씬 이전으로 돌아가 살펴보면 쉽게 짐작할 수 있다고 증언했다. 이들에 따르면, 김일성은 소련 공산당과 소련군정이 뒷받침해주고, 수백 명의 소련파 군단을 거느리면서 사실상 당의 실권을 쥐고 있는 허가이와 '불편한 관계'임을 늘 드러냈다고 한다.

김일성은 '미래의 권력' 허가이를 '물먹이기' 위해서는 국내파를 이용하기보다 소련파를 활용하는 것이 더 쉽다고 판단했던 것 같다. 이를 위해 소련파였던 당 선전선동부장 박창옥을 활용한 정황은 여러 군데에서 드러났다. 당시 물밑에서는 김일성과 허가이, 박창옥의 삼각관계가 형성되어 흐르고 있었다. 김일성은 같은 소련파인 허가이와 박창옥의 관계를 면밀히 파악했다. 박창옥은 허가이의 턱밑에서 일하고 있었기 때문에 허가이의 일거수일투족을 알고 있었고, 김일성은 박창옥의 입에서 허가이를 비판하는 소리를 귀담아 들었다.

강상호의 증언은 계속 이어진다.

"같은 소련파인 당 선전선동부장 박창옥이 허가이에 대한 음해 공작을 하기 시작했습니다. 허가이가 박창옥을 미숙한 일꾼, 경솔한 사람으로 취급한 데 대한 보복이었습니다. 박창옥은 허가이가 하는 사업에서 있었던 결함들을 일일이 김일성에게 올려바쳤습니다. 1948년 초 여름, 황해도 해주에 남로당 출신 초대 최고인민회의 대의원들이 몰려 있었습니다. 김일성이 해주로 내려가 남로당 출신 대의원대회에서 연설을 했습니다. 이 연설문은 당 선전선동부장 박창옥이 작성했지요. 당위원장 김일성의 연설문은 반드시 제1부위원장인 허가이가 검토하도록 되어 있었지요. 허가이가 원고를 검토하면서 잘못된 부분을 손질해주었습니다.

박창옥이 '조선말을 개뿔도 모르는 놈이 자꾸 고치라고 지시한다'며 이를 김일성에게 보여주자 '박 동무가 쓴 원고가 더 좋구먼. 박 동무가 쓴 원고를 낭독하겠소'라며 박창옥을 칭찬하더라는 것입니다. 이때부터 박창옥은 김일성의 신임을 얻기 시작했고, 박창옥은 허가이의 전쟁 시 당 사업과 순안저수지 복구사업 실패를 비판하는 등 허가이 숙청에 앞장섰습니다. 이 사실은 우리 소련파 간부는 모두 알고 있는 공공연한 사실입니다."

강상호의 증언은 계속 이어진다.

"허가이가 암살되었다고 하는 주장은 다음과 같은 이유에서입니다. 허가이가 자살했다고 하는 그날 저녁에 그의 장인인 기갑탱크군사령관 최표덕 중장이 허가이를 방문했다고 합니다. 두 사람은 한밤중까지 담화를 했는데, 허가이는 아무런 격동된 태도도 없이 태연하게 이야기를 나누었고, 전쟁이 끝나면 소련으로 귀환할 생각을 갖고 있었다는 겁니다. 밤이 깊어서 장인 최 중장이 자기 숙소로 돌아가겠다고 하자 허가이는 자기와 함께 자자고 권했다는 것입니다. 그러나 최 중장은 자기 숙소로 떠났다는 것이지요. 다음 날 아침 최 중장은 허가이가 '자살'했다는 말을 듣고 허가이 집으로 달려갔습니다. 방바닥에 피가 흥건했고, 허가이는 침대 위에서 피투성이가 된 채 숨져 있더랍니다. 침대에 누워 자동소총의 방아쇠에 끈을 매고 침대 다리의 철제 손잡이에 걸어서 자살했다는 것입니다. 총성을 듣고 부관과 운전사가 달려갔을 때 그는 이미 숨져 있더라는 것입니다."

강상호의 증언을 더 들어보자.

"중국 만주의 하얼빈으로 피난 가 있던 허가이의 아내 최니나가 허가이의 사망 급보를 받고 돌아왔습니다. 그러나 허가이의 거실에 있던 모든 가구를 다 걷어치우고 그의 부관, 가정부 등도 모두 먼 곳으로 보내고 없더라는 것입니다. 부인 최 씨는 그들을 만나게 해달라고 요청했으나 거절당했다고 말했습니다. 이상이 허가이가 암살되었다는 그의 부인의 주장이지만 이 주장을 확신할 수 있는 물증은 없습니다."

한편 허가이의 죽음이 자살이 아니라는 물증 없는 간접 증언도 있다. 북한에서 인민군 간부국 부국장^{대좌} 등을 지내다 사상검토 끝에 1961년 말 타슈켄트로 귀환한 심수철은 필자와의 인터뷰에서 다음과 같이 증언했다.

"타슈켄트에 사는 허가이의 맏딸 허가이 마야에게 들은 이야기입니다. 그녀가 1958년 평양에서 나올 때 아버지의 사망 현장을 목격한 장교 두 명이 '아버지가 뒤에서 총 두 발을 맞아 숨져 있는 현장을 목격했다'는 증언을 들었다고 말하더라는 것입니다. 이들 장교 두 명은 아직 북한에서 활동하고 있어 이름을 밝힐 수 없다고 했습니다. 그리고 마야는 평안북도 만포진에 피난 가 있으면서 아버지 사망 소식을 듣고 달려가려고 했으나, 보위성 군인들이 평양에 들어갈 수 없다며 허가해주지 않아 평양에 못 내려갔다고 말했습니다."

또 북한에서 조선중앙은행 총재와 내각의 재정성 부상 등을 지내다 소련파 가운데 1차로 귀환한 김찬은 필자와의 인터뷰에서 다음과 같이 증언했다.

"나는 허가이와 인간적으로 가까웠습니다. 그래서 나는 '허가이 사람'으로 알려졌습니다. 허가이 사망 후 나를 재정성 부상으로 보냈습니다. 그리고 나를 감시하는 분위기를 쉽게 읽을 수 있었습니다. 1954년에 6·25전쟁 때 부상 후유증이 있어 모스크바로 돌아가겠다고 소련 공산당 중앙위원회에 건의했더니, 일하면서 치료하라는 지시가 떨어져 남아 있었지요. 그러나 평양의 분위기가 더욱 나빠져 1956년 3월에 다시 모스크바에 건의했더니 승낙이 떨어져 소련파 가운데 1차로 귀환했습니다."

김찬의 증언을 계속 들어보자.

"허가이는 마음이 부드럽고 침착한 사람이었습니다. 허가이는 당시 권총 두 자루를 갖고 있었다고 합니다. 자살을 하려면 권총이 훨씬 간편한데 한사코 소총으로 자살했을까요. 정치위원회를 휴회하고 자기비판을 하라고 했는데 자살했다는 것이 석연치 않습니다. 설상 자살이라고 하더라도 자살하도록 원인을 제공했다고 봅니다."

북한의 당·정·군에서 고위직을 지내다 러시아로 귀환해 생존하고 있던 소련파 인사 대부분은 허가이의 자살을 인정하지 않았다. 그 이유로 허가이의 뒤에는 소련공산당 중앙위원회가 있었고, 1930년대 스탈린의 대숙청을 지켜봤기 때문에 자신에게 닥친 이 상황을 피하기 위해 자신에 대한 비판과 전쟁이 끝나면 소련으로 되돌아갈 계획을 세우고 있었다는 점 등을 들고 있다.

강상호의 회고를 더 들어보자.

"허가이와 소련 고려인 간부들은 스탈린을 모델로 소비에트 제도를 북한에 이식하기 위해 온 정열을 다했습니다. 그러나 허가이를 비롯한 소련 출신 고려인 간부들의 북한에서의 활동 결과는 결국 비참하게 종말을 맺었습니다. 허가이와 고려인 출신 간부들은 이를 예견하지 못했습니다. 1956년 2월 소련공산당 제20차 대회 이후에야 깨달았는데, 때는 이미 늦었습니다. 소련 고려인 출신 간부 350여 명은 소련으로 추방당하고, 50여 명은 숙청되는 신세가 되었습니다."

박길용 전 북한 외무성 부상도 북한에서의 허가이와 소련 고려인 간부들의 역할에 대해 다음과 같은 '불편한 진실'을 털어놓았다.

"솔직히 말하면, 우리 소련 출신 고려인 간부들이 북한 통치자의 개인숭배를 가져온 토대를 만들었습니다. 이 개인숭배는 모든 인민의 '천재적 지도자'로 불렸던 스탈린을 모방한 것입니다."

북한 역사는 어떻게 기록하고 있는가?

1951년 11월 1일, 6 · 25전쟁의 포탄이 멈추지 않은 가운데 평양에서 노동당 중앙위원회 제4차 전원회의가 열렸다. 내각의 수상이자 군사위원회 위원장 겸 인민군 최고사령관인 김일성이 노동당 중앙위원회 위원장 자격으로 '당 단체들의 조직사업에 있어서 몇 가지 결점들에 대하여'라는 제목으로 보고연설를 했다. 그러나 지금까지 이 보고 내용은 자세히 알려지지 않았다. 필자가 모스크바에서 발굴한 희귀 자료『김일성: 당의 공고화를 위하여』조선노동당 출판사, 1951라는 제목의 출판물에 김일성의 제4차 전원회의 보고 전문이 실려 있다.

북한에서는 김일성의 이 보고를 북한 노동당사에서 '한 획을 긋는 보고'로 크게 의미를 부여하고 있다. 왜 그럴까. 이 보고 직후 '천하의 당 박사' 허가이가 노동당 중앙위원회 부위원장 겸 정치위원에서 내각의 농업 담당 부수상으로 좌천되었다. 그리고 얼마 후 그는 '의문의 죽음'을 맞이했다. 이어 이승엽과 박헌영 등 남로당 간부들이 대거 숙청되었고, 김두봉과 최창익 등 옌안파 간부들에 이어 소련파 간부들이 줄줄이 숙청되는 '대숙청 드라마'가 이어졌기 때문이다.

이제 김일성이 제4차 전원회의에서 보고한 보고문 전문을 분석해보기로 하자. 김일성은 이 보고의 서두에서 "소련 군대가 조선을 해방시키지 아니했더라면 조선민주주의인민공화국은 있을 수도 없었으며 우리의 민족해방 운동도 이와 같이 승리적으로 전진할 수 없었을 것입니다. 그리하여 제2차 세계대전에서 소련의 승리는 자유와 독립을 위한 인민의 역사에 있어서 새 페이지를 열어놓았습니다"라면서 소련에 대한 충성심을 그대로 드러냈다. 그는 이어 "당 사업에서 최근에 조직 문제와 조국통일민주주의전선과 그에 망라된 정당과의 관계 등 두 가지 결함이 나타나고 있습니다"라고 지적했다. 당을 총괄하고 있는 허가이를 정면으로 조준하는 대목이다.

김일성의 보고를 계속 살펴보자.

"그러나 일부 당 지도일꾼들은 우리 당의 대중적 성격을 충분히 리해理解하지 못하며 우리 당의 력사歷史가 청소靑少하고 당원들의 정치 수준이 어린 실정을 고려하지 않고 오랫동안 일제통치에서 남은 사상 잔재와 국내 투쟁의 복잡한 조건과 환경을 고려함이 없이 당원들을 마치 완성된 마르크스-레닌주의자로 간주하고 수준에 넘치는 요구를 그들에게 제기하는 결함들을 가지고 있습니다. 일부 당 지도일꾼들 중에는 오늘 우리 조국이 처하고 있는 위대한 조국 해방전쟁 환경에서 적들의 파괴로 인하여 공장 로동자勞動者의 수가 감소된 형편을 보지 못하고 전쟁 전의 로동자 성분 비율만 따지면서 로동자 성분 비율이 저하될까 두려워하여 전선과 후방에서 무한한 애국적 헌신성을 다하여 투쟁하고 있는 근로농민들을 광범히 우리 당에 인입시키지 않는 옳지 못한 경향들이 있습니다. 그리고 후퇴시기에 당증을 적에게 주지 않기 위하여 매몰 혹은 보관시킨 데 대하여 출당을 주거나 혹은 당적 책벌을 적용한 사실들입니다. 특히 이미 책벌을 받은 당원들이 조국 해방전쟁의 전선과 후방에서 당과 조국을 위하여 헌신적으로 투쟁하고 있음에도 불구하고 이들에 대한 책벌을 벗겨주는 데 대한 고려가 부족한 실정에 비추어 금년 9월 1일 당중앙조직위원회 결정으로서 책벌을 해체시키라고 엄중한 지적이 있었는데도 여전히 그릇된 인식을 고치지 않고 기계적으로 적용하고 있습니다."

허가이의 당 사업에 대한 과오를 일일이 지적하는 김일성의 이 같은 보고에는 공장 노동자에 이어 농민들과 출당된 당원들의 사기를 북돋아 이들을 전선에 투입하려는 의도가 읽힌다. 이어지는 그의 보고에서는 이와 같은 의도가 더욱 뚜렷이 드러난다. 김일성의 보고를 계속 살펴보자.

"오늘 특히 광범한 인민 대중을 망라하고 있는 조국전선을 확대 강화하는 문제는 우리 당에 지워진 가장 중요한 임무의 하나입니다. 그럼에도 불구하고 일부 당 일꾼들이 조국 해방전쟁이 개시된 후 특히 인민군대의 일시적 후퇴가 있은 후에 조국전선에 대한 옳지 못한 견해를 가지고 있음을 지적하지 않을 수 없습니다. 일부 우리 당 일꾼들은 조국전선의 불필요함을 주장하는 경향이 있습니다. 그리고 우리 중에는 특히 청우당과 민주당을 해독害毒적 또는 필요 없는 존재로 인식하는 경향이 있습니다. 이러한 결점들이 발생된 원인은 어디 있습니까. 그것은 무엇보다도 자기비판이 우리 당 일부 간부들 사이에 미약하게 전개되고 있기 때문입니다. 스탈린 동지는 지적하시기를 '자기비판은 볼셰비키당의 활동의 기초이며 프롤레타리아 독재를 강화하는 수단이며 간부를 양성하는 볼셰비키 교양 방법의 심봉'이라고 하셨습니다. 비판은 비판을 위한 비판이 되어서는 안 될 것입니다. 우리는 관료주의, 아첨, 제멋대로 노는 관리의 사업 작풍, 쓸데없는 고집, 소시민적 자만자족, 서로 싸고도는 쇠퇴한 현상을 날카롭게 비판하며 퇴치해야 하겠습니다. '실천을 떠난 이론은 공허한 이론이며 이론을 떠난 실천은 맹목적인 실천이다'라고 스탈린 동지는 말씀하셨습니다."

김일성은 이 보고에서 특정인의 이름을 거론하지 않고 있다. 그러나 당 사업을 도맡고 있는 당부위원장 겸 정치위원 허가이를 지목하고 있음을 쉽게 알 수 있다. 박길용 전 북한 외무성 부상은 김일성의 이 같은 보고를 이렇게 분석했다.

"이 보고 내용을 깊숙이 들여다보면, '일부 당 지도일꾼들'이란 표현으로 박헌영, 이승엽 등 남로당 출신 간부과 김두봉, 최창익 등 옌안파 간부도 간접적으로 거론하고 있음을 읽을 수 있지요. 이 보고가 있은 직후부터 허가이는 두말할 것 없고, 남로당파와 옌안파 간부들이 모두 긴장하기 시작했습니다. 특히 눈치 빠른 박헌영은 그가 향후 전개될 전쟁 실패에 따른 책임을 피하기 위해 고도의 전략을 구사하고 있다고 느꼈을지도 모릅니다. 이후 전쟁 실패를 놓고 벌어진 김일성과 박헌영의 '날선 대화' 등이 이를 뒷받침하고 있습니다."

김일성의 보고는 다음과 같이 끝맺고 있다.

"우리 당 조직사업과 통일전선사업이 이와 같이 많은 결함들을 가지고 있는 원인은 우리 당 일부 지도일꾼들의 사업 작풍에서 나온 것입니다. 우리 당내에 아직 존재하고 있는 관료주의적 사업 작풍으로써 발생한 모든 불량 경향들과의 엄격한 투쟁을 전개하여야 하겠습니다. 정치 수준과 실무 능력이 부족한 동지들을 교양하며, 협조하여 줄 대신에 그들을 욕설하며, 동지들이 범한 오류들을 비판 시정하여 줄 대신에 아첨과 정실 관계로 타협하며, 하급의 의견과 동지들의 창발성에서 나온 좋은 제의들을 접수할 대신에 그를 말살하며, 자기의 주관적 의견만 고집하며 사업을 망쳐먹으며, 군중들에게 명령하며 강제동원하며, 우리나라의 민족적 특성을 고려하지 않고 남의 것을 기계적으로 반입하여 아무 데도 맞지 않는 것을 억지로 내려 먹이려고 하는 등 온갖 관료주의, 형식주의 사업 작풍들과 전당적 투쟁을 전개하여야 하겠습니다. 오늘 우리가 진행하고 있는 이 회의에서 우리 당의 조직사업에서나 통일전선사업에서 범한 오류들을 과감히 토론하며 전 당을 동원하여 이 과오들을 시정하는 데 노력할 것이며 각급 당 단체들은 금후 당 사업의 강화를 위하여 집행검열 사업을 구체적 계획하에서 계통적으로 진행하여야 하겠습니다."

강상호 전 북한 내무성 정치국장 겸 제1부상은 "이 보고의 끝부분이 허가이를 표적으로 삼고 있다는 것은 삼척동자라도 알 수 있다. 허가이의 당 사업 작풍을 전당적으로 투쟁하여 바로잡겠다는 김일성의 결연한 의지가 그대로 묻어 있다"라면서, "따라서 당시 허가이의 운명은 '숙청'이라는 터널만 남겨놨다고 볼 수 있다"고 분석했다. 이어 그는 "그러나 불행히도 나를 비롯하여 고려인 간부들은 과거 스탈린 시대의 엄혹한 역사를 보아왔음에도 김일성의 이 같은 보고 내용이 허가이에게만 국한된 것으로 잘못 이해하고 있었다"라면서 "우리 소련파는 물론 남로당파, 옌안파 모두 대숙청을 예고하는 대목이라는 점을 간과했다"고 덧붙였다.

허가이의 '자살사건'에 대해 북한 역사는 그가 죽은 지 34일 만인 1953년 8월 5일부터 9일까지 열린 노동당 중앙위원회 제6차 전원회의 결정서에 자세히 기록하고 있다. '절대 비밀'이라는 도장이 찍힌 희귀 자료인 이 결정집은 노동당 중앙위원회의 전원회의, 정치·조직·상무위원회 등의 결정을 모아 기록한 것이다. 사회주의 국가에서 당의 전원회의와 주요 위원회의 결정은 초법적 효력을 가진다. 조선노동당의 이 제도와 규정은 허가이가 소련공산당을 벤치마킹해 만든 것이다. 이 결정집은 당 간부와 내각의 상, 부상 이상 고위 간부에게만 잠시 회람된 후 즉시 회수 조치된 '절대 비밀' 자료였다. 박길용 전 북한 외무성 부상이 소련으로 귀환하면서 외무성 비밀 서고에 있던 자료를 빼내온 것으로 필자에게 제공한 것이다. '허가이의 자살사건에 관하여'라는 제목의 제6차 전원회의 결정서에는 허가이가 자살한 직접적 동기와 경위가 다음과 같이 기록되어 있다.

"허가이는 마지막 시기에 적들의 폭격에 의하여 파괴된 자산, 견룡, 임원 등 저수지 복구사업 지도에 대한 중요 임무를 맡고도 조속한 시일에 복구 완성할 하등의 구체적 계획과 조직적 대책을 취하지 않았으며 그 진행을 지도 및 검열하지 않음으로써 이 사업을 완전히 태공^{태업}했다. 정치위원회는 허가이의 이와 같은 무책임하며 관료주의적이며 형식주의적인 사업 작풍에 대하여 비판하고 그가 이 비판을 성실히 접수하여 철저하게 자기를 비판하기를 충고했다. 그러나 허가이는 시간적 여유가 필요하다는 구실 밑에 당 정치위원회의 이 정당한 비판을 접수할 것을 회피했다. 당 정치위원회는 그의 요구에 의하여 자기비판의 시간적 여유를 주는 데 동의했다. 그러나 허가이는 7월 2일에 소집되는 당 정치위원회에 출석할 대신에 회의 소집 직전에 자살했다."

이와 함께 이 결정서에 따르면 제6차 전원회의는 허가이가 지난 기간 당 및 국가 지도사업에서 엄중한 오류들을 범했으며 막대한 해독을 주었다며 다음과 같은 네 가지를 지적하고 있다. 제6차 전원회의 결정서를 계속 살펴보자.

"첫째, 그는 당중앙위원회 비서로서 과거 당 사업을 지도함에 있어서 그에게 내재한 탐위주의貪位主義, 개인 영웅주의로 인하여 하부 일꾼들의 광범한 의견을 듣지 않고 독단주의적이며 관료주의적인 사업 방법을 적용했다. 당 정치위원회 결정들을 당 지도간부들과 당 열성자들에게 알려주지 않고 자기의 의견과 노선처럼 하부에 전달했다.

둘째, 그는 간부들을 배치하면서 바른 말을 하는 일꾼들을 배격하면서 자기에게 아부하는 자들과 친우들을 책임적 지위에 등용한 무원칙한 가족주의적 오류를 범했다.

셋째, 그는 우리 조국의 간고한 전략적 후퇴시기에 자기 신변에만 급급하여 시간을 허비하는 개인 이기주의적 행위를 감행해 당 사업에 막대한 지장과 손실을 주었다.

넷째, 그는 당 조직 사업에 있어서 근로농민들의 입당을 배제하는 관문주의關門主義적 오류를 범했다. 그리고 후퇴 후 당원 등록과 당 대열 정비 사업을 진행하면서 전시 환경의 위급한 조건과 후퇴 시기의 가혹한 정형과 당원들의 수준을 고려하지 않고 그들이 당증을 적에게 주지 않기 위하여 매몰 혹은 은닉했다고 일률적으로 무원칙하게 당 책벌을 적용해 당을 악화하며 당과 대중과의 연계를 파괴하는 좌경적 오류를 범했다."

제6차 전원회의 결정서는 이 밖에 허가이가 박헌영, 이승엽 등 남로당과 연계되어 있음을 우회적으로 기술하고 있다. 결정서는 "허가이가 우리 당에 잠입한 반당적·반국가적 간첩 파괴 암해분자들의 그루빠그룹(group)의 북한말를 적발 폭로하는 사업에 있어서도 하등의 관심을 가지지 않고 방관적 태도를 취했다"고 기술했다. 그리고 "그에게 비판과 충고를 주었으나 자기의 오류를 솔직하게 자기비판하지 않았다"면서 "제5차 전원회의 이후 그의 개인 영웅주의, 관료주의, 가족주의, 부화浮華한 생활 및 자신이 범한 엄중한 과오가 당 앞에 폭로될 것이 두려워 수치스럽게 자살하는 길을 택했다"고 결론을 맺었다.

또 필자가 모스크바에서 발굴한 회귀 자료 1958년 판 『조선 노동당 투쟁사 강의 속기』라는 제목의 출판물에 '허가이의 죄상'에 대한 구체적인 언급이 등장한다. 이 출판물은 조선노동당 중앙당학교에서 당 간부들의 조선노동당 투쟁사 강좌의 교재로 사용하기 위해 출판한 것이다.

이 노동당 투쟁사는 앞에서 언급한 노동당 중앙위원회 제6차 전원회의 결정서와는 크게 대조된다. 이 투쟁사는 허가이를 노골적으로 반당 종파 분자로 분류하고 있다. 그리고 "허가이는 당내 민주주의와 하부로부터의 비판을 억제하며 집체적 지도 원칙을 유린하면서 당내에 관료주의적이며 형식주의적 작풍을 조장시키며 당과 대중을 이탈시키는 엄중한 해독적 행위를 감행했다"고 규정했다. 투쟁사는 또 "허가이의 이와 같은 사태를 그대로 두고서는 당 대열을 더욱 확대 강화하며 당 주위에 전체 애국적 역량을 굳게 집결할 수 없으며, 따라서 조국 해방전쟁의 종국적 승리를 보장할 수 없었다"고 강조했다. 6·25전쟁의 실패를 허가이에게 전가시키려는 속셈을 읽을 수 있는 대목이다. 투쟁사는 "계속적으로 전개된 심각한 반종파 투쟁을 통하여 허가이 등 일련의 반당 종파분자들이 폭로 숙청되었으며 당의 통일 단결은 가일층 공고화되었다"라고 기술하고 있다. 허가이에 대해 '자살'이란 용어를 한마디도 쓰지 않고 반당·반국가 종파주의자로 숙청되었음을 밝히고 있다. 북한 당 역사에서 허가이의 '부자연스러운 죽음'은 숙청으로 기록되어 있는 대목이다.

또 필자가 모스크바에서 발굴한 회귀 자료인 『조선노동당 력사 교재』 1964, 조선노동당 출판사라는 제목의 출판물에서도 "제4차 전원회의에서 당의 지도적 직위에 있었던 허가이가 끼친 좌경적 편향, 특히 관문주의, 책벌주의적 경향을 시정하기 위한 투쟁이 벌어졌다"고 상세히 기술하고 있다. 그러나 허가이가 죽은 후 나온 노동당 역사와 노동당 투쟁사 등 출판물에 서는 허가이의 죽음에 대해 '자살'이라는 표현은 찾아 볼 수 없다.

제7장

소련파 간부 '5인조 숙청사건'

소련파 숙청의 첫 단추

1955년 10월 초순, 내각 수상실에 김일성을 비롯해 최용건, 최창익, 박정애, 김두봉 등의 정치위원이 자리했다. 잠시 후 박창옥 내각 부수상 겸 경제계획위원회 위원장, 박영빈 당 조직부장, 기석복 만경대학원 부원장인민군 중장, 1952년까지 문화선전성 부상, 정률 문화선전성 부상, 전동혁 외무성 참사 등 다섯 명이 불려와 정치위원들의 정면에 앉았다.

비판 대상자 중 박영빈만 당 소속이고, 나머지 네 명은 내각 소속인 데다 장소도 수상실이어서 당시 북한에서는 이 회의를 당 정치위원회 회의라고 하지 않고 내각회의라고 불렀다. 당시 정치위원회 정원은 일곱 명으로, 이 가운데 박창옥, 박영빈 두 명은 정치위원이지만, 이 날은 비판 대상자였기 때문에 '피고인석'에 앉았다. 이들은 이 회의에서 모두 '부르주아 사상의 보균자'라는 비난과 모욕을 당했다.

김일성이 미리 준비한 이들 다섯 명에 대한 비판 원고를 읽어 내려갔다.

"첫째, 동무들이 진행하고 있는 문화예술 사업에 사대주의가 팽배해 있다. 자기 것을 거절하고 남의 것을 받아들여 주입시키는 경향이 있다. 이는 조선인의 정신과 도덕적 품성에 맞지 않은 외래 경향이 농후하다. 이 방면에서 특히 문화예술 분야를 맡고 있는 박창옥과 정률, 전동혁 등이 중요 역할을 하고 있다. 둘째, 프롤레타리아 문학의 거장인 한설야를 중심으로 문학예술인들을 단결시키고 조선문학과 예술을 발전시키도록 지시했는데도 불구하고 당 중앙위원회에서 선전선동부장을 맡은 박창옥과 문화성 부상 정률은 한설야를 의도적으로 따돌렸다."

이 정치위원회가 열린 시점은 박헌영과 이승엽 등 남로당파에 대한 대숙청이 어느 정도 막을 내리고, 허가이가 사망한 지 2년여가 지난 시점이었다. 허가이가 죽은 후부터 당 고위지도부 주변에서 '소련 사람들에 대한 검열이 있어야 한다'는 말이 흘러나오는 등 이상한 기류가 감돌았다. 수상실에 불려가 비판을 받은 다섯 명 중 한 명인 정률 전 문화선전성 부상은 필자와의 인터뷰에서 다음과 같이 증언했다.

"모스크바에서 열린 조선해방 10주년 기념식에 참석하고 평양에 돌아와 보니 당 중앙위원회로부터 김일성 수상실로 나오라는 긴급명령이 기다리고 있었습니다. 나의 전임인 기석복 친구가 '당 고위층에서 우리에 대한 이상한 기류가 돌고 있다'고 귀띔했습니다. 순간 1930년대 스탈린의 숙청이 머리에 떠올랐습니다. 그리고 허가이의 죽음에 이은 소련파에 대한 숙청이 시작되고 있음을 감지했습니다."

정률의 증언을 계속 들어보자.

"김일성이 한설야를 감싸고도는 데는 내막이 있었습니다. 한설야는 김일성 우상화의 초석을 다진 사람입니다. 그는 1945년 말부터 함흥 도당기관지 ≪옳다≫후에 ≪정로(正路)≫로 이름 변경에 「인간 김일성」, 「장군 김일성」이란 제목의 논문을 기고했습니다. 이 논문이 실린 후 그는 평양으로 올라가 일약 조선공산당 북조선 분국 중앙위원회 문화부장에 임명되었습니다. 이어 1946년 2월 8일 북조선 임시인민위원회가 발족되면서 교육국장을 맡았고 문학예술동맹 위원장을 겸직했습니다. 한설야는 특히 6·25전쟁 직전 김일성을 주인공으로 하는 「역사」란 단편소설을 썼습니다. 그는 이 소설에서 김일성은 빨치산 장군으로 태어나 일곱 살 때 3·1운동에 참가했다고 썼습니다. 그리고 어려서부터 아이들과 함께 놀면서 자기가 태양을 붙잡겠다고 호언하면서 태양을 잡으려고 나무 위에 올라갔으나 못 잡아 언젠가는 태양을 꼭 잡겠다고 굳게 맹세했다고 묘사했습니다. 또 빨치산 운동 때 김일성 장군이 호랑이 가죽을 깔고 자다 주먹으로 땅을 치고 일어나면 위대한 전술이 튀어나오곤 했다는 등의 내용이었습니다. 우리 소련 고려인들은 소련군정 사령부에서 항상 김일성을 지지하고 따르라는 지령이 있었기 때문에 김일성을 반대할 수 없는 분위기였지요. 그러나 이심전심 서로 이 소설에 대해 '유치하다'고 비난했습니다."

이어 한설야는 소설 『개선』과 『만경대』에서 '김일성 장군'을 주인공으로 내세웠다. 『만경대』는 북한의 초급학교 교과서에 실리기도 했다. 한설야가 소련에서 들어온 문필가 전동혁과 기석복에게 마음 속 깊이 각을 세우기 시작한 것은 1946년부터였다. 전동혁이 소련군기관지 ≪조선신문≫ 기자로 있을 때였다.

한설야.

작가 이태준이 서울에서 입북하여 『농토』라는 장편소설을 썼다. 전동혁과 시인 조기천이 이를 높이 평가하고 ≪조선신문≫에 연재했다. 이어 문화선전성 부상 기석복이 일제 때 이미 탈고되었던 여류작가 고故 강경애의 작품 『인간 문제』를 신문에 호평하고 장편소설로 출판했다. 또 기석복의 주선으로 모스크바에서 『인간 문제』와 함께 이기영이 쓴 『땅』이라는 장편소설도 러시아어로 출판되었다. 문예총위원장인 한설야와 당 중앙위원회 부위원장인 김창만은 전동혁과 기석복이 이 같은 일들을 추진하면서 자신들과 상의하지 않은 것을 몹시 못마땅하게 생각했다. 특히 이태준과 이기영을 라이벌로 견제하던 한설야는 더욱 그러했다.

그러던 중 한설야와 김창만은 박헌영이 미국 간첩으로 숙청되고 이어 이태준도 박헌영파로 몰려 숙청되자, 이태준의 작품을 호평하던 기석복, 전동혁, 정률 등 고려인 문필가들에 대한 공격에 나섰다. 한설야와 김창만은 "소련에서 온 고려인 작가들은 조선노동당의 문학노선을 왜곡했다"며 "그들은 국내 프롤레타리아 문학의 가치를 인정하지 않고 조선예술동맹과 진보적인 국내 작가들의 공헌을 낮게 평가하고 있다"고 비난했다. 김창만은 "박창옥을 중심으로 기석복, 전동혁, 정률 등 문학예술계 고려인 간부들은 이광수나 이태준 같은 반동 부르주아 작가들을 높이 평가하고, 한설야 같은 진정한 프롤레타리아 작가들의 작품을 무시했다"고 비난하고, "이기영은 농민을 대상으로 한 작가이고, 한설야는 노동계급을 대상으로 한 작가"라고 강조했다. 이를 지켜보던 김일성이 김창만과 한설야의 손을 들어주자 이들 소련파 5인조에 대한 검열조사는 더욱 힘을 얻었다.

한설야와 함께 소련 고려인 문필가를 공격한 김창만은 누구인가. 김창만은 1920년대 한국에서 ML파에 속해 사회주의 운동을 하다 중국 옌안으로 가 독립동맹에 가맹하여 반일투쟁에 합류했다. 해방 이후 북한에 들어가 북조선노동당 선전부장으로 있으면서 소련의 고급당학교 유학을 지원해 소련 유학생 러시아어 강습소에서 강습을 받다 남로당에서 소련 유학을 지원한 이현상과 논쟁을 벌인 죄로 유학생 명단에서 제명되어 한동안 출당된 적이 있었다. 6·25전쟁이 끝난 후부터 다시 등용되어 황해도당 위원장에 이어 당중앙위원회 부위원장까지 올랐다.

김창만이 당 중앙위원회 부위원장으로 급부상한 시기는 소련 출신 고려인 간부들과 옌안파 간부들에 대한 탄압이 한창 진행될 때였다. 김창만은 중국 옌안의 독립동맹에서 같이 일하던 김두봉 최고인민회의 상임위원장, 박일우 내무상, 최창익 재정상 등을 숙청하는 과정에서 이들을 중상하며 앞장섰다. 이 같은 '공로'로 김창만은 옌안파 가운데 숙청되지 않은 몇 사람 중 한 사람이 되었다. 그러던 그도 결국 1966년 5월 '유일사상에 위배되는 선전활동을 했다'는 이유로 숙청되어 한 협동농장에서 사망한 것으로 알려졌다.

내각회의에서 김일성의 비판 연설 중간에 민족보위상 최용건이 이들 다섯 명에 대한 비판을 쏟아냈다. 최용건과 한설야도 매우 가까운 사이였다. 최용건은 "소련에서 나온 동무 다섯 명이 전쟁 직전 앞장서서 수상 동지를 찬양하는 한설야 선생의 걸작들을 무시했습니다. 이는 수상 동지를 반대하는 음모책동이었습니다"고 몰아붙였다. 김일성의 비판이 계속되었다. 그는 "우리는 항일투쟁을 하다 제대로 공부할 기회가 없어 대학도 못 다녔다. 평화로운 나라에서 편안히 공부하고 대학까지 나온 너희 소련파들이 우리를 인격적으로 무시하고 있다"며 노골적으로 속내를 드러냈다. 특히 김일성은 박창옥을 지목하면서 "박창옥 동무는 겸손하지 못하고 관료주의가 심한 간부이며, 인간에 대한 태도가 건방지고 인민들로부터 신망을 잃은 지도자"라고 강하게 비판했다.

여기서 정률의 증언을 더 들어보자.

"당시 평양에서 남로당파와 옌안파, 빨치산파, 국내파 사이에서 소련파에 대한 여론이 나쁜 것은 나름대로 이유가 있었다고 생각합니다. 실질적인 권한을 쥐고 있는 당의 제2인자와 내각의 부상을 소련파가 차지했고, 술과 여자를 좋아해 신망을 잃은 일부 소련파 인사들이 있었기 때문입니다. 특히 우리 소련파 간부들은 당과 내각 등에서 진행된 일체 사업을 수시로 소련 당국에 보고하도록 되어 있어 각 파의 간부들이 자신들의 운명은 소련파 간부의 손에 달려 있다고 생각하기도 했습니다. 이같이 각 파의 간부들이 소련파를 두려워하면서도 내심으로 은근히 견제하고 있음을 김일성이 소련파 숙청에 이용한 것이라고 분석됩니다. 그가 남로당 간부 숙청 때 소련파와 옌안파 간부들을 이용했고, 소련파를 숙청할 때는 국내파와 빨치산파, 옌안파를 업고 진행했습니다. 그 후 국내파와 빨치산파를 업고 옌안파를 숙청한 것이지요."

정률의 증언이 계속 이어진다.

"소련파 간부들은 소련이 고려인들을 등용시키지 않아 국가사업 경험이 부족한 데다 스탈린 시대의 순종에 길들여져 있어 조금도 저항하지 못하고 숙청을 당해야 했습니다. 그러나 옌안파 숙청 때 윤공흠 상업상, 서휘 직총위원장, 이필규 건재국장·장관급 등은 강력히 저항했습니다. 내각회의가 있은 2개월 후인 1955년 12월, 평양시 당 열성자회의가 평양시 당 회의실에서 열렸습니다. 김일성 비서를 지낸 평양시 당 위원장 고봉기엔안파가 상부의 지시를 받아 또 우리 다섯 명을 신랄하게 비판했습니다. 이날 밤 집에 오자마자 중앙당 조직부에서 전화로 '동무는 오늘부로 문화선전성 부상에서 철직撤職되고, 당에서는 엄중 경고를 내렸으니 앞으로 언행에 조심하라'고 통지했습니다.

그 후 하는 일 없이 3개월 동안 집에 머물고 있는데, 1956년 3월 박금철 중앙당 부위원장이 불러 '동무들의 비판은 과한 것도 있고 옳지 못한 것도 있으니 비관하지 말고 1년 정도만 참고 있어라. 건국에 참여해서 고생도 했는데 언젠가 회복될 것이다'라며 과학원 도서관장으로 보냈습니다. 그러나 각종 당과 내각 회의 때마다 우리 다섯 명에 대한 이야기가 나와 분위기는 여전히 살벌했고 불안했습니다. 견디다 못해 9개월 만인 1957년 1월, 과학원 도서관장에서마저 철직되어 집에 있던 기석복과 함께 소련으로 돌아왔습니다. 그 후 전동혁은 1961년에, 박영빈은 당 선전선동부장에서 해임되고 내각의 상업성 부상 등을 지내면서 버티다가 1963년에 귀국했습니다. 그러나 공장 지배인사장으로 보내진 박창옥은 그 후 소식이 끊겼습니다."

1955년 12월 2~3일 열린 노동당 중앙위원회 12월 전원회의에서 결정된 당 고위 간부들에 대한 인사가 크게 주목받았다. 전원회의는 김일성의 빨치산파 간부 최용건과 박금철을 당 서열 2위인 중앙위원회 부위원장으로 결정했다고 발표했다. 이는 소련파의 '총수' 허가이에 대한 숙청을 시작으로 시동이 걸린 숙청 드라이브가 남로당 숙청에 이어 엔안파박일우 내무상로 이어질 것임을 예고하는 동시에 소련파의 '5인조 숙청'이 본격화되는 과정에서 빨치산파가 당을 장악했음을 보여주는 대목이다. 12월 전원회의는 당 중앙위원회 정치위원 겸 내무상인 박일우를 반당적 종파행위 혐의로 당에서 제명하고 내각에 내무상을 해임할 것을 제의하는 결정서를 채택하기도 했다. 이는 앞으로 있을 옌안파 간부 숙청에 대한 '예고편'이 었다.

여기서 박일우에 대해 잠시 살펴보자. 그는 중국 옌안에서 온 옌안파 간부 중 한 사람으로, 1904년 평안남도에서 태어나 어려서 만주로 갔다. 박일우는 그곳에서 항일군사 활동과 훈련을 위해 중국 본토로 갔다. 그는 중국 본토에 있었던 조선혁명군 부사령관이 되었고, 옌안에 있는 조선독립동맹 지도자 중 한 사람이었다. 8·15 해방 직후 박일우는 옌안에서 다른 독립동맹 간부들과 함께 북한으로 오다가 동북에서 떨어져서 지린성장을 지냈다. 그러다가 1946년 초 평양에 와서 조선공산당 북조선조직위원회 간부부 부장, 초대 내각의 내무상을 지냈다. 6·25전쟁 때는 북한인민군 부총사령관과 중국 지원군 부총사령관을 겸임했다. 그는 옌안에 있을 때 중국공산당 대회에 출연하여 연설을 하기도 했다.

강상호 전 북한 내무성 정치국장 겸 제1부상의 증언을 들어보자.

"1950년 가을, 조선 정부 대표단인 박헌영을 수반으로 한 북한인민군 참모부 간부들이 6·25전쟁에서의 중국의 지원을 요청하기 위해 마오쩌둥과 회견했습니다. 나도 북한인민군 참모부 간부 일원으로 이 자리에 참석했습니다. 이 자리에서 마오쩌둥은 중국 지원군을 6·25전쟁에 파견할 것을 동의하면서 6·25전쟁 지휘체계에 대한 자신의 의견을 제시했습니다. 마오쩌둥은 '조선 인민군과 중국 지원군의 전투를 배합하기 위해서는 부최고사령관을 두고, 부최고부사령관이 중국 지원군의 부최고사령관을 겸임하는 것이 좋겠다'고 말하고, '그 부최고사령관의 적임자는 박일우가 좋을 것 같으니 조선에서 이를 고려해달라'고 제의했습니다. 이를 계기로 박헌영을 비롯한 간부들은 박일우를 재인식하게 되었습니다. 마오쩌둥의 제의대로 박일우는 부최고사령관에 임명되었지요."

강상호의 증언이 계속된다.

"6·25전쟁이 끝나자 박일우는 내무상에서 체신상으로 옮겼습니다. 이때 조선노동당 중앙위원회 농업부장이며, 전쟁 이전에는 38경비군 사령관이었고, 그 후 내무성 부상이었던 박훈일의 집에 박일우, 전쟁 때 인민군 후방국장인 상업상 장시우, 재정상 최창익 등 옌안파 거물 간부들이 모여 전쟁 이야기를 하고 있었습니다. 이 자리에서 박일우가 '지난 우리 전쟁에서 지휘부^{최고사령관 김일성을 지칭}의 오류가 적지 않았다'며 '당 중앙위원회를 열어 전쟁 총화에 대한 김일성의 보고를 들어야 한다'고 주장했습니다. 이를 박훈일과 장시우가 지지했습니다. 그러나 최창익은 침묵을 지켰다고 합니다. 이 사실이 김일성에게 보고되어 박일우, 박훈일, 장시우가 출당되고 검거되었지요. 최창익은 무사했습니다. 박일우는 범죄자 수용소로 보내졌습니다.

1956년 초, 김일성은 방학세 내무상^{박일우의 후임}에게 '중국의 압력이 심하니 박일우를 수용소에서 불러들여 대성산 기슭에 있는 전쟁 때 간부들이 사용했던 주택에서 가족과 함께 살게 하고 대우도 개선하라'고 지시했습니다. 그러던 중 1956년 8월에 '8월 종파사건'이 발생했을 때, 김일성의 명령에 의해 박일우는 다시 범죄자 수용소에 수용되었습니다. 그 후 박일우의 운명은 알 수 없습니다."

그렇다면 북한의 역사는 박일우의 숙청에 대해 어떻게 기록하고 있을까. 필자가 모스크바에서 발굴한 '절대 비밀'이라는 도장이 찍힌 희귀 자료

『조선노동당 중앙위원회 결정집』을 찾아보았다. 1955년 당 중앙위원회 12월 전원회의가 채택한 「박일우의 반당적 종파행위에 대하여」라는 제목의 결정서는 "박일우는 배후에서 '나는 소련 간부들을 처벌하는 것^{5인조 숙청사건}을 지칭을 반대한다', '반동들에 대한 정치적 공세를 취하는 것은 좌경이다'라고 당의 정책을 비방하고 있다"라고 비판하고 있다. 당 정치위원이며 내각의 내무상, 전쟁 때 최고부사령관까지 지낸 고위 간부의 정당한 의견 표시를 문제 삼은 것이다. 또 이 전원회의는 "박일우는 '소련에서 나온 사람들을 반대하기 위해서는 박헌영과 연합해야 한다'라고 말하는 등 소련에서 나온 동무들과 중국에서 나온 동무들을 서로 대립시키려고 책동했다"면서 "박헌영, 장시우 등과 자주 접촉하면서 서로 의존하고 위안하며 그들과 함께 당 정책과 당 령도^{김일성}를 비방했다"고 지적하고 있다.

이 전원회의는 특히 "그는 반당적인 종파 행동에서 박헌영, 이승엽 도당과 완전히 결탁하여 당을 반대하는 공동전선을 취해왔다"면서 "그러므로 박일우는 비록 간첩은 아니었으나 그의 사상적 근원과 그가 추구한 정치적 목적과 당에 끼친 해독적 영향에 있어서는 박헌영, 이승엽 도당과 하등 다른 것이 없다"고 비판하고 있다. 남로당과 연계시키면서 김일성을 비판한 죄를 강조하는 대목이다. 12월 전원회의는 "박일우를 반당적 분자라고 규정하고 그를 출당시키며 조선노동당 중앙위원회 위원에서 제명한다"고 결론지었다. 이 전원회의 결정서에 대해 전 북한 외무성 부상을 지낸 박길용 박사는 "12월 전원회의가 채택한 박일우에 대한 장문의 숙청 결정서를 면밀히 분석한 결과 '명백하고 중대한 숙청 명분^{fact}'이 결여되어 있다"고 지적했다.

이에 반해 12월 전원회의에서 채택된 황해도당 위원장 김열^{소련파}에 대한 「반당적 범죄행위에 대하여」라는 결정서는 설득력을 갖고 있다. 전원회의는 결정서에서 "당 중앙위원회 위원이며 황해도당 위원장인 김열은 당, 정권기관, 경제, 보건, 문화기관, 심지어는 교원, 중학교 학생 등 30여 명에 달하는 여성의 정조를 유린하는 사태를 빚었다"고 폭로하고 있다. 전원회의는 특히 "그는 국가재산과 인민들의 지성 어린 전선 원호금, 전리금, 전리품 등 거액을 빼돌려 자신의 향락에 탕진했으며, 도당부위원장 일곱 명, 군당위원장 37명, 리당위원장 51명과 도 인민위원회 위원장을 비롯한 도·시·군 인민위원회 위원장 및 부위원장 37명 등 간부들이 부화방탕하여 책벌을 받게 되었다"고 비판했다. 김열은 이 전원회의에서 당 중앙위원회 위원 제명과 함께 당에서 출당되고 인민재판에 회부되었다. 소련과 간부들에 대한 숙청이 시작되고 있는 비상한 시기에 김열의 범죄행위는 많은 고려인 엘리트의 명예에 '옥에 티'가 되었다.

정률의 증언으로 다시 되돌아간다.

"소년 시절부터 문학을 좋아해 청년작가였던 나는 1947년 1월 문학예술동맹 부위원장을 맡았습니다. 위원장은 한설야였고, 부위원장이 두 명으로, 다른 한 명은 월북 무용가 최승희의 남편 안막이었습니다. 이때부터 월북 예술인들과 매우 가깝게 지냈지요. 1946년 월북한 이태준 선생의 대표작 단편소설인 「복덕방」, 「돌다리」, 「봉선화」, 「호랑 할머니」 등을 모두 읽었습니다. 역시 같은 해 월북한 최승희의 무용 발표도 빠짐없이 찾아다녔지요. 이어 1948년 월북한 임화시인 겸 문학평론가, 김남천소설가 등과 어울려 순수하게 문학과 예술을 논하면서 밤새도록 술을 마시기도 했습니다. 이들은 술자리에서 '좌익운동이 선진운동이라고 생각했고, 좌익 활동만이 예술의 본질을 살릴 수 있다고 생각해 월북했다. 그러나 당국이 모든 문제를 사상의 테두리 안에 집어넣고 작품 활동을 하도록 해 창작의 자유를 억압하고 있다'며 불평을 털어놓았습니다. 그렇지만 이들은 그런대로 주어진 환경에 순응하며 작품 활동을 해왔습니다. 나중에 사상검토 과정에서 이런 일들이 모두 문제가 되었습니다. 남로당 종파주의 세균을 소련파에 이식시켰다는 것이지요.

작곡가이자 즉흥 피아노 연주로 유명한 김순남과의 관계는 나의 숙청에 결정적인 단서가 되었습니다. 1948년 공화국 창건 이후 박헌영이 부수상 겸 외무상이 되자 남로당 간부들이 이를 환영하는 연회를 마련했습니다. 김순남은 이 연회 석상에서 박헌영을 환영하는 즉흥 피아노 독주를 한 것 때문에 미운털이 박혔습니다. 문화선전성 부상으로 있던 1953년 봄, 작가동맹에서 일하던 김순남에게 당은 창작 활동 금지령을 내렸습니다. 예술인에겐 사실상 사형이었습니다. 그 후 어느 날, 김순남이 사무실로 찾아와 '선생님, 난 창작을 못하니 죽은 송장이나 마찬가지 신세입니다'라며 눈물로 호소했습니다. 나는 '좋은 노래 창작하면 당에서도 반대하지 않을 것이니 『춘향전』을 가극으로 만들어 발표하라'고 지시했습니다. 그러나 당의 간섭으로 가극 만들기는 중단되었습니다. 불똥이 나에게로 튀었습니다. 이것이 나의 숙청 구실이 되었습니다. 김순남의 북한 대표작은 「빨치산 노래」였습니다. 그는 혹독한 남로당 숙청을 거친 후 1964년 병사한 것으로 알려지고 있습니다."

필자가 만나본, 북한에서 당·정·군에서 고위직을 지내다 소련으로 귀환한 많은 고려인 엘리트는 《노동신문》 주필과 문화성 부상 등을 지낸 기석복에 대해 아낌없는 존경을 표시했다. 잠시 기석복에 대해 살펴보자. 그는 1937년 연해주에서 우즈베키스탄의 사마르칸트 주 줌이라는 지역으로 강제이주되어 살다가 평양에 파견되었다. 그는 고려사범학교에서 공부했고, 사마르칸트대학을 졸업했다. 사마르칸트에서 그는 청년 문필가와 문학평론가로 이름을 날렸다. 그리고 쥬 지역에서 고려인 어린이 기숙사장을 했다. 고려인 제1진 '글 박사' 그룹으로 평양에 파견된 그는 박길용과 함께 평양 고려호텔에서 묵으면서 소련군기관지 한글판 ≪조선신문≫의 제작과 소련군정 고위 장성들의 통역을 겸하기도 했다.

기석복의 날카로운 분석력과 업무 능력은 당 지도부, 특히 김책이 눈여겨보았다. 김책의 천거로 기석복은 중요한 직책을 맡았다. 일찍이 노동신문 주필과 노동당 중앙위원회 중앙위원이 되었다. 충성심에 따라 간부들을 평가하는 김일성이 이를 눈치채고 있었다. 1950년 12월 말, 김책의 갑작스런 죽음 이후 기석복은 김일성의 따가운 눈총을 받으며 전전긍긍해야 했다. 전시에 기석복은 문화선전성 부상을 지냈고, 1950년 중반 매우 짧은 기간에 외무성 부상을 역임하기도 했다. 그리고 그해 말 인민군 중장 계급을 달고 군사학교 부교장에 임명되었다. 그의 친구 박길용 전 북한외무성 부상의 증언을 들어보자.

"매우 예절 바르고 정직한 친구였습니다. 한국어 구사 능력과 문장력이 뛰어나 소련군정에서는 늘 그를 필요로 했습니다. 치스차코프 대장과 레베데프 소장, 로마넨코 소장 등이 1945년 말 조만식과 대담할 때 나와 함께 통역을 맡았습니다. 조만식 선생과는 호텔에서 밤낮으로 만난 데다 대담 때 통역까지 맡았으니 인간적으로 친숙해졌습니다. 그는 평양에서 일한 고려인 간부들로부터 실력을 인정받고 존경도 받았습니다.

기석복 등 다섯 명이 '부르주아 사상의 보균자'로 비판받은 것은 남로당 출신 예술인 이태준소설가, 1946년 월북, 김순남작곡가, 1948년 월북, 김남천소설가, 1948년 월북 등의 창작 활동 지지 및 객관적 평가가 원인이었습니다. 기석복 등은 민족적 허무주의, 한국 문화유산의 소비에트화, 그리고 예술적 창조에서 한국 전통을 부정한 죄목으로 비판받았습니다. 한국의 문학, 예술, 일반적인 문화의 생성에 그들은 사회주의, 즉 소련의 리얼리즘의 역할을 증대시키면서 민족적 특성을 무시하는 요소들을 허용했을지도 모릅니다. 하지만 그들을 '부르주아 사상의 보급'이라고 근거 없이 비난하는 것은 무리였습니다. 당시 월북예술인들 없이 북한 예술은 없었습니다. 특히 이태준, 김순남, 최승희무용가, 1946년 월북 등 세 명은 소설·작곡·무용 각 분야에서 한민족이 자랑할 수 있는 예술인들이었습니다."

하바롭스크에 있던 소련군 제88정찰여단에서 김일성과 함께 입북하여 비서 겸 통역으로 김일성의 '그림자' 역할을 했던 소련파 문일은 왜 6·25전쟁 중 갑자기 소련으로 돌아갔을까. 6·25전쟁이 발발하면서 김일성 수상이 최고사령관 겸 군사위원회 위원장이 되자 그의 비서인 문일은 군사위원회 부위원장에 올랐다. 그 자리는 중장이 앉는 자리다. 그는 전쟁의 포탄이 멈추지 않던 1951년 말 갑자기 소련으로 돌아갔다. 그의 갑작스러운 귀국은 당시 전쟁에 참전했던 수백 명의 고려인 간부를 비롯하여 평양의 모든 간부가 의아해한 일이었다. 그 의문은 수백 명의 고려인 간부가 귀환한 뒤에도 쉽게 풀리지 않았다. 카자흐스탄 알마티로 돌아온 문일이 일절 입을 열지 않고 죽었기 때문이다. 문일과 함께 알마티에서 살았던 정률 전 북한문화성 부상이 이에 대한 답을 알고 있었다.

정률의 증언에서 문일의 갑작스러운 귀국의 원인을 찾아보자.

"문일의 갑작스러운 귀국은 당시 평양에서 하나의 '사건'이었습니다. 문일은 처음부터 김일성의 비서 겸 통역이었습니다. 따라서 소련군정과 김일성, 북한정권 창출 과정 등 모든 비밀을 알고 있었습니

전쟁 후인 1954년, 김일성이 서평양에 마오쩌둥 광장을 건설하고 있는 인민군 장병들을 격려하고 있다. 오른쪽 뒤는 문일이 소련으로 떠난 후 김일성의 비서를 맡은 김종환.

다. 알마티로 돌아온 지 5년 후인 1962년경입니다. 마음먹고 문일을 만나 조기 귀국한 이유가 무엇이었는지 물었습니다. 특수정보 교육을 받은 사람이라 입이 무거웠습니다. 설득 끝에 입을 열었습니다. 1951년 중반쯤 김일성이 자신의 주치의인 소련 의사를 불렀는데 늦게 도착했답니다. 이유를 물어보니 자동차가 낡아서 오다가 고장이 났다고 말하더랍니다. 김일성 수상이 문일을 불러 '당장 주치의에게 새 자동차를 지급하라'고 지시했답니다. 문일은 새 자동차를 자기가 갖고 자신이 타고 다니던 자동차를 주치의에게 주었답니다. 얼마 후 김일성이 다시 그 주치의를 불렀는데 또 늦게 와서 '왜 늦었느냐'고 묻자, '자동차가 낡아 시동이 걸리지 않아 늦었다'고 답하더랍니다. 김일성 수상이 화가 난 표정으로 옆에 있던 문일을 바라보면서 '새 자동차를 지급하라고 했는데 어떻게 된 것이냐'고 따지더랍니다. 문일은 그 자리에서 할 수 없이 이실직고했답니다. 이때부터 그는 수상에게 신임을 잃어 더 이상 버틸 수 없다고 판단하여 귀국한 것이라고 말했습니다."

이에 앞서 김일성과 문일 사이에서 있었던 에피소드 한 가지, 정률의 증언을 더 들어보자.

"6·25전쟁 초기에 김일성이 문일에게 강아지 한 마리를 선물했답니다. 몇 달 후 우연히 김일성이 문일 집을 들러 '강아지가 보이지 않는다'고 묻더랍니다. 문일은 '수상님, 동무들과 함께 잡아먹었습니다'라고 이실직고하자 더 이상 묻지 않고 일어나 집으로 가버렸다는 것입니다."

북한 역사의 기록

필자가 모스크바에서 발굴한 '절대 비밀'이라는 도장이 찍힌 희귀 자료 『조선노동당 중앙위원회 결정집』에는 소련파 5인조 숙청에 대한 당중앙위원회 상무위원회의 결정서가 상세하게 실려 있다. 이 결정서가 곧 당시 북한의 소련파 5인조 숙청에 대한 기록이고 역사다. 이를 인용하면서 그 의미를 분석해보자.

노동당 정치위원 전원이 참석한 가운데 김일성 수상실에서 열린 내각 회의 3개월 후인 1956년 1월 18일, 노동당 중앙위원회 회의실의 노동당 중앙위원회 상무위원회에서 「문학예술 분야에서 반동적 부르주아 사상과의 투쟁을 더욱 강화할 데 대하여」라는 제목으로 된 장문의 결정서가 채택된다. 이른바 소련파 '5인조 숙청'에 대한 결정서이다. 이 상무위원회는 결정서 서두에서 "당의 조직 노선이나 문학예술 분야에서 막대한 해독을 끼친 또 하나의 장본인은 허가이였다"라고 비판하고 있다. 이어 상무위원회는 "허가이는 이 분야에서도 자기의 지반을 꾸미려고 획책하면서 박창옥당시 중앙당 문학예술 분야 담당인 선전선동부장과 박영빈당시 당 조직지도부장을 방조자로 내세웠다"고 주장한다. 이미 숙청되어 '부자연스러운 죽음'으로 막을 내린 소련파의 총수 허가이를 반동적 문학예술 분야로까지 몰아붙이는 대목이다. 그리고 특히 허가이를 숙청할 때 허가이 공격에 앞장섰던 박정애, 박금철, 박창옥, 박영빈 등 이른바 '4박' 가운데 이번에는 박창옥과 박영빈 '2박'이 숙청 대상에 오른 것이다.

상무위원회는 "허가이 등은 사상 전선의 거의 모든 기관에 자기들의 심복들을 배치했으며, 문예총을 자기들의 영향하에 넣기 위하여 당의 문예정책을 견결히 집행하는 진보적 작가들을 모해謀害하고 탄압하기 시작했다"라고 비판하고 있다. 이어 "박창옥과 박영빈이 허가이와 발을 맞춰 박헌영의 남로당이 파견한 임화, 이태준, 김남천 등 반동 작가들을 지지 옹호하며 그자들과 사상적으로 결탁하여 진보적 작가들을 반대했다"라고 비판하고 있다. 상무위원회는 '필요할 때 요긴하게 써먹고 쓸모가 없어지면 가혹하게 버린다'는 이른바 '북한판 토사구팽'이 아니냐는 당 안팎, 특히 소련파 간부 수백 명의 여론을 의식해서인지 다음과 같은 논리를 내세우고 있다.

"박창옥은 초기에 허가이에게 이용당했으나 마지막에는 당 조직 노선을 옹호하여 투쟁했고, 박헌영, 이승엽 간첩도당과의 투쟁도 옳게 전개했다. 그러나 박창옥과 박영빈은 당의 중요한 직위에 등용되자 허가이가 만들어놓은 종파적 관료주의적 '틀'을 부수기 위해 투쟁할 대신에 그 '틀' 위에서 그냥 행세하면서 박헌영 도당이나 허가이가 끼친 반당적 사상 영향들과 투쟁을 전개하지 않았다. 그렇기 때문에 박창옥은 허가이와 일시적 대립은 있었으나 사상전선과 문학예술 분야에서 계속적으로 옳지 못한 비非당적 입장을 취하면서 박영빈, 기석복, 전동혁, 정률 등 사상적으로 건실치 못한 자들을 자기 주위에 끌어넣어 부르주아 반동사상과 결탁하여 당에 막대한 해독을 끼쳤다"라고 비판하고 있다.

노동당 중앙위원회 상무위원회 결정서는 "문예총 산하 각 동맹기관 내에서 당성이 강한 작가와 예술가 들은 점차 박해 및 배제당했으며, 임화, 이태준, 김남천 등 반동 작가와 예술가 들이 창작·출판 분야에서 적지 않은 세력을 장악하고 이를 발판으로 하여 박헌영·이승엽 도당을 방조하는 반인민적 해독 행위를 감행할 수 있게 되었다"고 주장하고 있다. 이는 소련파 '5인조 사건'을 남로당 숙청과 연계하고 있음을 보여주는 대목이다. 상무위원회 결정서는 이를 구체적으로 적시하고 있다.

"박창옥을 비롯한 박영빈, 기석복, 전동혁, 정률 등은 임화, 이태준, 김남천 등 반동 작가, 예술가들의 작품에서 노골적으로 나타난 반인민적인 사상적 내용을 지지해왔다. 이태준의 일제 시 작품 「제2운명」, 「딸 3형제」, 「가마귀」 등으로부터 시작하여 그의 해방 후 작품 『농토』, 『미국 대사관』, 「호랑이 할머니」 등에 이르기까지, 또한 임화의 해방 후 작품 「너 어느 곳에 있느냐」, 「흰 눈을 붉게 물들인 나의 피우에서」와 김남천의 해방 후 작품 「꿀」 등을 비롯한 이들의 모든 작품들은 해방 전후를 통하여 그 어느 것이나 다 우리 인민의 혁명의식을 마비시키며 적들 앞에서의 투항과 굴종을 설교하며 사람들의 감정을 애수와 비관, 절망과 타락의 길로 매혹하는 등 반동적 부르주아 사상 영향을 인민들 속에 부식 전파할 목적을 추구하는 내용으로 일관되어 있다. 그럼에도 불구하고 박창옥, 기석복, 전동혁, 정률은 우리 문학의 전통을 임화, 이태준 등 반동적 작가들에게서 찾아야 한다는 반마르크스주의적 · 반혁명적 입장에서 우리 문학예술의 혁명적 · 사실주의적 전통과 해방 후 우리 문학예술이 달성한 거대한 성과들을 부정하고 해방 전에는 마치 우리나라에서 사회주의적 사실주의 문학이 발생될 수 없었던 것처럼 역설했다."

이어 상무위원회는 "박창옥과 기석복, 정률 등이 임화, 이태준, 김남천 등 작품을 비판, 폭로하려는 평론 진영을 억압하면서 자기들의 평론과 논문을 통해 그들의 작품을 옹호했다"라고 주장하고 있다. 상무위원회 결성서를 계속 더 살펴보자.

"기석복은 이태준의 반동적 작품들을 계속 ≪노동신문≫에 게재하는 한편 자신의 평론에서 공화국 북반부에서의 민주건설 성과를 부정하며 소련 군대의 해방적 역할을 무시했다. 기석복은 우리 근로자들을 중상 모욕한 이태준의 「호랑이 할머니」와 패배주의와 투항 사상을 전파할 목적 밑에 쓰인 김남천의 「꿀」 등을 지지하고 찬양했다. 그리고 정률은 해방 후 10년간의 문화예술 사업을 총화하는 최근 논문에서 진보적 작가들이 쓴 조소 친선을 주제로 한 작품들에 대해서는 언급치도 않고 임화, 이태준, 김남천 등 반동 작가들과 결탁하여 일련의 엄중한 오류를 범한 자들을 긍정적으로 평가했다. 또 정률은 우리나라의 우수한 문학예술 작품들을 국내 선전 및 외국과의 문화 교류를 위한 사업에서 고의적으로 제외했다. 그리고 이들은 박헌영, 이승엽 도당의 간첩행위에 가담한 반동 작가들을 모두 중요한 출판기관에 배치했다.

박창옥과 박영빈의 영향하에서 기석복과 전동혁, 정률 등은 자신들이 범한 오류를 조금도 시정하지 않는 가운데 기석복은 '이태준이가 반동으로 몰렸으니 그렇지 사실 그의 작품은 진보적이다'라고 그를 비호했다. 이들 중 박영빈은 가장 악질적인 주모자였다. 그는 당 조직지도부장에 있으면서 죄 없는 일꾼들을 잡기 위한 경찰식 검열을 실시했다. 예를 들면 권태동에게 지시하여 작가동맹을 검열하고 위원장 한설야를 반소反蘇로 몰려다가 목적을 달성하지 못하자 내무 기관에 강요하여 구금 중이던 반역자 김남천으로부터 입수한 한설야 동무에 대한 근거 없는 중상적인 자료를 당 정치위원회에 제기했다가 부결당한 사실까지 있다.

상무위원회는 이날 이들 다섯 명에 대한 날선 비판에 이어 박창옥을 당 중앙위원회 정치위원에서 제명했다. 이어 1956년 이른바 '8월 종파사건' 직후 박창옥을 내각 부수상과 겸임하고 있던 기계공업상에서 해임시키고 사리원 시멘트공장 지배인으로 보냈다. 이어 그는 그해 8월 노동당 중앙위원회 전원회의에서 최창익내각의 재정상, 국가검열상, 윤공흠상업상 등의 옌안파에 동조해 반당·반정부 활동을 한 혐의로 중앙위원회에서 제명 처분을 당했다. 또 상무위원회는 박영빈을 당 중앙위원회 정치위원 및 중앙위원회 위원에서, 기석복을 당 중앙위원회 위원에서 각각 제명할 것을 결정했다.

그리고 기석복과 전동혁, 정률 등은 자기비판을 철저히 하지 않고 자신들의 오류를 음폐陰蔽 및 합리화하려고 했음을 중시하고, 당중앙위원회 검열위원회는 이들의 반당적·사상적 오류를 계속 추궁할 것이라고 결정했다. 이들 다섯 명 중 네 명은 천신만고 끝에 소련으로 귀환했으나 박창옥은 끝내 돌아가지 못하고 북한에서 행방불명되었다.

북한의 당·정·군에서 고위직을 지내다 소련으로 귀환해 생존한 인사들은 "소련파 숙청의 신호탄이었던 '5인조 숙청사건' 자체는 소련파를 숙청하기 위한 '고도의 정치극'이었지만 박창옥에 대해서는 냉소적이다"라고 말했다. 이 사건의 당사자인 정률 전 북한 문화선전성 부상은 필자와의 인터뷰에서 "출세주의자 박창옥이 허가이를 모략하며 간교하게 놀다 자신도 숙청이라는 그물에 걸리자 옌안파에 붙어 살아날 구멍을 찾다 비참한 말로를 맞이한 것"이라고 평가했다.

평양에 불어닥친 스탈린 개인숭배 비판

1953년 3월 1일, 모스크바 근교 별장에서 뇌혈관이 터져 쓰러진 채 발견된 동서 냉전 시대의 거물이자 독재자 스탈린은 결국 4일 후인 3월 5일 세상을 떠난다. 1878년 그루지아지금의 조지아에서 태어난 스탈린은 러시아 혁명가로 활동하다가 1922년 볼셰비키당 서기장에 선출되었다. 1924년 블라디미르 레닌Vladimir Lenin이 사망하자 권력을 획득하여 29년 동안 소련 최고 통치자로 활동했다. 1928년부터 5개년 계획을 잇달아 실시해 소련 경제를 크게 발전시켰다. 그러나 스탈린은 1934년 레닌그라드 공산당 지도자 세르게이 미로노비치 키로프Sergei Mironovich Kirov의 암살을 계기로 대규모 숙청을 실시해 수많은 인민을 죽이거나 수용소로 보냈다.

스탈린 사망 이후 소련 공산당 내에서는 3년여 동안 권력투쟁이 지속되었다. 우여곡절 끝에 소련 공산당 제1서기 및 소련 수상에 오른 니키타 흐루쇼프Nikita Khrushchyov는 서방세계와의 공존을 내걸고 스탈린의 개인숭배를 반대했다. 스탈린 격하 운동이 거세게 일면서 소련 곳곳에 설치되었던 스탈린의 초상화와 동상이 철거되고, 스탈린의 숙청에 희생된 인민들이 복권되었다. 정권을 잡은 흐루쇼프는 1956년 2월 소련공산당 제20차 대회에서 스탈린 비판 연설을 한다. 흐루쇼프의 스탈린 비판 연설은 동유럽 사회주의 국가에 영향을 미쳐, 같은 사회주의 국가 헝가리에서 민중

봉기가 일어나자 소련군이 개입해 이를 진압하기도 했다. 대대적인 스탈린 격하 운동이 시작된 것이다.

이 대회에는 조선공산당 대표로 조선노동당 중앙위원회 부위원장 최용건빨치산파과 평안북도 도당위원장 겸 당 중앙위원 허빈소련파이 참가했다. 이들이 모스크바에서 돌아온 후 조선노동당 전원회의가 열렸다. 이 전원회의에서 소련공산당 제20차 대회에서 제기된 일반 문제에 대해 최용건이 보고했다. 스탈린의 개인숭배에 대한 흐루쇼프의 보고 전문을 허빈이 낭독했다. 당시 내무성 정치국장 겸 제1부상으로 이 전원회의에 참석했던 강상호의 증언을 들어보자.

"이 전원회의에서 최용건과 허빈에 이어 세 번째로 김일성 수상이 일어나 발언했습니다. 그는 '우리 당에는 개인숭배가 없었다'고 확언하고, '다만 박헌영에게는 일부 당원의 개인숭배가 있었다'고 부언했습니다. 그리고 끝으로 '박창옥은 출판물에서 일부 지도자들에 대한 찬사를 늘어놓았다'고 지적했습니다. 민감한 사안으로 급부상하고 있는 개인숭배 문제를 엉뚱한 박헌영에게 돌리고 박창옥의 박헌영에 대한 개인숭배를 예로 들었던 것입니다."

소련공산당 제20차 대회 이후 개인숭배와의 투쟁은 세계 공산주의 운동에서 큰 흐름이 되었다. 이 전원회의 이후 동유럽 사회주의 국가들에서와 마찬가지로 북한에서도 개인숭배를 반대하고 그 해독성을 지적하는 운동이 급격히 확산되었다. 이때부터 소련파 인사들이 탈스탈린화를 촉발시키는 씨앗으로 주목받기 시작했다.

강상호의 증언을 더 들어보자.

"이때 김일성 측근들은 개인숭배를 반대하며 투쟁하는 자들을 숙청할 원대한 계획을 세우기 시작했습니다. 당분간은 개인숭배 반대파와의 정면 투쟁을 피하고, 반대파들을 조사해 명단을 작성하고 이들에 대한 비밀 조사에 착수했습니다. 출판물에 나온 당원들의 논문, 강의, 회의석상에서의 토론, 그들과의 담화대화 등에서 개인숭배 반대자들을 찾아내어 등록했습니다. 특히 소련 유학생 가운데 일부에게 개인숭배와 관련된 제목을 주어 강의를 하도록 하고 그의 사상을 파악해 등록했습니다. 이 비밀조사에 나의 부하인 내무기관원들이 대거 동원되었습니다. 이러한 정책에는 세계 공산주의 국가들에서 개인숭배 반대 물결이 극에 달하고 있으니 정면 투쟁을 피하면서, 개인숭배 반대 투쟁이 잠잠해질 때 등록된 자들을 대상으로 대대적인 숙청을 하자는 의도가 깔려 있었습니다."

스탈린 사망 이후 소련에서는 대대적인 스탈린 격하 움직임이 시작되었다. 스탈린이 수령이 아닌 인물로 격하되면 그간의 계급투쟁과 프롤레타리아 독재 그리고 수령 독재의 기반이 붕괴될 수 있기 때문에 공산국가 전체에 미칠 정치적 파장은 심대한 것이었다. 여기에 가장 절실한 이해관계를 가진 공산권 지도자는 중국의 마오쩌둥과 북한의 김일성이었다. 소련에서 개인숭배에 대한 비판 움직임이 진행되는 가운데 김일성은 1955년 12월 28일 노동당 선전선동부 간부들 앞에서 '사상 사업에서 교조주의와 형식주의를 퇴치하고 주체를 세울 데 대하여'라는 제목으로 연설을 한다.

김일성이 연설을 한 기본 동기는 소련의 권력 이동이 끼치는 영향에 대한 대응책으로, 소련의 교조주의를 제거하고 조선의 주체성을 확립하자는 것이었다. 이는 곧 김일성의 권력 강화를 의미한 것이다. 공산주의 종주국인 소련에서의 '수령' 스탈린의 사망 이후 자칫 밀려올지 모르는 자신

[표 7.1] 소련파 중앙위원회 위원 명단

이름	당 서열	직급
김승화	35	중앙당학교 교장, 건설위원회 위원장
남일	23	인민군 총참모장 · 대장, 내각 부수상
박의완	9	내각 부수상
박일영	16	도당위원장, 내무성 부상
박창옥	7	내각 부수상 겸 국가계획위원회 위원장
방학세	26	내무상
최종학	39	인민군 총정치국장 · 상장
한일무	40	강원도당위원장, 해군사령관, 항공사령관, 몽골 대사
허빈	61	평북도당위원장

의 권력기반 약화를 방어하는 '방축'또는 방죽으로 '주체'를 내걸었던 것이다. 주체사상을 새로 대두시키면서 공격 대상으로 삼은 것은 소련에서 온 고려인 간부들과 중국에서 온 옌안파 간부들이었다.

필자가 모스크바에서 입수한 1956년 4월 30일 자 ≪노동신문≫ 1면에 실린 조선노동당 제3차 대회에서 선출된 당 중앙위원회 위원 및 후보위원 명단에 따르면, '소련파 5인조 숙청'에 이어 소련파에 대한 본격적인 숙청이 시작되기 몇 개월 전에 열린 1956년 4월 29일 제3차 당 대회에서 당 중앙위원회의 구성원71명이 '김일성파'로 대거 바뀌었지만 소련파는 그런대로 명맥을 유지한다. 조선민주당 위원장이었던 최용건 당 중앙위원을 허가이 자리인 서열 3위당 중앙위원회 부위원장에 두고, 서열 12위였던 김일을 5위로 끌어올리고, 최현38위 등 동북 항일연합군 출신의 군인들이 당 중앙위원회 위원으로 대거 선출되었다. 당 서열 5위 가운데 김일성파가 김일성1위, 최용건3위, 박정애4위, 김일5위 등 네 명이었다. 소련파는 전체 당 중앙위원회 위원 71명 가운데 아홉 명을 차지했다. 명단은 〈표 7-1〉과 같다.

이와 함께 당 중앙위원회 후보위원 45명 중 소련파는 여섯 명이었다. 그 명단은 〈표 7-2〉와 같다.

[표 7.2] 소련파 중앙위원회 후보위원 명단

이름	후보위원 서열	직급
고희만	19	당중앙위원회 산업부장, 임업상
김봉률	24	포병사령관
김철우	35	자강도당위원장
리문일	17	노동신문 주필
서춘식	6	평안북도당위원장
최철환	8	내각 사무국장

이들 여섯 명 역시 사상검토 이후 소식이 끊겼거나 소련으로 귀환했다. 제3차 당 대회에서 최고지도부의 인사 등을 끝낸 김일성은 곧 2개월간의 소련과 동유럽 방문에 나섰다. 6·25전쟁의 정전 이후 1954년부터 전후 복구건설 3개년 계획이 끝나고, 1957년부터 제1차 5개년 계획이 시작되는 데 맞춰 사회주의 국가의 원조를 얻어내기 위한 것이었다. 김일성이 평양을 비우는 동안 소련파의 이론가 박창옥과 옌안파의 이론가 최창익은 당 중앙 이론기관지 ≪근로자≫ 7월 호 등 각종 출판물에 '개인숭배 사상은 역사 발전에 있어서 인민대중의 역할을 과소평가하는 반마르크스주의적 견해의 구체적 표현'이라는 등 개인숭배의 오류에 대한 논술을 실었다.

또 조선노동당 8월 전원회의 직전인 8월 25일 자로 발행된 ≪근로자≫ 8월 호에 스탈린이 오랫동안 쥐고 있던 레닌의 유언이라고도 할 수 있는 미발표 문헌 '대회에 보내는 서간編紙'을 소련의 ≪코뮤니스트≫ 제9호로부터 전재全載했다. 이 문헌의 전문에는 "레닌이 걱정하던 그 스탈린의 부정적 특성이 다시금 조성되어 당과 국가에 곤란한 화禍를 가져다주었다. 스탈린은 집단적 지도의 레닌적 원칙을 난폭하게 위반하기 시작하여 전횡과 권력 남용에 의해서 사회주의적 법률제도를 위반하고, 농업의 지도, 군사 및 국내적 정책의 영역에서도 중대한 잘못을 저질렀다. 당은 스탈린에 대한 개인숭배 및 그의 화를 청산하는 데 대한 문제를 단호히 제기했다"라고 썼다.

또 1956년 ≪근로자≫ 8월 호에는 「소련 공산당사의 창조적 연구를 위하여」라는 제목의 ≪코뮤니스트≫ 제10호의 논문을 전재했다. 주요 골자는 다음과 같다.

"개인숭배가 어떻게 해서 달성되었는가를 구체적으로 해명하고, 금후의 교훈으로 삼아야 할 것이다. 스탈린은 자신을 이론가이고 특출한 조직가라고 자찬하고 있다. 그러나 자기 수중에 무제한한 권력이 집중되자 레닌이 그전에 말한 경고에도 불구하고, 그는 자기의 공적을 과대평가하기 시작하여 당내의 집단적 지도 원칙을 위반하여 지도 간부에 대해서 전횡적인 행동을 취하여 당 및 소비에트민주주의의 규범을 난폭하게 유린했다. 그는 자신을 완전무결한 지도자로 과신하고 그의 결정은 유일하고 정확한 것으로 생각하고, 그의 발언은 마르크스주의 사상의 최고봉인 것처럼 선포하도록 모든 방면에서 조작했다."

이들 논문이 실린 잡지와 인쇄물은 김일성 수상의 소련과 동유럽 방문 귀국일인 7월 19일 직후 발행되었다. 이는 모두 공공연한 김일성 수상에 대한 도전이었던 것이다.

제8장

소련파 숙청의 분수령 '8월 종파사건'

'8월 종파사건'의 재조명

1956년 2월 소련공산당 제20차 대회에서 스탈린 개인숭배가 공개적으로 비판당하자 이러한 변화의 물결은 곧바로 조선노동당으로 흘러들어 왔다. 소련공산당 제20차 대회 이후 열린 전원회의에서 '우리 당에는 개인숭배가 없다'고 한 김일성의 발언에 동의하지 않는 당원이 적지 않았다. 엔안파 간부인 상업상 윤공흠, 건재국장내각 직속 장관급 이필규를 포함한 10여 명은 직총 위원장 서휘의 집에 모였다. 이들은 이 모임에서 "우리 당에도 스탈린과 같은 개인숭배가 존재한다"고 의견을 모았다. 그리고 "8월 전원회의에서 김일성의 개인독재와 개인숭배를 비판하자"고 결의했다. 이들은 "개인숭배를 반대하는 것은 이제 세계적 추세인데, 우리 당은 그것을 이단시하고 있다"고 주장했다. 김일성에게 정면으로 화살을 쏜 것이다.

특히 윤공흠은 "최용건은 왜 당 부위원장이 되었는지, 그리고 박영빈은 당 중앙위원회 위원도 아닌데 중앙당 조직지도부장과 정치위원이 되었는지 등을 따지겠다"는 결의를 보였다. 그리고 이들은 박헌영, 허가이, 박일우연안파, 내무상, 1955년 숙청, 장순명국내파, 당중앙위원회 직속 검열위원회 위원장, 1953년 숙청, 장시우국내파, 상업상, 1953년 숙청 등 많은 간부를 탄압 및 숙청한 것을 예로 들었다. 윤공흠, 서휘, 이필규 등 세 명은 이 같은 결정을 국내파 오기섭 중재원 원장, 남로당파 강문석 당중앙위원회 위원, 빨치산 운동을 한 상하이파 공산주의자 김익수 공증소북한의 공증기관 소장 등에게 알리고 동참을 권유했다. 사실상 북한정권 수립 이후 '최초의 쿠데타 음모'였다.

강상호 당시 내무성 제1부상 겸 정치국장은 필자와의 인터뷰에서 다음과 같이 증언했다.

"나는 당시 이 사건의 내막을 뭇구보다도 잘 알 수 있는 위치에 있었습니다. 사건의 전말을 실시간으로 보고받았기 때문입니다. 서휘로부터 동참을 권유받은 공증소 소장 김익수국내파, 공산당. 서울에서 8·15 해방 소식을 듣고 연해주 하바롭스크에 있는 소련군 극동총사령부 사령관을 만나기 위해 소련으로 들어가다 두만강 국경지대에서 소련군 경비대에 총을 맞아 왼쪽 눈을 잃음가 이를 당 중앙위원회 부부장 허학송후에 황해남도당위원장에게 보고했습니다. 허학송이 이를 다시 당 중앙위원회 부위원장 최용건에게 긴급 보고했습니다. 서휘 등이 쿠데타 음모에 자신을 얻은 것은 물밑에서 평양 주재 소련대사관의 참사를 만나 지지를 얻었고, 특히 평양 주재 신화통신新華通訊 기자이름 기억 못함를 통해 중국공산당의 지지를 얻었기 때문이었습니다.

최용건이 즉시 나를 불렀습니다. 그는 '지금 ML파가 반당 쿠데타 음모를 꾸미고 있다. 이들이 앞으로 소집될 8월 전원회의에서 개인숭배 문제를 들고 일어나 당 중앙위원회와 정부를 뒤엎을 예정이다'라고 말했습니다. 그리고 그는 '오늘 공증소 소장 김익수가 찾아와

보고하기를 건재국장 이필규가 반당 음모를 함께하자고 제의하더라'
는 것입니다. 김익수가 이를 거절하자 이필규는 김익수를 테러해 없
애치우겠다고 위협했다는 것입니다. 그러면서 최용건은 나에게 다
음과 같은 두 가지 과업을 지시했습니다. 첫째, 김익수의 신변을 책
임지고 보호하고, 둘째, 외국에 출장 중인 내무상 방학세와 인민군
안전국장 석산을 긴급 소환하라는 것이었습니다. 나는 이 두 가지
지시를 모두 이행했습니다."

김일성이 외국 출장에서 돌아온 후, 최용건으로부터 '이상 정세'에 대한
보고를 듣고 8월 전원회의 소집을 무기한 연기했다. 그리고 이들 옌안파
간부들의 두목으로 인정되는 최창익내각 부수상을 검거했다. 이와 함께 전체
당 중앙위원회 위원 및 당 지도간부들과 개별 담화를 한 후, 김일성 노선
을 지지하는 자가 절대 다수라는 것을 확인하고 전원회의를 8월 말에 소
집하기로 했다. 한편 황해북도 사리원의 시멘트 공장 지배인으로 강직되
어 있던 소련파의 박창옥은 비밀리에 평양을 왕래하면서 옌안파의 서휘,
윤공흠 등과 만나 쿠데타 음모를 하는 한편, 소련공산당의 개인숭배 비판
노선을 배경으로 김일성을 비판하기 시작하면서 옌안파의 2인자 최창익
과 연합전선을 폈다. 이들의 이러한 움직임은 당 중앙위원회 검열위원회
의 감시망에 포착되었다.

　1956년 8월 30일, 평양예술극장에서 노동당 중앙위원회 위원 150명이
참석한 가운데 열린 8월 전원회의에서 김일성이 외국 방문에 관한 보고를
끝내자 상업상 윤공흠이 첫 토론에 나섰다. 윤공흠은 평안북도 출신이다.
1940년대부터 중국에서 독립운동을 하다가 1943년에 옌안독립동맹 중앙
위원이 되었고, 1945년 10월에 김두봉과 함께 평양에 들어왔다. 1948년 3
월 조선노동당 중앙위원이 되었으며, 1956년 4월 제3차 당 대회에서 재선

되었다. 1952년 12월에 재정상, 1954년 3월에 상업상이 되었다.

강상호의 증언을 계속 들어보자.

"윤공흠은 전원회의 토론에서 '소련공산당 제20차 대회에서는 개인숭배 사상의 근절에 대한 중대한 문제가 제기되었다. 소련에서는 개인숭배 사상의 폐해에 대한 비판과 그에 따른 인민 생활의 향상에 대한 재검토가 긴박한 명제로 제기되고 있다. 전 세계 공산주의 국가에서도 비판이 고조되고 있다. 이는 매우 중대한 문제이다. 우리 당에도 개인숭배가 있다. 그럼에도 불구하고 우리만 침묵을 지키고 있다. 무원칙한 중공업 우선정책에 따라 경공업과 농촌경제는 완전히 낙후하고 인민 생활은 빈곤을 면치 못하고 있다. 우리 당이 개인숭배 사상을 철저하게 폭로하고 규탄하여 그의 재해를 단시일 내에 불식하지 않으면 우리는 회복할 수 없는 화근을 초래할 것이다'라고 확언했습니다.

그리고 그는 '우리 당에도 개인 독재가 존재하고 있다. 최용건이 조선민주당 중앙위원회 위원장이었는데 노동당 중앙위원들 몰래 그를 당 중앙위원회 부위원장으로 임명한 것, 박영빈소련파을 중앙당 조직 지도부장과 정치위원으로 임명한 것은 개인 독재가 아니고 무엇이냐고 따졌습니다. 순간 간부들이 사전에 준비한 시나리오대로 '반당종파분자를 끌어내려라', ' 즉시 출당을 제기한다'라며 일제히 소리 지르자 장내는 일대 수라장이 되었습니다.

주석단에서 최용건이 일어서 '윤공흠의 반당 발언을 중지시킨다'라고 말하자 윤공흠은 토론을 중단하고 연단에서 내려왔습니다. 윤공흠 옆에 앉아 있던 최창익이 일어서서 긴급동의를 통해 '윤공흠의 발언을 최후까지 들어야 한다'라고 제의했습니다. 그러자 참석위원

1956년 8월 전원회의 사회자 김일(오른쪽)과 허가이(왼쪽).

들은 '윤공흠과 최창익을 퇴장시키고 체포하라'라고 외쳤습니다. 이어 사회자 김일은 바로 윤공흠 출당 문제를 표결에 붙였습니다. 서휘 한 사람만 '반대'에 손을 높이 들었을 뿐 참석자 모두 찬성했습니다. 이어 서휘와 이필규 등의 제명도 표결에 부쳐 통과시켰습니다. 그러나 즉석에서 이들을 체포하지는 않았습니다."

내무상 방학세는 이날 밤 윤공흠, 서휘, 이필규 등 세 명이 탈출하지 못하게 하고 이들의 집을 출입하는 사람이 없도록 단속할 목적으로 집 주위에 경비병을 배치하라고 사회안전국장 윤재병에게 지시했다. 하지만 서휘와 이필규는 뒷문으로 윤공흠의 집에 잠입하여 '체포될 위험이 있으니 지체하지 말고 어서 피신하자'라며 윤공흠을 이필규 집으로 데리고 가 구체적인 탈출 계획을 짰다. 이들은 같은 옌안파 문화선전상 부상 김강을 불러 상의한 뒤, 윤공흠, 서휘, 이필규, 김강 등 네 명은 김강의 자동차를 타고 밤중에 평양을 탈출하여 조-중 국경인 신의주 부근 평안북도 용천군

압록강 변에 이르러 어부의 목선으로 갈아타고 강을 건너 중국으로 망명했다.

강상호의 증언을 계속해 들어보자.

"안전국장 윤재병은 '경비병들은 윤공흠 집 대문 앞에서 밤새도록 경비를 서고, 다음 날 아침 사복 내무원이 집안으로 들어가 동태를 살피라'고 지시했습니다. 다음 날 아침, 윤공흠의 집 안을 살피고 온 내무원이 '윤공흠이 없다'고 보고했습니다. 내무성은 윤공흠의 아내 허 씨를 불러 경위를 조사했습니다. 허 씨는 윤공흠과 함께 소련 고급당학교에 유학하고 돌아와 내무성 간부학교 교수를 하고 있었지요. 안경을 쓰고 곱다랗게 생겼습니다. 윤공흠은 허 씨와 연애하면서 본처와 이혼하고 허 씨와 재혼했습니다. 내무성이 윤공흠의 아내 허 씨를 불러 조사 내용은 이렇습니다.

내무성 예심처 조사원^{이하 내무원}: 어젯밤 남편이 들어와 어디서 잤는가.
윤공흠 아내 허 씨^{이하 허 씨}: 이필규와 서휘가 데리고 나갔다.
내무원: 그런데 왜 집 앞 경비병들이 몰랐는가.
허 씨: 뒷문으로 들어와 뒷문으로 나갔다.
내무원: 누구 집으로 간다고 하던가.
허 씨: 이필규 집으로 간다고 하더라."

내무성은 다시 이필규의 부인을 연행해 조사했다. 다음은 이필규 부인의 진술 내용이다.

"어젯밤 이필규, 윤공흠, 서휘 등 세 명이 모였습니다. 친척집에서 가져온 떡을 먹으면서 '우리 차 세 명 모두 관용차가 딸려 있었음는 이미 수배령이 내려졌을 것이니 평양을 빠져나가기 어렵다. 그러니 문화성 부상 김강 차로 빠져나가자'고 하더군요. 잠시 후 김강이 차를 몰고 나타나자 '상황이 위급하니 네 차를 타고 평양을 빠져나가자'고 제의하자 김강이 '나도 함께 가자'며 달라붙었습니다. 남편 등은 '너는 반동분자가 아닌데 왜 가려고 하느냐'고 묻자 '아니다. 세상 돌아가는 꼴을 보니 나도 언젠가 너희들과 같은 신세가 될 것이기 때문'이라며 그의 차를 타고 평양을 빠져나갔습니다."

강상호의 증언을 계속 들어보자.

"그 후 이들 네 명의 가족들은 모두 재판 없이 백두산 기슭에 있는 군대 부식용 채소농장으로 보내졌습니다. 이들이 도망가자 내무상 방학세는 나에게 '중국 안동 현지금의 단둥으로 급히 달려가 그들을 잡아오라'고 지시했습니다. 나는 조-중 양국 내무기관이 체결한 양국 국경 유지에 관한 조약 중 '범죄자가 월경했을 때 양측 내무기관은 범인을 체포하여 범인이 출발한 나라로 돌려보낸다'라는 조항에 붉은 연필 표시를 해 안동 현 공안국장을 찾아갔습니다. 그리고 우리 측 범죄자 네 명이 안동 현 땅으로 월경했으니 그들을 돌려달라고 요청했습니다. 안동 현 공안국장은 이 사실을 지린 성 공안처장에게 보고해놓고 그의 대답을 기다린다고 말했습니다. 다음 날 안동 현 공안국장은 '지린 성 공안처장이 베이징의 중국공산당 대회에 참가했는데 그가 이 사실을 마오쩌둥 주석에게 보고했더니, 마오 주석이 이 문제는 조-중 양국 당이 해결할 문제이니 양측 내무기관은 이 사건에서 손을 떼라고 지시했다'고 말했습니다. 하는 수 없이 나는 빈

손으로 귀국했습니다."

　네 명의 탈주자들에 대한 보고를 받은 마오쩌둥은 "조선에서의 당 간부들에 대한 대중적 탄압을 피하고 당내에서 교양해야 한다"는 충고를 하기 위해 자기 당 대표 펑더화이국무원 부총리 겸 국방상를 조선노동당에 파견했다. 마침 중국공산당 대회에 소련공산당 대표로 참가한 미코얀Anastas Ivanovich Mikoyan, 부수상 겸 소련공산당 중앙위원회 정치위원이 펑더화이와 동행해 평양에 갔다. 평양을 방문한 펑더화이와 미코얀은 사태를 수습하며 김일성을 설득했다. 김일성은 당 중앙위원회 9월 전원회의를 열고 "우리 당이 반당종파분자들에 대한 책벌을 너무 조급하게 했다"고 말하고 출당된 그들을 복당시켰다. 김일성의 이 같은 조치에 대해 미코얀은 "탁월한 국가지도자의 지혜"라고 찬양했다.

　그러나 김일성은 펑더화이와 미코얀이 탄 비행기가 떠난 다음 측근들을 모아놓고 불쾌한 표정을 지으며 "우리 당이 중국공산당과 소련공산당으로부터 간섭을 당했다"며 "9월 전원회의 결정은 임시적 양보책"이라고 말했다. 강상호 전 북한 내무성 정치국장 겸 제1부상은 "중국과 소련이 펑더화이와 미코얀을 시켜 김일성을 설복했을 뿐 김일성 정권을 교체하지 못한 것은 쿠데타 음모가 사전에 누설되어 조선노동당이 간부들을 김일성 사상에 결속시키는 등의 대책을 취했기 때문"이라며 "숙청자를 복당시키고 앞으로는 이 같은 독재를 지양하도록 요구하는 선에서 끝내고 귀국한 것"이라고 분석했다.

　1956년은 사회주의 국가의 정치사에서 하나의 전환점이 되었다. 그해 2월 소련공산당 제20차 당 대회에서 있었던 흐루쇼프의 스탈린 비판은 스탈린 시대에 소련의 억압하에 있었던 동유럽 여러 국가에게 큰 충격과 혼란을 불러일으켰다. 1956년 3월 헝가리 사회주의노동자당은 처형된 전

외상 라지크 라슬로Rajk László의 명예회복을 발표하고, 그해 7월에는 스탈린주의자 마티아스 라코시Mátyás Rákosi 제1서기의 추방이 결정되었다. 또 폴란드에서는 그해 10월 티토주의자로 투옥된 브와디스와프 고무우카Władysław Gomułka가 출옥하여 제1서기로 선출되고, 자주성과 철저한 민주화를 위한 10월 혁명에 착수했다.

북한 정권이 '8월 종파사건'의 주모자에 대한 출당조치 철회를 결정한 조선노동당 중앙위원회 전원회의가 있은 지 1개월 후인 1956년 10월 23일에 이른바 '헝가리 사태'가 발생했다. 전날 헝가리 부다페스트에서는 대학생들이 소련군의 즉시 철수, 당 지도부의 쇄신, 대소련 관계 재검토 등의 요구를 결의했다. 그리고 23일에 부다페스트에서 학생, 노동자가 전 수상 너지 임레Nasy Imre의 복귀와 탈스탈린화의 철저한 실시를 요구하면서 데모를 일으켜 경찰과 충돌했다. 이에 당 중앙위원회가 개최되어 너지의 복귀 및 폭동을 진압하기 위해 소련군의 출동 요청을 결정했다. 헝가리 사태에 대한 소련군의 제1차 개입이다.

다음 날 부다페스트 전역에서 시가전이 전개되고, 너지 수상은 사태를 수습하기 위해 스탈린주의자로서 국민의 증오의 대상이 되었던 에르뇌 게뢰Ernö Gerö 제1서기를 사임시켰다. 10월 30일 소련의 부수상 겸 소련공산당 중앙위원회 정치위원 미코얀과 미하일 수슬로프Mikhail Andreevich Suslov가 부다페스트로 날아가 '10월 선언'이라고 불리는 '소련과 다른 사회주의 국가의 우호협력 관계 발전의 기초에 관한 선언'을 발표했다. 이 선언의 주요 내용은 상호평등, 독립, 주권 존중 등이었다. 다음 날 너지 수상은 바르샤바조약기구 탈퇴와 헝가리의 중립화를 선언했다. 이를 지켜보고 있던 소련군은 11월 4일 부다페스트에 재침입하여 너지 정권의 전 각료를 체포하고 연금했다. 이것이 헝가리 사태에 대한 소련군의 제2차 개입이다. 그 후 1958년 6월에 너지의 처형이 발표되었고 소련은 카다르 야노시

Kádár János를 수상으로 하는 노동혁명정부 수립에 앞장섰다. 카다르 정권은 철저한 탈스탈린화와 자주독립, 민주화를 내용으로 한 새 정강을 발표했다. 11월 11일에 요시프 브로즈 티토Josip Broz Tito 대통령이 프라하 연설에서 헝가리 사건에 대한 소련군의 제1차 개입을 비판하고, 제2차 개입은 조건부로 지지하는 발언을 했다.

이와 같은 헝가리 사태가 일어나자 침묵을 지키고 동유럽의 탈스탈린화 추이를 지켜보던 북한 정권은 티토 대통령의 프라하 연설 다음날인 11월 12일, 침묵을 깨고 헝가리 신정권에게 "반혁명분자와의 투쟁을 지지한다"라는 축전을 보냈다. 이어 헝가리 사태를 "미제와 그의 주구앞잡이의 책동에 의해서 일어난 반정부 폭동, 반혁명 음모사건"이라고 비난했다. 헝가리의 바르샤바조약기구 탈퇴와 중립화 선언에 분노하며 소련군의 개입과 탄압을 지지하는 등 헝가리 사태를 강경노선으로 가는 전환점으로 삼은 것이다 이상 1989년 5월 현 통일부 전신인 국토통일원 조사연구실이 일본 ≪산케이신문≫ 서울특파원 및 베이징 지국장 시바타 미노루(柴田穗)의 『김일성의 야망(金日成の野望)』을 발췌 번역한 자료 참조.

헝가리 사태 이후 북한 정권은 옌안파와 소련파 간부들에 대한 잔혹하고 살벌한 당성 검토를 벌였다. 강상호의 증언에 따르면, 이듬해인 1957년 모스크바에서 각국 공산당 및 노동당 대표자 회의가 있었다. 이 회의에서 김일성과 마오쩌둥이 만났다. 김일성과 동행했던 조선노동당 중앙위원회 부위원장 김창만이 평양에 돌아와 조선노동당 중앙위원회 전원회의에서 "모스크바에서 마오쩌둥이 두 차례 김일성 숙소로 찾아와서 자기의 잘못을 사과했다"고 말했다. 김창만은 "마오쩌둥이 펑더화이를 평양에 보낸 것은 중국공산당 활동 역사에서 처음으로 외국 당 내정에 간섭한 것이라며 '이는 우리 당의 중대한 교훈'이라고 말했다"고 전했다.

모스크바에서 돌아온 마오쩌둥은 김일성을 베이징에 초대해 1개월간 중국의 명승지를 구경시키면서 김일성을 찬양했다. 이 접촉은 모스크바

각국 공산당 및 노동당 국제회의에서 고립된 마오쩌둥과 자신에 대한 개인숭배로 미움을 받고 있는 김일성에게 서로 이익이 되는 접촉이었다. 중국 여행을 마치고 귀국한 김일성은 마오쩌둥의 환대에 크게 고무되었다. 그동안의 정치 스타일에 일대 변화가 나타났다. 모든 것을 중국식으로 개편한 것이다. 수상을 주석으로, 내각의 상을 부장으로 바꿨고, 공화국 헌법을 중국식으로 개정했다. 개인숭배 비판을 부정하며 흐루쇼프 소련공산당 총비서를 수정주의자로 몰아붙이고, 소련공산당은 수정주의의 길로 나아가고 있다고 비판했다. 김일성은 정치에서뿐만 아니라 자신의 사생활에서도 변화를 드러냈다. 몇십 년을 입고 다니던 양복을 벗어버리고 목에 매었던 넥타이도 풀어 던지고 중절모도 벗었다. 그리고 마오쩌둥 식으로 캡마오쩌둥 모자라고도 함을 쓰고 제복해군용 상의을 입었다.

1957년 모스크바에서 소집된 각국 공산당 및 노동당 회의에서 마오쩌둥은 평화와 전쟁 문제, 개인숭배 문제 때문에 국제공산주의권에서 이탈되었다. 이때부터 소련공산당과 중국공산당 간에는 이론적·전략적 문제에서 분쟁이 생겼다. 분쟁은 날이 갈수록 더 심화되었다.

이러한 중국공산당과의 관계 변화는 북한의 피어린 사상검토 과정에서 김일성을 고무했고 자신감을 키워주었다. 그것은 김일성의 배후에 위대한 중국과 거대한 영도자 마오쩌둥이 있다는 것이었다. 그리하여 김일성은 반소친중反蘇親中 노선을 선택하고 사상검토를 맹렬히 벌였다. 사상검토는 전국 도처의 군부대, 직장, 촌, 당 및 정권기관 어디에서나 진행되었다. 사상검토에는 대중적 출당과 검거, 정치적 유배가 뒤따랐다.

북한 역사의 기록

필자가 모스크바에서 발굴한 '절대 비밀'이라는 도장이 찍힌 희귀 자료인 1956년 판 『조선노동당 중앙위원회 전원회의 결정집』에는 8월 전원회의 결정서를 상세히 기록하고 있다. 다음은 이 전원회의 결정서의 내용이다.

"1956년 8월 31일, 평양예술극장에서 노동당 중앙위원회 위원 71명과 후보위원 45명 등 116명 전원이 참석한 가운데 속개된 8월 당 중앙위원회 전원회의. 전날 전원회의에서 개인숭배를 맹렬히 비판하는 윤공흠의 토론에 이어 이날 밤 윤공흠, 서휘, 이필규, 김강 등 옌안파 네 명이 중국으로 탈주한 사건이 발생한 탓인지 전원회의는 매우 긴장된 분위기였다. 당중앙위원회 검열위원회 위원장 임해^{옌안파, 1955년 12월 전원회의에서 검열위원장에 임명}가 그동안 검열위원회에서 파악한 최창익, 윤공흠, 서휘, 이필규, 박창옥 등 다섯 명에 대한 '종파적 음모행위'를 낭독한다. 이어 토론을 생략하고 단 한 명의 반대자 없이 이들에 대한 결정서를 만장일치로 채택한다."

이 전원회의는 "최창익, 윤공흠, 서휘, 이필규 등은 형제국가들을 친선 방문한 정부 대표단의 사업을 총화하는 당 중앙위원회 8월 전원회의에서 당 중앙위원회를 불의에 공격하기 위하여 비밀리에 공동적으로 작성한 반당적 토론을 들고 나왔다"라고 지적하고, "만일 당 중앙위원회에 혼란과 분열이 야기될 경우에는 자기들의 추종분자들을 발동시켜 평양시에서 '당 열성자 회의'를 소집케 하고, 황해남도에서는 이에 호응하여 일제히 당과 정부의 지도부를 공격하여 나서게 하는 음모를 획책했다"고 비판했다. 이들이 반정부 쿠데타를 준비했다는 이야기다. 이에 대해 강상호 전 북한 내무성 제1부상과 박길용 전 북한 외무성 부상 등은 필자와의 인터뷰에서 "한마디로 소설 같은 이야기"라고 일축했다. 하지만 전원회의는 다음과 같이 이들의 구체적인 음모와 죄행 다섯 가지를 지적했다.

"첫째, 이들 옌안파 네 명은 당의 노선과 정책을 정면에서는 다 옳다고 지지하고 뒤에 가서는 이를 왜곡하여 비방하고 다녔다.

둘째, 이들은 자기들의 반당적 음모 활동을 정당화하기 위하여 개인숭배 문제를 들고 나왔다. 이들은 우리 당 사상사업 분야에서 표현되었던 약간한 정도의 개인숭배에 대하여 정면에서는 '큰 문제가 없다'고 하며 최창익은 '우리나라에서의 개인숭배에 대하여 전원회의 보고에서는 자기가 생각하는 것보다 더 강하게 지적되었다'고까지 말했다. 그러나 뒤에 가서는 마치 '엄중한 후과'가 있은 듯이 악선전하며 심지어는 부분적인 사업상 결함들까지 고의적으로 개인숭배에 결부시킴으로써 당 지도부의 위신을 손상시키며 당의 규율을 파괴하는 무정부주의적 분위기를 당 내에 조성하려고 책동했다.

셋째, 이들은 자기들의 추악한 반당적 목적을 달성하기 위하여 아무 근거 없이 당과 정부의 지도간부들을 이간 중상 모해함으로써 해방 후 10년간 당에 의하여 육성되었으며 당적으로 단련되고 검열된 당의 핵심을 헐어버리려고 책동했다.

넷째, 이들은 자기들의 반당적 종파 행동을 합리화하기 위하여 반마르크스주의적인 '종파의 유익설'을 유포시키며 우리 당이 지난 시기에 당 대열의 통일 단결을 강화하기 위하여 계통적으로 진행한 반종파 투쟁의 정당한 방침을 비방했다. 그리고 과거에 종파 행동으로 인하여 당의 비판을 받고 옳은 길에 들어선 동지들을 찾아다니면서 '동정심'을 표시함으로써 자기편에 끌려 하며 일부 건전치 못한 불평분자들을 규합하여 자기들의 음모에 가담시키려고 비열한 행동을 감행했다. 박창옥 동무는 그가 지난 시기에 문학예술 분야에 대한 지도에서 범한 오류로 인하여 당 중앙위원회 12월 전원회의와 당 중앙위원회 11차 상무위원회에서 받은 정당한 당적 비판을 겉으로는 접수한다고 하고 표리부동하게 뒤에서는 당에 대한 불평불만을 유포시키면서 최창익 및 기타 분자들과 결탁하여 그들의 당 지도부를 반대하는 음모에 가담했으며 그들의 당에 대한 도전적 행위를 추동하여 나섰다고 비판했다.”

이 전원회의는 끝으로 ‘윤공흠, 서휘, 이필규 등은 전원회의에서 여러 동지들의 정당한 비판을 접수하기는 고사하고 전원회의를 무시하면서 회의 도중에 퇴장하여 도주했으며, 최창익과 박창옥은 자기들의 죄과를 교활하게 변명하려고 시도하면서 자기비판을 거부했다’고 비판했다. 이 날 전원회의는 이들의 이 같은 종파적 음모는 추호도 용납할 수 없는 반당적 행동이라고 규정하면서, 최창익을 당 중앙위원회 상무위원과 당 중앙위원회 위원에서 제명하고 내각 부수상직도 철직시킬 것을 내각에 제기했다. 또 박창옥을 당 중앙위원회 위원에서 제명하고 내각 부수상직과 기계공업상에서 철직시킬 것을 내각에 제기했다. 윤공흠에 대해서도 당 중앙위원회 위원에서 제명하고 출당과 함께 내각 상업상도 철직시킬 것을 제기했다. 서휘는 당 중앙위원회 위원 제명과 함께 출당시키며 직총 중앙위원회 위원장직에서 철직시키고, 이필규는 당 중앙위원회 후보위원 제명과 함께 내각 건재공업국장직에서 철직시킬 것을 내각에 제기했다. 이와 함께 이날 전원회의는 최창익과 박창옥, 그리고 이들과 연계된 자들을 당 중앙위원회 검열위원회에서 계속 심의하고 자기비판을 하도록 할 것이라고 결정했다.

최창익과 박창옥의 최후, 그리고 이들이 소속된 소련파와 옌안파에 대한 본격적인 숙청을 예고하는 대목이다. 이것이 이른바 '8월 종파사건'이다. 8월 전원회의가 끝난 후 북한 전역에 살벌한 분위기가 감돌았다. 소련파와 옌안파에 대한 숙청이 본격적으로 시작된 것이다. 허가이에 이어 남로당 숙청에서 시작된 숙청 드라이브는 1958년까지 5년여 동안 계속되었다. 북한에서 외무성 부상을 지냈던 박길용 박사는 필자와의 인터뷰에서 "1953년부터 1958년까지 5년이 김일성의 권력 기반, 즉 그의 독재 체제를 튼튼히 구축한 기간"이라고 규정했다.

'8월 종파사건' 주동자에 대한 '복당 연출'

1956년 9월 23일에 예정에 없던 9월 전원회의가 열렸다. '8월 종파사건'의 무대였던 8월 전원회의가 열린 지 불과 23일 만이었다. 앞에서 언급한 대로 김일성은 북한을 방문한 중국 국무원 부총리 겸 국방부장 펑더화이 6·25전쟁 때 인민지원군 총사령관와 소련 부수상 겸 소련공산당 중앙위원회 정치위원 미코얀의 설득으로 '8월 종파사건'의 주동자 최창익, 윤공흠, 서휘, 이필규, 박창옥 등 다섯 명에 대한 8월 전원회의의 결정을 재심의했다.

'절대 비밀'이라는 도장이 찍힌 1956년 판 『조선노동당 중앙위원회 전원회의 결정집』에는 9월 전원회의 결정을 자세히 기록하고 있다. 이 결정집에 따르면, 9월 전원회의는 이들이 범한 과오는 엄중했지만 8월 전원회의가 이들 문제를 처리하면서 신중하지 못하고 너무 조급했으며 이들을 교양적 방법으로 시정시키기 위한 인내성이 부족했음을 인정했다. 따라서 전원회의는 이들을 관대하게 포용하여 이들이 자신들의 과오를 반성할 기회를 주기 위해 최창익과 박창옥을 당 중앙위원회 위원으로 복귀시키는 한편 윤공흠, 서휘, 이필규 등에 대해서도 복당시키기로 결정했다. 그러나 9월 전원회의의 이 같은 결정은 펑더화이와 미코얀이 탄 비행기가 평양 상공을 이륙하자마자 전면 취소되었다. 9월 전원회의 결정은 평양에 있던 펑더화이와 미코얀에게 잠시 보여주기 위한 '고도의 연출'이었던 것이다.

9월 전원회의 결정이 연출이었음을 보여주는 실증 가운데 하나가 소련파 출신 도당위원장과 도 인민위원장_{도지사에 해당} 세 명에 대한 출당 조치 및 숙청이다. 당시 북한의 내무성 정치국장 겸 제1부상이었던 강상호에 따르면, 9월 전원회의에 참석했던 황해북도 도당위원장 허빈과 평안북도 도당위원장 서춘식, 자강도 인민위원장 겸 당 중앙위원회 검사위원회_{당의 재정 및 문서 처리 등을 검열} 위원장 박창식 등 세 명은 김일성의 이 같은 연출극을 알아차리지 못하고, 9월 전원회의 내용인 '반당종파분자들에 대한 처벌을 너무 조급히 했다'는 것과 '그들을 복당시켜야 한다'는 김일성의 발언과 전원회의의 결정을 그대로 도당 단체에 전달한 죄로 출당과 함께 숙청되었다.

숙청 그물에 걸린 당·정·군 간부 300여 명

소련 출신 고려인 간부들에 대한 숙청은 1962년에 사실상 막을 내렸다. 혹독한 사상검토 끝에 체포되어 숙청된 후 처형되고, 정치수용소와 노동수용소 등에 갔거나 지방으로 정배되어 소식이 끊긴 간부 50여 명을 제외하고, '자의 반 타의 반'으로 북한에 남아 버티던 극소수 소련 출신 고려인 간부들이 마지막으로 소련으로 귀환한 것이 1962년이기 때문이다. 소련이 북한을 점령한 1945년 8월부터 1962년까지 17년여 동안 북한에 파견된 소련 출신 고려인 엘리트 500여 명 가운데 당·정·군 등에서 간부를 지낸 고려인 엘리트들은 줄잡아 350여 명부록 명단 참조이다. 이 시기에 북한 정권을 움직인 남로당파, 옌안파, 빨치산파, 소련파, 국내파 등 다섯 개 정파 가운데 소련파가 가장 많은 수를 차지했다. 이는 무엇보다 이들의 배후에 소련이라는 후견인이 있었기 때문이다. 이와 함께 남로당파, 옌안파, 빨치산파, 국내파 등 네 개 파 간부들 대부분이 일제시기에 고등교육을 받지 못하고 국내외에서 항일 독립운동을 하던 공산주의자들인 데 반해, 소련파 간부들은 모두 대학을 나온 엘리트인 데다 사회주의 종주국 소련에서 쌓은 풍부한 경력을 갖추고 있었다는 점도 있다.

소련파 간부들은 스탈린의 숙청과 강제이주 정책 등 악조건에서도 모두 일반 종합대학과 사범대학, 소련공산대학, 경제대학, 재정대학, 금융대학, 철도대학, 건설대학, 전기·기계대학, 의과대학, 농업대학, 군관학교대학 과정, 군사아카데미대학 과정 등 분야별 전문 특수대학을 졸업했다. 그리고 이들 중 일부는 대학을 졸업한 후 소련 내 초·중·고교에서 교사·주임교사교감·교장 등을 지냈다. 특히 일부는 공산주의청년동맹과 소련공산당 구역 당위원회에서 책임서기나 책임비서 등을 맡아 마르크스-레닌주의 이론을 정립하고 스탈린 체제에서 풍부한 당 경험을 쌓기도 했다. 또 일부는 지역 공화국 정부에서 간부를 지냈거나 사회주의 '선진국' 소련의 콜호스에서 경리서기와 비서, 공장 지배인 등을 맡아 전문 기술을 익히고 경영 실무와 리더십을 길렀다. 이 밖에 일부는 제2차 세계대전이 발발하자 소련군에 입대하여 장교 생활을 했거나 하바롭스크의 제88정찰여단에서 군관생활로 군 경험을 쌓았다.

이처럼 대학을 졸업하고 각계에서 풍부한 전문지식과 경험, 리더십 등을 갖춘 소련 출신 고려인 엘리트들은 스탈린의 명령으로 그들 부모의 조국 북한에 파견되어 김일성 정권 수립의 주춧돌을 세우고, 초기 정권을

왼쪽 두 번째부터 남일 외무상, 박정애 당부위원장, 김창만 최고인민회의 외교위원장(1956년 7월, 동독을 방문한 김일성이 그로테볼 동독 수상(오른쪽) 등이 지켜보는 가운데 양국 간 외교협정서에 서명하고 있다).

유지하는 충실한 일꾼으로 기여했다. 북한 정권에서 일한 소련 출신 고려인 엘리트들의 주요 직책을 정리하면 다음과 같다.

- 조선노동당 중앙위원회 부위원장 겸 정치위원: 허가이, 박창옥, 박정애
- 내각 부수상부총리: 허가이, 박창옥, 박의완, 남일
- 중앙당 부장 겸 정치위원: 박창옥 문화선전부장, 박영빈 간부부장, 김승화 산업부장
- 내각 상장관, 또는 장관급인 위원장과 국장 포함: 방학세 내무상, 고히만 임업상, 김승화 도시경영상, 최철환 내각 사무국장, 이히준 내각 간부국장

■ '8도 대장'으로 불리는 시·도당 위원장과 시·도인민위원회 위원장: 김열 황해도당위원장, 서춘식 평안북도당위원장, 허빈 평안북도당위원장, 한일무 강원도당위원장, 김재욱 평안남도당위원장, 박영 함경북도당위원장, 박일영 황해도당위원장, 박창식 자강도인민위원장, 김영태 평양시인민위원장

또 고위 간부로는 대장 한 명남일 인민군 총참모장, 인민군의 최고 실세인 인민군 총정치국장 두 명 김재욱 중장. 최종학 중장이 소련 출신 고려인들이다. 인민군 후방총국장 장철 중장과 작전국장 유성철 중장 등 직업군인 또는 6·25전쟁 당시 인민군 중장과 소장 등 장성 출신은 모두 50여 명에 이른다.

특히 내각의 각 부처 2인자 격인 부상을 지낸 고려인 엘리트는 40명으로 가장 많다. 이들 대부분이 소련의 각 분야에서 풍부한 전문지식과 경험을 쌓은 이른바 테크노크라트들이다. 이 밖에도 대학 총장 다섯 명을 비롯해 중앙당학교장 두 명, 군관학교와 내각간부학교장 일곱 명, 대학교수 30명, 시·도당 부위원장 네 명, 시·도 인민위원회 부위원장 네 명, 내각 처장 네 명, 내각 국장 15명, 언론사 간부 12명, 인민군 대좌 직업군인 27명 등으로 집계되었다.

제9장

평양에 간 카레이스키 엘리트들의 슬픈 역사

하루아침에 '반당종파분자'로 몰린 고려인들

　허가이 숙청에 이어 소련파 문화예술인 '5인조 숙청사건' 이후 잠시 수면 아래에 잠복해 있는 듯했던 소련파 숙청은 내각 부수상 겸 기계상 박창옥의 8월 종파사건 연루와 함께 다시 부상하면서 본격적으로 속도를 내기 시작했다. 남로당 및 옌안파 숙청과 같이 소련파 숙청의 키워드 또한 사상검토를 통한 '반당종파분자' 색출이었다. 소련파에 대한 사상검토 과정에는 이른바 출세주의자들이 발 벗고 나섰다. 사상검토 대상인 당과 내각의 간부들을 중상하는 '열성자'들은 즉시 좋은 자리로 등용되었다. 이들이 곧 북한판 '홍위병'들이었다. 그러나 이들의 등용은 일시적일 뿐 그들도 다시 숙청당하는 신세를 면치 못했다.

　# 내각간부학교 교장 유성훈전 북한인민군 작전국장 유성철 중장의 친형의 경우를 보자. 그는 1957년 가을, 김일성을 비롯해 김창만 당부위원장옌안파, 박금

철 당부위원장김일성파, 하얀천 당 선전부장옌안파, 각 도당위원장, 내각의 상등이 참석한 가운데 열린 내각 부수상 겸 기계상이었던 소련파 박창옥을 검토하는 전원회의에서 그를 적극적으로 비판한 업적을 인정받아 김일성종합대학 총장으로 영전함과 동시에 최고인민회의 대의원이 되었다. 강상호 전 북한 내무성 정치국장 겸 제1부상의 증언을 들어보자.

"유성훈은 소련에서 온 작가들의 당성 문제에 대한 전원회의 토론에서 '정률, 기석복, 전동혁 등이 박헌영파 이태준을 내세우고 한설야를 뒤로 밀어낸 사람은 박창옥'이라고 비판했습니다. 이를 듣고 있던 김일성은 '옳습니다. 박창옥이 소련에서 온 이들을 지도했습니다. 유성훈이야말로 진정한 공산주의자입니다. 그는 자신이 속해 있는 소련파를 양심적으로 비판하고 있습니다. 같은 소련파 박영빈 당 조직지도부장은 왜 이 사실을 알고 있으면서 묵과하고 있습니까'라고 지적했습니다. 이어 김일성은 즉석에서 '박창옥을 사리원 시멘트 공장 지배인으로, 박영빈은 상업성 부상으로 각각 보내시오. 그리고 유성훈을 김일성종합대학 총장으로 임명하시오'라고 지시했습니다."

그러나 유성훈의 출세는 잠시였다. 불과 2년 만인 1959년에 김일성종합대학 총장에서 쫓겨나고 사상검토 끝에 소련으로 돌아가 1965년 사망했다. 강상호의 증언을 더 들어보자.

"나와 유성훈은 소련공산당 중앙위원회의 지시로 1946년 6월 개교한 내각 간부학교에서 교수 생활을 함께했기 때문에 매우 가까운 사이였습니다. 나는 소련의 헌법, 정치·경제·사회·문화 체제를, 유성훈은 소련공산당사를 강의했습니다. 소련에 돌아온 유성훈이 나에게 자신이 겪은 사상검토 과정을 상세히 이야기해 주었습니다.
그는 끝내 혹독한 사상검토 후유증으로 얻은 심장경색을 앓다 사망
했습니다.”

강상호의 증언은 계속된다.

 “1958년 초, 유성훈이 김일성종합대학 총장과 대의원으로 등용된
후 수상 사무실로 불려가 여러 가지 질문을 받고 솔직히 대답했습니
다. 훗날 생각해보니 그 자리는 김일성이 그의 정체를 더 깊이 파악
하기 위한 자리였답니다. ‘허가이를 어떻게 보느냐’는 질문에 ‘허가이
는 수령님을 받들고 사업할 사람인데 아마도 박창옥의 모략과 음해
에 빠져든 것 같습니다’라고 대답했답니다. 또 ‘허가이 묘에 비석을
세울 계획인데 어떻게 생각하느냐’고 물어 ‘그렇게 하는 것이 좋겠습
니다’라고 대답했답니다. 그러자 김일성은 얼굴색이 변하면서 ‘좋소’
라고 담화를 중단하고 돌아가라고 하더랍니다.
 그 후 유성훈에 대한 사상검토가 시작되었습니다. 정부로부터 학
생들에게 토끼 몇천 마리를 양육하라는 과제가 떨어졌답니다. 이 과
제를 받고 유성훈 총장이 중앙당에 찾아가 ‘토끼 사료를 재배하려면
수십 정보의 토지와 토끼 우리를 짓기 위한 시멘트가 많이 필요한데
이를 어떻게 해결해야 하는가’라고 따졌다는 것입니다. 중앙당은 유
성훈의 이 같은 사고는 당의 식육 정책과 토끼털 피복 정책에 반대하
여 항거하는 것이라고 규정했다는 것입니다. 또 소련 방문단 가운데
김일성종합대학 교수 한 사람이 들어 있었는데, 그 교수가 유성훈 총
장을 찾아와 ‘모스크바에 갖고 갈 평양의 대표 건물 사진으로 최근
건축한 새 건물 사진을 선택했다’고 하길래, ‘모스크바에는 우리 건

축보다 우수한 건물들이 많은데 차라리 동대문 같은 우리 고전 건축술을 보여주는 사진을 갖고 가는 것이 낫지 않은가'라고 말했다는 것입니다. 이것이 당의 건축 노선을 반대하는 유성훈의 표현이라고 지적되었다는 것입니다.

이런 문제들이 유성훈에 대한 사상검토 대상이 되었다는 것이지요. 유성훈에 대한 사상검토는 김일성종합대학을 졸업하고 '홍위병' 역할을 잘하여 김일성종합대학 당위원장에 등용된 김수동이 맡았답니다. 그는 유성훈에 대한 사상검토에서 공을 세워 유성훈이 출당과 함께 그를 총장에서 물러나게 하고, 그 대신 총장에 등용되었다고 합니다."

1958년 1월, 평양예술극장에서 당 정치위원들과 당 중앙위원회 위원, 내각의 상과 부상 등이 참석한 가운데 열린 전원회의가 열렸다. 이 자리에서 중국 옌안에서 조선독립동맹 주석을 지내다 해방 후 입북해 옌안파를 중심으로 조선신민당을 조직하여 위원장과 북조선노동당 위원장 등을 맡으면서 북한정권 수립 과정에서 '얼굴 마담' 역을 했던 최고인민회의 상임위원회 위원장 김두봉과 내각 부수상 박의완당중앙위원회 위원, 당 서열 9위, 소련파, 중재원장 오기섭국내파, 내각 석탄공업상 강문석국내파 등에 대한 출당 문제를 토의했다. 전원회의는 김두봉 문제를 첫 토론 의제로 제기했다. 김두봉이 1956년 8월 전원회의에서 출당된 윤공흠, 서휘, 이필규 등의 문제를 토의하기 위하여 중국공산당에서 파견되어 평양에 와 있던 평더화이와 비밀리에 담화했다는 죄목이었다. 김두봉이 평더화이를 직접 만나 조선노동당의 결함을 모두 보고했으며, 이 자리의 통역을 김두봉의 딸이 맡았다는 것이다. 전원회의가 열리고 있을 당시 김두봉과 박의완은 미검거 상태였다.

전원회의의 사회는 당 중앙위원회 부위원장 겸 정치위원 박정애가, 김두봉을 반대하는 토론은 문화선전상 허정숙전 남로당 위원장으로 월북 후 최고인민회의 의장을 지냈던 허헌의 장녀이 각각 맡았다. 허정숙은 중국 옌안에서 독립동맹 위원장 김두봉의 지도하에 있었고 김두봉과 함께 입북했다. 이에 대한 강상호의 증언을 들어보자.

"나는 당시 군사정전회의 조·중 측 수석대표로 판문점에 나가 있었습니다. 갑자기 당 중앙위원회로부터 이 전원회의에 참석하라는 명령이 떨어졌습니다. 이유는 내무성 정치국장 겸 제1부상을 지냈기 때문이라고 했습니다. 사회자가 '김두봉은 최창익, 윤공흠 등이 일으킨 8월 종파사건의 두목입니다. 김두봉에 대해 토론할 사람 있습니까'라고 물었습니다. 그러자 내각의 사법상 겸 중앙위원인 허정숙이 손을 들고 일어나 '김두봉은 중국에서 혁명 사업은 하지 않고 장사를 한 사람입니다'라고 비난했습니다. 김두봉은 허정숙의 말을 듣고 가소롭다는 표정을 지었습니다. 허정숙은 '8월 종파사건은 윤공흠, 서휘, 이필규 등 8월 종파주의자들이 오기섭, 강문석 등을 만나 협력을 요청하는 등 남로당파와 국내파, 소련파까지 연계해 꾸민 반정부·반당 음모사건으로, 이는 결국 김일성 수상을 몰아내기 위한 공작이었습니다'라고 보고했습니다.

나는 허정숙이 훗날 당비서까지 등용된 것은 이날 토론의 공로가 아닌가 추측해봅니다. 전원회의 도중 사회자 박정애가 잠시 휴식을 선언하자 회의장 밖에서 대기하던 사복 차림의 내무원 열 명이 회의장 안으로 들어와 김두봉, 박의완, 오기섭, 강문석 등 네 명을 체포했습니다. 내무성은 이들을 평양 시내에 있는 내무성형무소에 가두고 내무성 예심처가 조사하도록 했습니다. 이 건물은 3층인데, 2층과 3

층은 예심처가 사용하고, 1층과 지하에 감방을 두고 있었습니다. 당시 예심처장은 소련에서 들어간 주광무였습니다. 주광무는 훗날 소련 귀환을 자원하여 소련에서 살다 사망했습니다.

김두봉은 평양에서 새장가를 들어 아들당시 여섯 살을 두었습니다. 들리는 소문에 따르면, 사상검토 이후 김두봉은 평안남도 순안군 산골 초가집에서 가족과 식모 등과 함께 살면서 내무원 두세 명의 감시를 받았고, 끝내 자연사로 위장해 숨지게 했다는 것입니다."

1958년 1월 전원회의에서 김두봉, 오기섭, 강문석 등 세 명과 함께 비판을 받은 소련파 내각 부수상 박의완은 소련 출장 때 모스크바 주재 북한 대사 이상조당 중앙위원회 후보위원와 만나 그가 조선노동당에 보내는 편지를 중앙당에 전달한 죄로 출당 및 검거되었다. 이상조는 그 편지에 "우리 조선노동당에도 중앙위원회 위원장 김일성의 개인숭배가 많으니 이를 바로잡아야 한다"는 등의 내용을 적었다. 강상호 전 북한 내무성 정치국장 겸 제1부상의 증언을 들어보자.

내무성 예심처 조사원이하 조사원: 이상조의 편지 내용이 김일성 수상의 개인숭배와 독재 정치를 비판한 내용인 것을 사전에 알고 있었는가.
박의완 부수상이하 박의완: 편지 내용은 몰랐다. 오직 편지만 전달하라고 했을 뿐이다.
조사원: 동무는 1956년 박창옥, 기석복, 전동혁, 정률, 박영빈 등 '소련파 5인조 사건' 때 그들과 반대 입장에 섰다. 함께 소련에서 온 사람으로서 반대한 이유가 무엇인가. '8월 종파사건'의 종파분자들과 같은 종파분자가 아닌가.
박의완: 아니다. 소련에서 온 우리는 종파라는 말 자체를 모른다. 오

직 당에 충실했을 뿐이다.

조사원: 건설담당 부수상으로 있으면서 평양역을 너무 화려하게 지었다. 구차한 나라에서 예산을 낭비한 것 아닌가.

박의완: 아니다. 평양역은 공화국의 관문이다. 잘 지어야 할 필요가 있다.

박의완은 소련에서 철도대학을 졸업하고 우즈베키스탄의 소도시 시당위원회 선전부장, 조직부장 등을 지내다가 소련군에 징집되어 평양에 파견된 테크노크라트다. 그는 북한정권 수립 후 교통성 부상에 이어 6·25전쟁 때 교통상을 지내면서 교통운수 사업을 매끄럽게 처리한 공로로 내각 부수상에 등용되었다. 구속된 몸으로 내무성 예심처의 조사를 받던 박의완은 그 후 농촌으로 쫓겨나 소식이 끊겼다.

한편 조선중앙방송위원회 위원장을 지내다 소련으로 귀환해 하바롭스크에서 살고 있던 남봉식은 "박의완이 김일성의 눈 밖에 난 이유 중 하나는 '고위 간부가 주체의식이 없다'는 것이었다"라고 전했다. 남봉식 전 조선중앙방송위원회 위원장은 "박의완이 간부들이 모인 자리에서 '조선 사람들처럼 생활력이 강한 민족이 없다. 폭탄 속에서도 무너진 집을 수리하고 그 속에서 산다'라고 말한 것을 한 간부가 '조선 사람들은 야만인이어서 무서운 것을 모르고 산다'라고 뒤집어서 상부에 보고했답니다. 이를 보고받은 김일성이 '부수상이나 되는 사람이 주체의식이 없으니 농촌으로 보내라'는 엄명이 떨어졌다"고 필자에게 증언했다.

옌안파 이상조와 김창만, 남로당 이현상과 얽힌 사연은 또 하나의 '운명'이었다. 1947년 초, 북조선노동당 간부부장 이상조해방 전 중국 옌안에서 활동가 남로당 간부 이현상後에 지리산 빨치산 대장과 북조선노동당 선전부장 김창

만중국 옌안에서 조선독립동맹 간부 등 옌안파와 남로당파 10여 명을 저녁 식사에 초대했다. 이들은 평양 서쪽 산간에 있는 러시아어 강습소에서 함께 러시아어를 배우고 있던 중이었다. 이 러시아어 강습소는 '앞으로 북조선에서 소련 말을 모르고는 큰일을 할 수 없다'는 당시 소련군정하의 평양 분위기에 따라 당 간부들을 소련에 유학 보내기 위해 러시아어를 가르치는 비밀 장소였다.

저녁 식사 자리에서 이현상이 "조선공산당 영도자는 박헌영 동지다"라고 주장하자 이상조와 김창만이 "아니다. 김일성이 되어야 한다"고 맞서 크게 논쟁이 벌어졌다. 이 사건이 관련자들의 운명을 바꾸었다. 이 사실은 당 상무위원 겸 정치위원 허가이에게 그대로 보고되었고, 허가이는 두 패 모두에게 책임을 물어 "소련 유학을 못 가게 하라"고 지시했다. 소련 유학이 취소된 김창만은 내각 간부학교 교장으로 쫓겨났다. 이상조는 보직 없이 대기 상태에 있다가 1950년 6·25전쟁이 발발하자 북한인민군 최고사령부 참모장소장으로 복직되어 1951년 인민군 최고사령부 정찰국장, 1953년 7월 정전회담 공산 측 수석대표를 지내다 1955년 8월 주소 대사로 갔다. 이현상은 서울로 보내져 지리산 빨치산 대장을 하다 숨졌다_{강상호 전 북한 내무성 정치국장 겸 제1부상 증언}.

북한에서 월간지 ≪새조선≫의 주필_{사장}을 지내다 사상검토 끝에 소련으로 귀환한 송진파에 관련된 이야기를 강상호 전 북한 내무성 정치국장 겸 제1부상 증언으로 들어보자.

"송진파는 소련에서 사범대학 문학과를 졸업하고 중학교 교사를 하다 북한 정부의 요청으로 평양에 파견되었습니다. 처음에는 조선 노동당 중앙위원회 직속 정치경제 아카데미에서 전임강사를 하다가 월간잡지 ≪새조선≫의 주필에 등용되었습니다. 송진파는 그 잡지에 실을 한 필자의 논문에서 새 단락을 시작할 때마다 '위대한 수령 김일성의 영명한 지도하에'라는 문장이 10여 번 반복된 것을 발견했습니다. 송진파는 그 필자에게 '위대한 수령'이라는 표현은 문장 첫머리와 중간, 그리고 마지막 결론에만 쓰고 나머지 표현은 모두 삭제하는 것이 좋겠다고 권고했습니다. 이 사실이 당 중앙위원회에 보고되어 '위대한 수령을 반대하는 자'로 몰려 청진으로 정배를 갔다가 간신히 소련으로 귀환했습니다. 그는 카자흐스탄 알마티에서 발행하는 ≪고려일보≫ 주필을 지내다 1990년에 사망했습니다."

\# 조선노동당 직속 중앙당학교 교장(장관급)이었던 허익은 오랜 사상검토 끝에 숙청된 후 오지의 탄광지대로 정배되어 부인과 함께 살다가 의문의 죽음을 당했다. 북한에서 빠져나가 모스크바에 살고 있던 그의 부인 윤엘리나는 "허익은 연탄가스 자살로 '위장 살해'되었다"고 주장했다. 윤엘리나는 모스크바 자택에서 필자에게 파란만장했던 자신의 인생 보따리를 풀어놓은 장문의 육필 원고와 인터뷰를 통해 다음과 같이 증언했다.

"20여 년 동안 북조선에서 남편 허익과 함께 살면서 겪은 사실들과 당시 북조선의 정세에 대하여 아는 대로 쓰려고 합니다. 이 사실들은 하나도 거짓이 없이 내가 직접 보고 듣고 경험한 나의 일기와 같습니다. 먼저 허익의 간단한 이력입니다. 그는 나와 마찬가지로 1911년 9월 18일 연해주 자유촌이라는 곳에서 태어난 고려인 2세입니다. 그곳에서 소학교와 초급중학교를 졸업한 후, 1932년 원동에 있는 사범전문학교를 졸업했습니다. 졸업과 동시에 그곳 고려인 초급중학교에서 교사를 시작으로 교장으로 일하다 1934년에 레닌그라드 종합대학 어

허익(왼쪽)과 그의 아내 윤엘리나(오른쪽).

문학부에 입학하여 1939년에 졸업했습니다. 그 길로 강제이주 당한
고려인들이 집단으로 살고 있는 카자흐스탄으로 내려가 카자흐스탄
교원대학에서 교수를 하고, 이어 고려인들의 콜호스 중학교에서 교장
을 했습니다. 35세 때인 1946년 가을, 북조선 정부의 요청과 스탈린
의 동원령에 따라 가족과 함께 북한에 들어갔습니다. 소련군정으로부
터 '김일성대학을 사회주의 명문대학으로 육성하라'는 명령을 받고
이 대학 어문학부 강좌장을 맡아 사회주의 조국의 장래를 짊어지고
나갈 후진 양성에 젊음을 바쳤습니다. 1년 후 이 대학 사범대학장으
로 승진했고, 이어 평양인민경제대학 초대학장, 1954년부터 1959년 8
월까지 노동당 중앙당학교 교장으로 일했습니다.

　1956년부터 소련 국적을 가진 소련 출신 고려인들에게 북조선 국
적으로 바꾸라는 명령이 떨어졌습니다. 그때까지 소련에서 온 고려
인들 대부분이 소련정령에 의해 소련 국적을 바꾸지 않고 임시 북조
선 국적으로 일하고 있었습니다. 이 명령에 따라 고려인들 가운데
일부는 본인만 조선 국적을 갖고 가족은 소련 국적을 그대로 유지했

으며, 또 일부는 본인과 가족 모두가 소련 국적을 포기하고 북조선 국적을 취득했습니다. 남편 허익은 본인만 임시 북조선 국적으로 바꾸었고, 나와 두 아들은 소련 국적을 그대로 갖고 있었습니다.

어느 날 남편이 중앙당학교 교장에서 해임당하고 청진광산대학 부학장으로 가라는 명령을 받았습니다. 그리고 당 중앙위원회의 검열위원회가 남편의 당성과 사상을 검토하기 시작했습니다. 소련과 와 깊은 교분을 나누고 같은 성을 가진 허가이를 추종하는 등 종파주의와 가족주의에 물들었을 뿐 아니라, 저와 세 아들의 소련 국적을 포기하지 않았으며 12년 동안 소련 신문을 구독했다는 것 등이었습니다. 특히 허가이와의 종파 관계를 집중 심문했습니다. 남편은 끝까지 허가이와의 종파 관계가 없다고 주장했습니다. 그랬더니 '당 앞에서 정직하지 못하다'면서 1959년 말에 남편을 북조선노동당에서 출당시키고 함경남도에 가서 배치를 받으라고 명령했습니다.

남편 허익은 함경남도 수동군에 있는 신설 수동탄광으로 정배되었습니다. 그러나 나와 두 아들에게 위약함을 드러내지 않으려는 듯 '죽이지 않고 탄광으로 보내는 것만도 다행'이라며 '나 혼자 탄광으로 가 좋은 세상을 기다릴 테니 두 아들당시 평양 제6고등중학교 재학 중을 데리고 모스크바로 돌아가 뒷바라지를 하라'고 권유했습니다. 그러나 나는 남편 혼자 탄광으로 보내는 것은 무덤으로 보내는 것이라는 생각이 들었습니다. 그는 청년 시절 늑막염을 앓고 난 후부터 몸이 약해져 계속 치료를 받고 있었기 때문입니다. 나는 두 아들만 모스크바 친척집으로 보내고 남편의 정배 길을 따라나섰습니다.

허익은 중앙당학교 교장에서 해임되기 전부터 가족과 함께 소련으로 돌아가겠다는 청원을 중앙당에 여러 차례 제출했으나 그때마다 거절당했습니다. 수동탄광은 말 그대로 첩첩산중에 있었습니다.

탄광 당위원회에 신고를 마치고 한 광부 집에 방 한 칸을 얻어 탄광 노동자 생활에 들어갔습니다. 알고 보니 탄광 당위원장과 탄광 지배인이 남편의 김일성대학, 평양인민경제대학, 중앙당학교 제자들이었지만, 처음부터 안면박대했습니다. 남편은 아침 7시부터 오후 7시까지 12시간 동안 지하 2km 막장까지 들어가 탄을 캤습니다. 나 역시 협동농장과 건설현장에서 벽돌을 나르는 막노동을 했습니다.

탄광 노동자들에게는 1인당 하루 800g, 그의 아이들에게는 400g, 부인들은 300g씩의 식량이 배급되었습니다. 이 식량은 쌀이 30%, 강냉이가 70%였습니다. 부식은 간장과 된장, 짠지, 소금 등이 배급되고 채소는 자급자족해야 했습니다. 이 식량으로는 도저히 세 끼를 연명할 수 없었습니다. 나는 점심 한 끼를 거르며 남편의 도시락에 보탰으나 남편의 건강은 중노동에 영양실조로 점점 악화되어 갔습니다. 궁리 끝에 닭을 키워 매일 낳는 달걀로 남편의 영양실조를 보충하기도 했습니다.

그러나 이것만으로는 도저히 살아갈 수가 없었습니다. 나는 또 궁리를 해냈습니다. 평양 주재 소련대사관 영사부를 찾아가 사정을 말하고, 소련 국적을 가진 나를 1년에 세 번씩 평양으로 초청해달라고 요청했습니다. 북한에서는 지방에서 평양으로 여행하려면 군 안전부의 통행증이 있어야 합니다. 소련대사관 영사부에서는 나의 요청을 받아들여 어김없이 약속을 지켜주었습니다. 나는 해마다 세 차례씩 평양에 나가 소련대사관 상점에서 소련산 약품과 식료품을 구입해 남편의 건강을 보살폈습니다. 그러나 남편은 가슴에 맺힌 한과 체력에 벅찬 중노동이 겹쳐 지병인 심장병이 악화되어 건강이 나빠졌습니다. 지옥 같은 탄광노동자 생활 7년째인 1966년 4월 25일 저녁, 나는 야간열차를 타고 약품과 식료품을 구하기 위해 평양으로 떠났습니다. 5·1절을 앞두고 소련대사관에서 나를 초청했습니다. 소련에서 공부하고 있는 두 아들에게서 온 안부 편지가 도착했고, 5·1절을 앞두고 좋은 약과 식료품이 들어왔다고 했습니다.

평양에서 남편의 심장약과 식료품을 사들고 29일 아침에 수동탄광 집에 도착하니 남편의 시체가 나를 마중하고 있었습니다. 집 마당에 들어서자 주재원이 집 안으로 못 들어가게 했습니다. 주재원은 '동무가 죄과를 이기지 못해 어젯밤 자살했소. 오늘 중 매장할 계획이니 그렇게 아시오'라고 말했습니다. 가슴이 찢어지는 아픔을 참고, 있는 힘을 다해 주재원을 뿌리치고 집 안으로 들어가니 남편이 입에 거품을 물고 방 한가운데에 누워 있었습니다. 잠시 후 함남도당에서 검열원들이 왔습니다. 그들은 '동무가 죄과가 많아서 자살했다'면서 '자살죄를 면하기 위해서는 꼭 해부부검를 해야겠다'고 말했습니다. 나는 절대 자살할 이유가 없다며 해부를 허락했습니다. 함경남도당에서 의사들이 나와 해부한 결과 남편의 사인은 연탄가스 중독으로 밝혀졌습니다. 그러나 나는 그가 왜 연탄가스에 중독되었는지에 대한 의구심을 떨치지 못했습니다.

나는 탄광 노동자들의 도움을 받아 탄광 기슭 야산에 남편을 매장한 후, 매일 아침저녁으로 찾아가 묘를 붙들고 울었습니다. 남편 곁에 함께 눕고 싶었습니다. 그때마다 모스크바에 있는 두 아들이 눈에 밟혔습니다. 그리고 평양 주재 소련대사관에 소련 공민이니 두 아들과 친척이 있는 모스크바로 보내달라는 편지를 보냈습니다. 6개월 후인 1966년 12월 말, 대사관으로부터 출국 통지를 받고 북한 당국의 검열을 받은 뒤 홀로 모스크바에 돌아왔습니다."

평양에 간 고려인 엘리트 가운데 유일하게 박헌영의 비서였던 박태

섭의 소련 귀환 배경 또한 남다르다. 박헌영은 1946년 말 황해도 해주에서 평양으로 올라와 소련군 제25군 제7호 정치부에 "소련에서 온 사람 한 명을 비서로 달라"고 요청했다. 박태섭도 박헌영의 비서가 되는 것을 대단히 만족스러워했다. 박태섭은 10여 개월 동안 박헌영의 비서로 일했다. 1947년 가을 윤공흠 등 당 간부들을 소련에 유학 보낼 때, '소련 말을 잘하는 사람 한 명을 딸려 보내라'는 소련군정의 지시에 따라 박태섭이 선택되었다. 유학생들의 통역으로 소련에 간 박태섭은 6·25전쟁이 끝난 1953년 말 마지막 유학생들과 함께 귀국했다. 귀국 후 박태섭은 김일성, 박헌영, 허가이 등 당 최고지도부가 참석한 회의석상에서 박헌영을 만나 반갑게 인사를 했다. 박길용 전 북한 외무성 부상은 필자와의 인터뷰에서 "당시 박창옥이 나에게 귀띔해준 이야기"라며 다음과 같이 증언했다. 그때는 박창옥이 허가이에 대한 숙청에 앞장선 공로로 당 중앙위원회 부위원장 겸 정치위원으로 등용되고, 허가이 사망 이후 소련 고려인 엘리트 가운데 '김일성 사람'으로 급부상하고 있을 때였다.

"박태섭이 박헌영에게 인사하는 광경을 지켜보던 김일성이 옆에 있던 박창옥에게 '동무, 저자가 왜 박헌영과 친한가'라고 묻더랍니다. 박창옥이 '박태섭이 소련에 가기 전 박헌영의 비서였습니다'라고 대답하자 김일성은 그러느냐며 못마땅한 표정만 지었을 뿐 더 이상 말이 없었다는 것입니다. 박태섭은 그 후 김책공대 학장에 임명되었습니다. 얼마 후 행사장에서 박태섭이 보이자 김일성은 박창옥에게 '저 사람이 박헌영 비서를 했다는 사람 아닌가'라고 물어 '그렇다'고 대답하자 '안 된다. 목을 떼라'고 지시하더라는 것입니다. 이에 따라 박창옥은 박태섭을 강상호가 교장으로 있는 중앙당 간부학교 부교장으로 강직시켰답니다. 그 후부터 사기가 떨어진 박태섭은 엎드려 있다가 1958년 소련으로 귀환하여 소련고급당학교를 졸업하고 우즈베키스탄의 공장 지배인으로 일하다 사망했습니다."

소련 정부의 명령에 따라 북한에 파견되어 당·정·군에서 고위직을 지내다 우여곡절 끝에 소련으로 귀환한 고려인들 30여 명의 증언을 종합하면, 소련파 간부들에 대한 사상검토는 말 그대로 '이현령비현령'이었다. 겉으로는 반당 종파주의자를 색출한다는 명분을 내걸고 자기비판과 함께 사상검토가 진행되었지만, 이들의 숙청 내막을 하나하나 들여다보면 그야말로 천차만별이다.

일단 소련파 전부를 대상에 올려놓고 숙청 작업이 진행되었다. 주요 간부들의 경우 당 검열위원회가 이들에 대한 정보를 모아 당 중앙위원회에 보고하면, 당 중앙위원회가 이를 전원회의 또는 정치위원회와 상무위원회에 보고하여 비판토론을 거쳐 숙청을 결정하는 형식을 취했다.

또 검열위원회가 수집된 정보에 따라 대상자를 바로 내무기관에 넘기면 내무기관이 이들을 자기비판 또는 사상검토라는 이름으로 조사해 숙청했다. 대상자의 신병은 내무기관에서 사전에 검거 또는 감시한 상태이거나 당의 결정이 확정되면 검거하는 방식이었다. 숙청 내용은 당 비서, 정치위원회 위원후보위원 포함, 중앙위원회 위원후보위원 포함, 중앙당 부장과 부부장, 각 도당위원장과 부위원장 등에서 해임과 함께 출당시켜 당원 자격을 박탈하는 것이었다. 아울러 내각의 부수상, 각 성의 상, 부상, 위원회 위원장, 국장, 도 인민위원회 위원장 등에서 해임시켰다. 이들 중 일부는 처음부터 노동자 수용소로 직행하거나 지방의 공장 지배인으로 가 일정기간 일하다 소식이 두절되었다. 또 일부는 가족과 함께 산골 외딴집 등에서 지내다 죽거나 소식이 끊겼다. 대부분의 간부는 자기비판과 사상검토를 받은 뒤 출당과 함께 현직에서 쫓거나 대기하면서 소련 귀환을 신청해 소련으로 되돌아가 노후를 보내다 사망했다.

　소련 고려인 엘리트들은 초기에는 아내와 자식 모두를 중앙아시아에 두고 평양으로 갔다. 1946년 2월 8일 임시인민위원회가 수립되면서 일부가 아내를 평양으로 불러들이기 시작했고, 1948년 9월 북한 정권이 수립되면서 대부분 아내와 자녀들을 불러들여 평양에서 함께 생활했다. 또 일부 간부들은 자식들의 교육을 위해 그들을 소련에 남겨두고 아내만 평양으로 불러들였다. 따라서 숙청으로 소련에 돌아가지 못한 50여 명의 간부 대부분은 자신들의 사상검토가 시작되자 일단 부인과 자녀들을 소련으로 귀국시켰고, 처음부터 평양에 가지 않고 소련에 남았던 숙청 간부들의 가족들은 반세기가 넘도록 남편과 아버지의 생사를 몰라 한 많은 세월을 보내고 있다.

　# 전 북한 내각에서 임업상을 지냈던 고희만의 숙청 명분은 빨치산파를 '폄훼'했다는 것이었다. 고희만은 소련에서 공군조종사학교를 졸업하고 소련군에 입대했다. 1920년대 소련과 중국 장제스 정부 간의 상호 원조조약에 의해 장제스 공군부대에 파견되어 조종사로 일본군과 싸웠다. 그 후 소련으로 돌아가 다시 공업대학을 졸업하고, 타슈켄트의 한 제철소 지배인으로 일하다가 스탈린의 동원 명령에 따라 북한에 파견되었다. 처음에는 성진제철소 지배인, 이어 북한인민군 소속 특수공업국군수공업 국장, 최고인민회의 대의원, 당 중앙위원회 후보위원 겸 산업부장 등을 지내다 임업상 시절인 1958년 말 사상검토의 그물에 걸렸다. 강상호의 증언을 들어보자.

　"고희만은 임업성 부하들이 각종 사업을 하면서 사전에 문서로 상부에 보고하여 결재를 받는 절차 없이 멋대로 추진하는 관례를 지적

하면서 '이 같은 사업 작풍이 빨치산 치나냐^{빨치산 전투방식}인가'라고 비판
했습니다. 임업성의 한 간부가 이를 '고희만이 사업을 잘못하는 엉터
리 빨치산들'이라고 왜곡하여 당 중앙위원회에 보고했습니다. 당 중
앙위원회는 고희만 발언의 의미는 '김일성의 빨치산을 모욕하는 것'
이라고 해석하고 그를 사상검토하기 시작했습니다. 고희만은 사상
검토 때 러시아어 사전을 들고 나가 '빨치산 치나란 말은 빨치산을
모욕하는 뜻이 아니며 김일성 빨치산과는 아무런 공통성이 없는 말'
이라고 해명했습니다. 그러나 중앙당은 당초 해석대로 '고히만은 김
일성의 빨치산을 폄훼했다'라고 결정하고, 그를 반당종파분자로 출
당시키고 숙청했습니다."

\# 평양에 파견된 소련 출신 고려인 엘리트 간부들에 대한 숙청 바람은
인민군에도 파급되어 많은 장군이 희생되었다. 인민군 총정치국장이었던
최종학 상장은 반당종파분자들의 죄과를 철저히 폭로하고 규탄하여 당원
들과 군인들 속에 반당종파분자에 대한 증오심을 심어주지 않고 우물쭈
물하고 있었다는 죄목으로 검거된 후 소식이 끊겼다. 그는 소련군관학교
를 졸업하고, 1945년 8월에 평양에 들어가 1950년 인민군사단정치부장,
1954년 10월 민족보위성 부상, 1956년 4월 인민군 총정치국장이 되었고,
그해 제3차 당 대회에서 당 중앙위원으로 선출되었다^{전 북한 민족보위성 작전국}
^{장 유성철 중장 증언}.

\# 만경대 군관학교 교장 김칠성^{인민군 해군} 소장도 고히만과 비슷한 발언이
문제가 되어 숙청당한 경우다. 그는 소련에서 사범학교를 졸업하고 교사
를 하다가, 북한 정권이 들어서면서 각급 학교에서 러시아어가 제1외국어
로 지정되어 이를 담당할 교사가 절대 부족하자 1949년 러시아어 교사 요

원으로 북한에 왔다.

북한에서 러시아어 교사를 하던 중 6·25전쟁이 발발하자 "청년이 교편을 잡고 있을 때가 아니다"며 자원해서 전선에 지원했다. 해군사령부 작전부장으로 있다가 소장 계급장을 달고 참모장이 되었다. 동해안에 출격한 미 군함이 북한의 해변에 설치된 군사기지를 비롯하여 도시, 농촌, 어촌 등 사방을 가리지 않고 함포 사격을 계속했다. 이때 북한 해군 사령관 한일무 중장소련파은 김칠성의 지휘하에 미 군함을 격파할 작전조를 조직했다. 김칠성은 사령관 한일무의 명령대로 미 군함을 격파할 안을 창안하여 성공적으로 작전을 마무리했다. 이 공로로 그는 북한 정부로부터 영웅칭호를 수여받았다. 전쟁이 끝난 다음 그는 만경대 군관학교 교장에 임명되었다. 강상호의 증언을 들어보자.

"김칠성이 어느 날 군관들과 함께 회식을 하는 자리에서 소련에서 출판된 군사 잡지를 읽은 이야기를 하면서 '제2차 세계대전에서 확증된 바와 같이 현대 전쟁에서 빨치산 전술은 맞지 않고 최신 군사기술이 전승을 결정한다'고 말했다는 것입니다. 이 자리에 참석했던 군관이 당 중앙위원회에 이 말을 보고했습니다. 당 중앙위원회 검열위원회는 김칠성의 언동에 대해 조사해 '빨치산들의 전투를 과소평가했다'고 결론짓고, 그를 반당종파분자로 출당함과 동시에 숙청했습니다."

과거 남로당과 옌안파 등 '반당종파분자' 밑에서 일했거나 그들과 친분이 있었던 간부들도 거의 예외 없이 반당종파분자로 낙인 찍혀 숙청의 그물에서 벗어나지 못했다. 6·25전쟁 때 옌안파 군단장 밑에서 군단 군사위원을 지낸 최학일은 반당종파분자로 찍혀 혹독한 사상검토를 받았다. 그는 소련에서 사범대학을 졸업하고 고려인 중학교에서 교사를 하다

1945년 9월에 평양에 들어왔다. 평양에서도 교사를 하다 6·25전쟁이 발발하자 전선에 지원해 인민군에 들어가 정치군관학교 교장에 이어 전쟁이 치열할 때 장평산이 군단장으로 있는 군단에서 군사위원으로 싸웠다. 정전협정 이후 군단장 장평산이 반당종파분자로 출당 및 숙청되었고, 이어 장평산과 함께 일했던 최학일에 대한 사상검토가 시작되었다. 최학일과 관련된 강상호의 증언을 들어보자.

"최학일의 사상검토는 구금상태에서 '군단장 장평산과 같이 반당종파 행동을 한 사실을 자백하라'며 1년 6개월 동안 계속되었습니다. 이런 과정에서 그는 정신이상이 되어 부인이 면회를 가도 만나주지 않았습니다. 이를 지켜보던 당 중앙위원회 부위원장 박정애가 '같은 집안 오빠'라며 윗선에 선처를 부탁했습니다. 박정애라는 이름은 지하공작활동 때 쓰던 가명이고 본명은 최베라입니다. 최학일은 병보석으로 풀려나 부인과 함께 자식들이 살고 있는 소련으로 돌아가 살다가 사망했습니다."

내무성을 비롯하여 각 도·시·군의 내무기관은 당과 내각 간부들의 반당종파 언행을 감시하고, 검거 및 구금, 조사하는 이른바 '힘 있는 기관'이다. 그렇지만 어느 기관보다 부침이 심한 기관이기도 하다. 어제의 막강한 간부가 오늘 피조사자 신분이 되어 조사를 받고 숙청되는 사례가 비일비재했기 때문이다. 북한에서 내무성 정치국장 겸 제1부상을 지낸 강상호는 이 같은 실정을 누구보다도 잘 아는 사람 중 하나이다. 그의 증언을 들어본다.

"숙청된 박일우(옌안파)가 한때 내무상으로 있었기 때문에 그의 반당

종파적 여독이 내무성 간부들에게 전염되었으리라는 추측으로 내무성 간부들에 대한 사상검토가 지속되었습니다. 1959년까지 내무성 또는 사회안전성 부상을 지냈던 김춘삼소련파, 박은익정보안전 담당, 손춘봉경찰 담당, 윤재병박은익 후임, 김학만대외정보 담당 등 다섯 명은 사상검토 뒤에 출당되거나 검거되었습니다. 그리고 내무성의 국장 및 부장 상당수가 역시 사상검토 뒤에 검거되었고, 이들 중에는 자살을 선택하는 사람이 속출했습니다.

예를 들면 내무성 경제안전처장 위대성은 '반당종파에 가담한 사실을 자백하라'는 등 사상검토를 견디다 못해 사무실에서 자신의 총으로 자살했고, 내무성 인민군 안전국장 이림도 사상검토를 받는 과정에서 자신의 집에서 엽총으로 자살했습니다. 또 내무성의 한 중좌이름을 기억 못함는 사상검토 과정에서 내무원에 압송되어 식사를 하러 가던 중 건물 지붕으로 뛰어올라가 '나는 반당종파가 아니다. 진실한 공산당원들과 내무원들의 탄압을 중단하라'라고 외치고 지붕에서 떨어져 자살하기도 했지요."

내무기관에서 혹독한 예심을 받다가 풀려나 소련으로 귀환한 뒤, 그 후유증으로 오랫동안 앓다가 숨진 고려인 간부도 상당수에 이른다. 6·25전쟁 때 인민군 소장 계급을 달고 공병국장을 지낸 박길남이 그런 경우다. 소련에서 공산당학교를 졸업한 그는 고향 연해주 니콜라옙스크 어장의 당위원회에서 일하다 소련군에 징모되어, 하바롭스크 부근 아무르 강변 브야츠크 마을에 있는 소련군 제88정찰여단에서 공작대원으로 복무했다. 이곳에서 김일성을 알게 되었고 함께 원산항을 통해 입북했다. 군관으로 인민군 창설에 참여하다가 6·25전쟁이 발발하자 공병국장을 맡아 전투 토치카, 보루 방어시설 등을 건축하고 전쟁으로 파괴된 철도와 교량을 제때 복

구하는 등 공병작업에서 세운 공로로 공화국 영웅칭호를 수여했다. 강상호의 증언을 들어보자.

"내무기관은 1957년 박길남을 반당종파 그룹에 가담하고 공병 자재를 낭비했다는 혐의로 체포하여 방공호 감옥에 가두고 3개월 동안 예심을 들이댔습니다. 그러나 내무기관은 그의 범죄 근거를 찾지 못해 공화국 영웅칭호와 훈장을 박탈하고 소련으로 되돌아갈 것을 허락했지요. 카자흐스탄 알마티로 귀환한 그는 혹독한 예심의 후유증으로 장기간 병환 끝에 사망했습니다."

＃ 북한 내각의 전기성 부상을 지냈던 박원무에 대한 사상검토 배경 또한 남다르다. 그는 소련에서 전기기술대학을 졸업하고 소련의 조국전쟁 시기에 타슈켄트의 수력발전소를 건축하고 그 발전소 지배인을 지냈다. 이후 북한 정부의 기술자 요청에 따라 1946년 8월에 36명의 기술자 그룹과 함께 입북했다. 수풍발전소 기사장이 되어 일본인들이 가동을 중단한 수풍발전소를 정상화시키는 등의 공로로 전기성 부상에 등용되었다. 그러나 그는 최고인민회의 선거 때 투표용지를 반대 투표함에 잘못 넣어 불순분자로 찍혀 사상검토를 받았다. 박원무와 관련된 강상호의 증언을 들어보자.

"북한에서는 투표장에 들어서면 테이블 옆에 선거위원들이 앉아서 공민증과 투표자 명단을 대조해 투표용지를 줍니다. 이 투표용지에 투표를 한 후 찬성하면 붉은 함에, 반대하면 검은 함에 넣도록 되어 있습니다. 붉은 함과 검은 함의 거리는 2~3미터쯤 됩니다. 이들 투표함 옆에는 내무원이 서서 누가 검은 함에 투표하는가를 지켜보고 있다가 발견되면 정치적 불순분자로 내무기관에 보고합니다. 그리고 즉시 내무기관이 조사를 시작합니다. 그런데 성격이 급한 박원무는 북한에 와서 처음 당하는 일이라 투표 규정을 보지도 않고 투표용지를 검은 함에 넣었습니다. 순간 그는 투표용지를 잘못 넣었다고 판단하고 투표구 선거위원장을 찾아가 자신의 오류에 대해 해명했습니다. 그러나 그의 해명은 받아들여지지 않고 즉시 사상검토를 받아야 했습니다. 1개월여 동안의 사상검토 끝에 풀려나와 소련으로 귀환하여 모스크바에서 여생을 보내다 사망했습니다."

북한 내각의 도시경영상 겸 당 중앙위원회 위원당 서열 35위 김승화, 농업성 부상 이용석, 교육성 고등교육국장 김빠벨 등 세 명은 소련파 간부들 가운데 소련 유학을 갔다가 반당종파 혐의로 사상검토를 받은 경우에 속한다.

도시경영상 김승화는 소련에서 사범대학을 졸업하고 중학교 교장을 하다 기술자 그룹에 선발되어 입북했다. 김일성대학 부총장과 중앙당학교 교장, 내각 사무국장, 국가건설위원회 위원장 등을 지냈다. 소련 유학을 지원하여 소련공산당 중앙위원회 직속 연구원에 파견되어 공부하고 있던 중이었다. 당 중앙위원회는 1956년 9월 그를 윤공흠, 서휘, 이필규, 박창옥 등이 주동한 이른바 '8월 종파사건'의 음모 참가자로 지목하여 그에게 귀국 명령을 내렸다. 그러나 김승화는 이에 응하지 않고 유학을 계속해 박사학위를 받았다. 또 당 중앙위원회는 모스크바 주재 북한 대사관의 특무 공작원들로부터 유학 중인 농업성 부상 이용석과 교육성 고등교육국장 김빠벨 등 두 명이 김승화와 만나 반당종파에 대한 대화를 하고 있다는 정보를 받고 이들을 소환했다.

이들과 관련된 강상호의 증언을 들어보자.

"귀국한 이용석은 1년여 동안 내무기관의 조사를 받고 풀려나지 못해 숙청되었습니다. 김빠벨도 6개월여 동안 내무기관에 구금되어 조사를 받으면서 '모스크바에서 김승화와 자주 만나기는 했으나 반당종파에 대한 대화는 없었다'라고 잡아떼 모스크바로 빠져나갔지요. 그는 소련공산당에 입당해 대학교수를 하다 사망했습니다."

반당종파분자 등 이른바 '정치적 불순분자'를 조사하기 위해서는 내무기관에서 사전에 치밀한 감시활동을 한다. 감시 대상자들에게 담당 정보원을 지명하고 그를 미행하여 접촉하는 사람들을 조사하는 등 일거일동을 감시한다. 서신 검열과 전화 도청은 기본이다. 강상호의 증언을 더 들어보자.

"내무성 보안국장 동태종을 감시할 때는 내무원들이 밖에 있는 변소를 뒤져 똥이 묻어 있는 휴지를 주워 말려 거기에 쓰여 있는 글을 분석하는 비위생적인 일도 가리지 않았습니다. 동태종은 함경북도 명천 출신으로 내가 내무성 제1부상으로 들어갈 때인 1953년에 체포되었습니다. 내무상 박일우파로 분류되어 주택 감금 상태에서 조사를 받았습니다. 내각 직속 건재국장장관급인 옌안파 이필규와도 가까운 사이였지요.

내무성 부상 윤재병을 반당종파분자로 혐의로 감시할 때는 함께 사는 그의 사위를 이용했습니다. 대학생인 사위에게 '비밀을 엄수한다'는 서약서를 받고, '감시에 성공하면 보상이 있고 대학 졸업 후 좋은 직장을 보장하겠다'는 조건으로 그를 내무기관 정보원으로 포섭했습니다. 결과적으로 윤재병은 검거되었지만 그것이 사위의 공로인지 여부는 알 수 없습니다. 소련파의 숙청이 한창이던 1957년과

1959년 3년 동안은 누구라도 '나는 아무 죄도 없는 사람'이라고 자유 롭게 호흡하는 사람은 거의 없었습니다."

초기 소련 고려인 간부들을 숙청하는 캄파니아에는 당 중앙위원회 부위원장인 박금철_{김일성파}과 김창만_{옌안파}, 당 중앙위원회 조직지도부장 한 상두_{전 함북도당위원장, 갑산파, 함남 출신 항일운동가로 일제 치하에서 여러 차례 투옥, 국가검} _{열성 부상 서휘, 내무성 부상 손춘봉}_{경찰 담당} 등이 지도하고 집행했다. 다 음은 강상호의 증언이다.

"1957년 초여름 어느 날, 당 중앙위원회 조직지도부장 한상두가 불러 그의 사무실로 갔더니 최고검찰소 부소장 김동학_{소련파}, 최고재 판소 부소장_{성명 기억 못함}이 와 앉아 있었습니다. 한상두는 '당신들의 상장_관과 소장_{장관}이 출장 중이어서 당신들을 불렀다'며, '당 중앙위원 회에 입수된 자료에 의하면, 특히 전쟁 시기에 준법성을 위반하고 죄 없는 인민들을 체포하여 유죄 판결한 사실이 적지 않다고 한다'라고 지적했습니다. 그리고 그는 '고문서를 검열하고 법적 근거 없이 판결 된 자들을 복권하는 일을 조직지도하고 그 결과를 보고하라'고 지시 했습니다. 이에 따라 최고검찰소와 최고재판소는 고문서를 검열하 고 법적 근거가 없다고 인정되는 자들을 복권시키고 감옥에서 석방 했습니다.

뒤늦게 이 사실을 알게 된 내무상 방학세_{소련파}가 김일성 수상에게 이를 보고했습니다. 김일성은 즉시 정치위원회를 열고, 나와 김동학 최고검찰소 부소장, 최고재판소 부소장 등 세 명을 불러 '누구의 지 시에 의하여 최고검찰소와 최고재판소는 유죄 판결을 받은 자들을 복권시켰는가'라고 따졌습니다. 최고검찰소 부소장과 최고재판소 부소장은 한결같이 '한상두의 지시에 따라 시행한 것'이라고 답변했습니다. 한상두는 즉석에서 철면피하게도 그런 지시를 한 사실이 없다고 대답하더군요. 그러나 김일성과 정치위원 모두 한상두의 말을 곧이곧대로 듣지 않은 것 같았습니다. 이어 김일성 수상이 나를 향하여 '동무는 이 재심의에서 무엇을 했소'라고 물었습니다. 내무성은 판결된 범인을 재심할 권리가 없기 때문에 아무것도 한 일이 없다고 대답해 모면했지요. 정치위원들은 '이 재심은 반당종파분자들이 우리 당에도 개인숭배가 있다는 근거를 얻어내기 위해 한 짓인데, 최고검찰소 부소장과 최고재판소 부소장은 반당종파분자들과 결탁하여 이 같은 재심을 했으므로 출당 조치한다'고 결정했습니다. 이에 따라 이들은 즉석에서 체포된 후 숙청되었습니다. 한상두도 얼마 후 숙청되었습니다. 그리고 이 사건 이후 소련 출신 고려인 부상들을 모두 국장으로 강직시켰습니다."

소련파 숙청의 그물, '밀수입 사건'과 '콩기름 사건'

소련 출신 고려인 간부들을 죄인으로 몰기 위해 꾸민 연극 중 하나가 '밀수입 사건'이다. 이에 대한 강상호의 증언을 들어보자.

"1957년 가을 어느 날로 기억합니다. 내무상 방학세는 휴가 중이었습니다. 당 중앙위원회가 나를 불러 '소련에서 온 간부 중 일부가 밀수입을 한다는 정보가 입수되어 국가검열성에 철저한 조사를 위임했으니 그 조사가 끝날 때까지 내무성은 그 사건을 취급하지 말라'고 지시했습니다. 이 지시가 있은 지 며칠 후 당 중앙위원회 조직지도부장 한상두가 나를 불러 '내무성에서 예심처장 주광무소련 출신를 직위 해임하라'고 지시했습니다. 그를 아예 쫓아내라는 말이냐고 물었더니 '예심처장만 시키지 말고 내무성 내에서 다른 직위로 배치하라'는 것이었습니다. 나중에 알게 된 일이지만 앞으로 많은 소련 출신 간부들을 밀수입 사건으로 내무성에서 기소해야 되는데 예심처장이 소련 출신이면 안 된다는 것이었습니다."

소련 출신 간부들을 반당종파분자가 아닌 파렴치한 죄인으로 몰아내기 위한 또 다른 연극으로는 '콩기름 사건'이 있다. 소련 출신 고려인 내무상 방학세, 조선중앙은행 총재 김찬, 상업성 부상 유도승 등 세 명을 '콩기름 밀수 사건의 주범'으로 몰아간 사건이다. 내용인즉 김찬은 은행 돈 거액을 빼돌려 유도승에게 주었고 유도승은 그 돈으로 중국에서 콩기름 한 트럭을 밀수입했다는 것이다. 이를 상업성 직원 채 모 씨가 중간상들에게 방매하여 얻은 거액의 수입금을 셋이서 분배했다는 것이다. 그리고 내무상 방학세는 같은 소련 출신 고려인 김찬과 유도승의 밀수입 사건이 발로되지 않도록 하기 위하여 그들의 부탁을 받고 지방에서 다른 죄로 징역살이를 하고 있는 채 모 씨를 평양으로 불러 총살했다는 것이다. 강상호의 관련 증언을 들어보자.

"중앙당의 지시로 나와 경찰담당 내무성 부상 손춘봉이 이 사건을 규명하기 위해 검열에 나섰습니다. 평안북도 감옥의 조회에 따르면 채 모 씨가 재판받은 사건은 콩기름 사건이 아니라 다른 협잡 사건이었고, 내무상 방학세의 호출로 평양에 간 일이 없으며 감옥에서 이질로 장기간 앓다가 옥사하여 감옥 뒷산에 매장했다는 것이었습니다. 특히 중앙은행에서 거액을 도난당한 일이 없음이 드러나 누군가가

꾸며낸 연극이었음이 밝혀졌습니다."

내무기관의 정보원 '호랑 할멈'과 '넝마주이 사건'

같은 시기, 내무기관 전임 정보원 '호랑 할멈'이란 사건이 발생했다. 당 중앙위원회 조직지도부장 한상두의 지시에 의하여 내무성 경찰담당 부상 손춘봉은 보안국에 지시하여 간상배로 소문난 '호랑 할멈'이란 여자를 내무기관 전임 정보원으로 채용하도록 했다. 그리고 그에게 일정한 월급도 주면서, 평양시장의 장사꾼으로 위장하여 여러 간상배에게 '밀수품 기타 외국제 상품을 수매 판매하는 장사꾼'이라고 널리 광고하고 밀수품을 수매하면 즉시 보안국에 보고하라고 했다. 강상호의 관련 증언을 계속 들어보자.

"이런 공작을 꾸민 배경에는 소련 고려인 출신 외무상 남일이 외국 출입을 빈번히 하면서 밀수품을 가져다가 장사꾼들에게 넘겨준다는 것과 소련 출신 고려인 간부들이 소련 출입을 하면서 밀수품을 암시장에 팔기 때문에 이를 정보원을 통해 잡겠다는 계산이 깔려 있었습니다. 그러나 '호랑 할멈'이 몇 달 동안 장마당에 나앉아 밀수품을 기다렸으나 좀처럼 물건이 없다가 하루는 어떤 여성이 소련제 카메라 하나를 갖고 찾아왔답니다. 이를 보고받은 보안국이 조사해보니 카메라를 가지고온 여자는 문화선전상 허정숙의 집 가정부였고, 그 카메라는 허정숙이 모스크바 출장 때 소련 문화성에서 선물 받은 것으로 자기 아들의 결혼 비용이 모자라 팔게 되었다는 것이었습니다. 호랑 할멈은 여러 달 동안 밀수품을 기다렸으나 한 건도 제보하지 못해 끝내 전임 정보원에서 해임되었습니다."

소련 출신 고려인 간부들을 잡기 위해 꾸민 또 다른 연극은 '넝마주이 사건'이다. 같은 시기 평양에서 여자 세 명이 넝마장사를 했다. 이들은 주로 당과 내각 등의 간부들의 주택을 돌아다니면서 낡은 의복과 신발을 수매하여, 이를 수선하고 세탁하여 다시 시장에 내다팔았다. 검열성은 그들을 붙잡아 내무성 감옥에 가두면 비밀유지가 어렵다는 이유로 여관방에 가두어 넣고 조사를 시작했다. 소련 출신 고려인 간부들의 집에서 어떤 밀수품을 수매했느냐며 집중 추궁했다. 넝마장사 여인들은 사실대로 누구누구의 집에서 넝마를 수매했다고 자백했다. 그러나 모두 낡은 것이지 새것은 없었으며, 자신들은 시계, 양복지, 카메라 등 비싼 물건을 살 수 있는 돈도 없었다고 진술했다. 이번에도 밀수입자는 붙잡지 못하고 불쌍한 넝마장수 여인들만 '여관 감옥'에서 한 달 간 고통을 받았던 것이다.

소련으로 못 돌아간 엘리트 간부 47명

북한에서 고위직을 지내다 소련으로 귀환한 인사들 중 생존해 있던 20여 명의 인사가 1991년에 잠정적으로 조사한 바에 따르면, 평양에 간 소련 고려인 엘리트 500여 명 중 소련파 숙청 드라이브에 걸려 숙청 후 행방이 불분명하거나 강제수용소에 수감된 후 생사를 알 수 없고, 사상검토와 함께 지방으로 정배 간 후 소식이 끊기는 등 소련으로 돌아가지 못한 간부는 모두 47명이다. 그 명단은 〈표 8-1〉과 같다.

[표 8.1] 6 · 25전쟁에 참전 후 북한에서 소련으로 돌아가지 못한 고려인 장령(장군)들과 군관들

이름	직급	비고
고봉철	화가	사상검토 후 행방불명
고희만	임업상	숙청 후 체포, 무소식
김광	무역성 부상	숙청 후 무소식
김동철	교통성 부상, 인민군 총정치국장, 최고재판소 부소장	숙청 후 행방불명
김동학	최고검찰소 부소장	숙청 후 체포, 무소식
김두환	무역성 부장	사상검토 후 행방불명
김만석	전시 김일성 근위부대장, 내무성 비밀통신부장, 인문군 소장	숙청 후 행방불명
김열	공업성 부상, 함경북도당위원장	숙청 후 행방불명
김용수	내각 출판검열국장	숙청 후 강제수용소, 무소식
김원길	항공사령부 부참모장 · 소장	사상검토 후 행방불명
김원무	인민군 대좌	사상검토 후 행방불명
김창수	당 간부, 바르샤바 주재 대사관 참사	사상검토 후 행방불명
김철용	인민군 대좌	사상검토 후 행방불명
김철우	군단 정치위원 · 소장, 자강도 인민위원회 부위원장	숙청 후 체포, 무소식
김철훈	당 간부, 문화기관 간부	사상검토 후 행방불명
김춘삼	내무성 부상	1959년 동유럽 경제대표로 파견 소환되어 숙청 후 검거
김칠성	해군참모장, 해군소장	숙청 후 체포, 무소식
김태건	인민군 항공 소장	사상검토 후 행방불명
김택영	사법성 부상	숙청, 무소식
김표도르	신문사 부주필	사상검토 후 행방불명
김혜경 (여)	인민군 후방총사령부 통역	남편 전일과 함께 강제수용소 수감
김혜경 (여)	인민군 후방국장	숙청 후 평안북도 정배, 무소식
박알렉세이	농임은행장	사상검토 후 행방불명
박의완	내각 부수상	숙청 후 체포, 무소식
박일영 (본명 황수남)	동독 주재 대사	숙청 후 행방불명
박창식	자강도 인민위원장	숙청 후 행방불명
박창옥	내각 부수상	숙청 후 체포, 무소식
박창원	인민군 소장	사상검토 후 행방불명

박태준	노동성 부상	숙청 후 강제수용소, 무소식
방춘걸	최고인민회의 상임위 경리부장	숙청 후 행방불명
서춘식	평안북도당위원장	사상검토 후 행방불명
안일	인민군 잡지 주필	사상검토 후 행방불명
안철	인민군 대좌	사상검토 후 지방정배
엄일	내무성 경제안전과장	숙청 후 행방불명
이용석	농업성 부상	숙청 후 행방불명
이종인	인민군 통신 소장	사상검토 후 행방불명
장익환	교육성 부상	대사로 나갔다가 소환되어 체포, 무소식
장주익	과학원 서기장	숙청 후 체포, 무소식
전일	38선 경비여단 군사정치부장·대좌	부인 김혜경과 함께 검거 후 강제수용소 수감
정학준	인민군 작전 국장·포병 중장	사상검토 후 행방불명
채규영	최고검찰수 부소장	사상검토 후 행방불명
최원	인민군 소장	사상검토 후 무소식
최종학	인민군 총정치국장·상장	사상검토 후 지방유배, 무소식
최철환	내각 사무국장	아내, 막내딸 등과 함께 검거되어 행방불명
최흥국	인민군 후방국장·소장	사상검토 후 지방정배, 무소식
허빈	황해북도당위원장	사상검토 후 행방불명
허익	당중앙위원회 직속 중앙당학교 교장	숙청, 강제수용소 사망

남봉식 전 조선중앙방송위원장의 사상검토

남봉식 전 조선중앙방송위원회 위원장은 소련파의 숙청 그물에 걸려 2개월여 동안 혹독한 사상검토를 받은 끝에 풀려나 소련으로 귀환한 경우다. 그에 대한 사상검토 명분은 기자가 써낸 기사에서 반복되는 '김일성 수상'이라는 표현을 삭제했고, 반당종파분자들인 소련파 박창옥과 기석복, 전동혁 등과 친분이 두텁고, 전쟁 시기에 텃밭을 가꾸었으며, 그의 승용차 운전사가 남한으로 도망갔다는 등이었다. 남봉식은 필자와의 인터뷰에서 자신이 북한에서 치른 사상검토 과정을 다음과 같이 증언했다.

"1958년 3월 초순, 평양중앙방송국 회의실에서 전국의 방송국을 총괄 지휘하는 중앙방송위원장인 나를 비롯해 평양중앙방송국 간부들과 조선노동당 중앙위원회 조직지도부 지도과장 김영주, 중앙당 지도원 등이 참석한 가운데 조선중앙방송위원회 당 총회가 열렸습니다. 이 회의는 매월 정기적으로 열리는 회의였지만 이날따라 이례적으로 김일성 수상의 동생 김영주가 참석했습니다. 이상한 예감이 들었습니다. 아니나 다를까. 사회자가 '오늘 회의의 의제는 남봉식 위원장의 방송사업 작풍에 대한 문제 하나뿐'이라고 선언했습니다. 이어 초급당위원장이 다음과 같이 나의 사업 작풍에 대해 보고했습니다. 그는 '남봉식은 다년간 중앙방송위원회 최고 책임자로 있으면서 반당적·반동적 행위를 감행했다'고 전제한 뒤, '남봉식은 어느 날 방송기자의 기사에서 '경애하는 김일성 수상'의 이름을 세 곳에서 지워버렸다'고 비판했습니다. 이어 그는 '남봉식은 시 당 열성자대회에서 박창옥, 기석복, 전동혁 문제를 취급할 때 토론을 하라는 당의 지시를 거절했고, 중앙당 허가 없이 전쟁 시기에 텃밭을 가꾸었으며, 남봉식의 운전사가 전쟁 때 방송위원장 전용차를 타고 남조선으로 도망갔다'고 보고했습니다.

보고가 끝나자 이에 대한 토론구체적인 비판이 시작되었습니다. 토론은 미리 정해진 명단에 따라 일주일 동안 진행되었습니다. 토론자 대부분이 방송국 간부들이었기 때문인지 토론이 진행되는 동안 나를 회의장에서 쫓아냈습니다. 오랫동안 당 생활을 했지만 당사자를 쫓아내고 토론을 하는 당 회의를 본 적이 없었습니다."

남봉식의 증언을 계속 더 들어보자.

"토론 중간에 나를 참석시킨 후 중앙당 지도원이 나에게 자기비판을 하라고 다그치더군요. 그러나 나는 두 눈을 감고 아무 말없이 앉아 있었습니다. 지도원은 '건방진 동무'라며 '말을 듣지 않으면 내무기관 예심처로 넘기겠다'고 협박했습니다.

나는 견디다 못해 회의 마지막 날 신상발언을 통해 다음과 같이 말했습니다. '나는 조선해방 전에 참가했다. 6·25전쟁 시기와 전후 복구 시기에 몸을 아끼지 않고 헌신적으로 일했다. 나의 아버지는 조선혁명을 위해 목숨을 바쳤다. 지적한 대로 경애하는 수령의 이름을 지워버린 사실이 있다. 그러나 이 문제로 나를 반당분자로 몰려고 한다면 이를 절대로 받아들일 수 없다. 듣기 좋은 소리도 한두 번이라고 5분도 안 되는 방송기사에서 수령님의 이름을 15번이나 반복했다. 이는 수령님에 대한 존경이 아니고 모욕이다. 그리고 시당 열성자대회에서 토론을 하라는 지시가 있었으나 거절한 것도 사실이다. 대회 전날 평양시당에서 나온 동무가 '내일 열리는 시당 열성자대회에서 종파분자들인 박창옥, 기석복, 전동혁 등에 대한 문제를 다루기로 되어 있는데 위원장 동지가 토론자 명단에 들어 있다'고 말하더라. 그러나 나는 그 사람들에 대한 토론을 할 수 없다. 왜냐하면 그들의 반당·반동 행위를 알지 못한다. 누가 시킨다고 해서 토론을 할 수 없다. 6·25전쟁 시기에 나의 운전사가 내 차를 몰고 남조선으로 도망간 것도 사실이다. 그러나 나는 책임을 질 수 없다. 이 회의에 중앙당 지도원이 참석하고 있으니 잘 들어봐라. 각 기관 책임자들의 운전사는 중앙당 간부부에서 보낸 것이다. 그래서 나는 그 운전사를 믿었다. 따라서 책임은 나에게 있는 것이 아니라 중앙당에 있다'라고 조목조목 반박했습니다."

남봉식의 증언은 계속 이어진다.

"나는 반박을 계속했습니다. '6·25전쟁 전쟁 시기에 직원들을 데리고 텃밭을 가꾸었다. 그러나 텃밭을 가꾸어 장사한 사실이 없다. 전쟁 시기에 식량 사정이 나빠 보탬이 될까 해서 틈나는 대로 채소를 가꾼 것이 무슨 잘못이 있다는 것인가. 중앙당의 사전허가를 받아야 했다면 그 책임은 내가 지겠다'라고 당당히 맞섰습니다. 보고에서 지적된 문제들을 나는 하나도 인정하지 않았습니다. 마지막 날 회의에서 나의 출당 문제를 놓고 거수 표결을 한 결과 부결되었습니다.

반당분자란 죄명을 씌우려다 실패하자 이번에는 다른 수단으로 나를 매장하려고 했습니다. 하루는 경리부장이 내 방에 들어와서 '위원장 동지, 큰일 났습니다. 김일성 수상님의 친척이 재정 검열을 왔습니다'라고 보고했습니다. 재정성에서 나온 이 검사원은 일주일 동안 재정 검열을 한 후 시말서를 들고 경리부장과 함께 내 방을 찾아와 그 시말서에 수표사인를 하라고 다그쳤습니다. 나는 '당신이 일주일 동안 이 기관의 재정 검열을 하면서 이 기관의 책임자인 나를 찾아온 일이 있소? 그래 놓고 시말서를 들고 와 수표하라는 것이 말이 되느냐'며 거부했습니다. 그랬더니 그 검사원은 '경험이 부족해서 무례를 범했으니 용서하시고 이 기관의 재정엔 아무 문제가 없으니 위원장 동지의 수표만 하면 검사가 끝난다'고 말하더군요. 나는 다른 기관에 가서는 그렇게 하지 말라고 충고하고 수표를 했습니다.

경리 검사까지 실패한 후에도 계속해서 나의 일거수일투족을 감시했습니다. 하루는 새 운전사가 점심을 먹으면서 '위원장 동지, 위원장 동지의 뒤를 살피고 있으니 조심하십시오'라고 말하더군요. 나는 이 운전사의 솔직한 말을 이해할 수 있었습니다. 사상검토가 진행되고 있을 때 대부분 기관장들의 운전사들은 안전기관에서 박아 넣고 이들을 증인으로 활용했기 때문입니다. 각 기관마다 환경이 이렇게 되자 특히 소련에서 온 사람이 책임자인 기관의 경우 직원들이 잘못하다가는 자신들도 사상검토 바람에 쓸려 갈까 두려워 책임자 주변을 의식적으로 회피하는 분위기였습니다.

2개월여 동안 사상검토를 받고 있던 나의 경우는 더욱 심했습니다. 사실상 나는 고립 상태였습니다. 이 과정에서 신경쇠약과 불면증 등으로 더는 일할 수 없는 지경이 되었습니다. 1958년 5월 초, 나는 내각 간부국장 이히준^{소련파}을 찾아가 '신경성으로 몸이 허약해져 더 이상 일을 할 수 없으니 소련으로 보내달라'는 청원서를 제출했습니다. 다행히 한 달 만에 승인이 났습니다."

남봉식은 다음과 같은 증언을 더 보탰다.

"평양을 떠나기 사흘 전에 내각 사무국장인 친구 최철환이 전화를 걸어와 '출국 준비를 하느라 얼마나 바쁘냐. 짬이 있으면 저녁에 우리 집으로 와 이야기 좀 하자'는 것이었습니다. 너는 앞으로 평양에서 더 일할 사람인데 사상검토를 받고 떠나는 사람을 만나도 피해가 없겠느냐고 물었지요. 그랬더니 '나도 물밑에서 사상검토를 받고 있지만 더 이상 나올 게 없는 사람이니 염려 말고 집으로 오라'는 것이었습니다. 저녁에 그를 찾아가 우리 둘은 술병을 놓고 밤새도록 이야기를 나누었습니다.

최철환^{이하 최} 최: 봉식이 생각을 옳게 했소. 갈 수만 있으면 가야 하오. 소련에서 온 사람들이 앞으로 더 일 할 수 없게 되었소.

남봉식^{이하 남} 남: 그러면 철환이는 앞으로 어떻게 할 작정이오?

최: 나는 이미 그물에 든 고기처럼 빠지려야 빠질 수 없게 되었소. 저 사람들이 나와 무슨 원수가 있다고 이렇게 미워하는지 모르겠소. 내가 만약 일제시기에 지하공작을 하다가 놈들에게 붙잡혔다면 원수의 총알을 떳떳이 받겠소. 그런데 아무 죄도 없이 저 사람들의 손에 죽을 생각을 하니 기가 막힐 따름이오. 당신이 떠나기에 이런 나의 속마음을 털어놓소.

남: 무슨 말이오. 당신같이 어진 사람을 해칠 수는 없을 것이오.

최: 봉식이 잘 모르는 소리요. 30도 안 된 장래가 촉망되는 해군 영웅 김칠성^{소련파, 해군참모장, 해군 소장}을 무슨 죄가 있다고 체포한 줄 아오. 한두 사람의 비위에 맞지 않으면 가차 없이 사라질 수 있소.

최철환은 성격이 온화하고 말이 없고 겸손하며 동지애가 깊은 친구였습니다. 그날 밤 최철환과 서로 눈물을 흘리며 포옹한 후 헤어졌습니다. 소련에 귀환한 뒤 1990년, 나의 팔순 잔치 때 알마티에 사는 최철환의 아들 세냐가 찾아왔기에 아버지의 소식을 아느냐고 물었더니, '어머니 에냐가 아버지 소식을 알려고 그동안 온갖 노력을 했으나 조선 당국에서 아무 대답이 없다'고 말했습니다. 1950년대 말 북한에서 귀환한 소련 출신 간부들에 따르면, 최철환은 숙청 후 행방불명되었다는 것입니다."

남봉식의 증언은 계속 이어진다.

"평양을 떠나기 열흘 전 말없이 나만 떠나기가 마음에 걸려 동창생 최종학에게 전화를 했습니다. 밤에 집으로 오라고 하더군요. 그때 그는 '반당종파분자'로 몰려 사상검토 끝에 인민군 총정치국장상장에서 숙청되어 내각의 국장으로 쫓겨나 있었습니다. 나는 나의 아내 베라와 함께 최종학 집을 찾아갔습니다. 그는 아내와 단둘이 살고 있었습니다. 최종학은 이날 밤 나에게 자신이 겪은 사상검토 과정을 이렇게 털어놓았습니다.

'나는 사상검토를 군관회의에서 받았다. 이 군관회의 주석단에는 김일성, 최용건이 앉아 있었다. 사회자가 나에게 자기비판을 하라고 다그쳤다. 내가 연단 앞에 나서자마자 최용건이 당장 군복을 벗어놓으라고 호령했다. 얼빠진 사람처럼 어쩔 줄 몰라 멍하니 서 있는데 군관 몇 명이 달려들어 나의 견장을 뜯어냈다. 김일성이 이 장면을 보고 히죽이 웃었다. 아마 그 군관의 행동이 마음에 들었던 모양이다. 순간 나는 김일성이나 최용건에게 군사칭호를 받은 것이 아니라 조선민주주의인민공화국 최고인민회의 상임위원회의 정령에 의해 받았는데 이 정령이 헌신짝보다 못하게 무시되었다며 마음속으로 울분을 되씹었다.'

그날 밤 우리는 밤늦게까지 이야기를 한 후 서로 부둥켜안고 눈물을 흘리면서 헤어졌습니다. 나보다 늦게 귀환한 동료들에 따르면, 최종학은 오랜 사상검토 끝에 몸이 쇠약할 대로 쇠약해진 상태에서 소식이 끊겼다고 합니다."

이어지는 남봉식의 증언을 더 들어보자.

"평양을 떠나기 일주일 전 역시 가까운 친구인 무역성 부상 김광을 찾아가 '이제 우리 고려인들은 평양에서 볼 장을 다 봤으니 몸을 빼야 한다'고 권유했습니다. 그러나 그는 '조국에 일하러 왔다가 어떻게 쉽게 떠날 수 있느냐'며 오히려 나를 붙잡았습니다. 그래서 나는 '친구야, 나도 너 못지않은 애국심이 있다. 조선의 나무 한 그루와 풀 한 포기, 그리고 저 순진한 인민들을 사랑한다. 너도 알다시피 나의 부친은 조선혁명에 생명을 바쳤다. 하루아침에 자리에서 쫓아내고, 감옥에 쓸어 넣고, 정배를 보내고 총살하는 것을 너도 보지 않느냐. 이런 수라장에서 어떻게 일을 한단 말이냐'라고 설득했습니다. 그러나 그는 끝내 듣지 않고 평양에 남았다가 행방불명이 되었다고 들었습니다. 소련을 떠나 함께 평양에 갔던 친구들을 더 만나고 싶었지만 내무기관 일꾼들이 내게 눈을 걸고 있어 친구들에게 해를 끼칠까 걱정되어 더 이상 만나지 않았습니다."

남봉식의 증언은 계속된다.

"평양을 떠나기 하루 전, 중앙당 선전선동부의 지시에 따라 방송위원회에서 나를 위해 조촐한 송별연을 베풀었습니다. 중앙당 선전선동부장 이일경이 친히 참석해 '남봉식 동무는 소련에서 온 어느 동무보다도 주체적으로 일을 잘했다'는 등 찬사를 늘어놓았습니다. 그동안 사상검토 과정에서 나를 그렇게 멸시하고 모욕하다가 찬사를 늘어놓는 이면에 음흉한 계책이 숨어 있음을 짐작할 수 있었습니다. 선전부장이 나를 찬양한 것을 따라 참석자 중 나를 찬양하는 사람이 있으면, 이를 나와 친한 사람으로 간주해 뒷조사를 하려는 속셈인 듯했습니다. 이를 눈치 챈 참석자들은 일절 나에 대한 언급을 피했습니다. 송별연은 긴장된 분위기에서 끝났습니다. 드디어 평양을 떠날 날

이 다가왔습니다. 식솔을 데리고 평양역으로 나갔습니다. 사복을 입은 안전부 일꾼들이 누가 우리를 전송하는가를 살피고 있었습니다. 다시 한 번 사상검토의 악몽이 되살아나는 것 같았습니다. 우리를 실은 기차는 기적을 울리면서 천천히 평양역을 떠났습니다. 13년 동안 고락을 같이한 정든 친구들과 평양을 뒤로하고 떠나는 나는 가슴이 미어지는 아픔을 참아야 했습니다. 기차는 어느새 신의주역에 도착하여 세관원들의 엄밀한 검열을 받은 다음, 압록강 철교를 건너 중국 땅에 들어와 만

샤브신.

주 벌판을 통과하고 소련에 도착했습니다. 1958년 6월 말, 마침내 나는 모스크바에 도착했습니다."

모스크바에 도착한 남봉식은 사흘 뒤 소련공산당 중앙위원회 아시아부장 샤브신을 찾아가 귀환 신고를 신고했다. 샤브신은 가명이고 본명은 쿨리코프이다. 그는 1946년 상반기까지 서울 주재 소련영사관 부총영사로 있다가 미군정으로부터 '소련 간첩'이라는 의심을 받고 더 이상 서울에 주재할 수 없어 평양으로 올라가 소련 정보기관 소속 평양의 소련군정 정치고문 발라사노프 밑에서 일하다 모스크바로 돌아온 사람이다. 샤브신과 남봉식은 이날 다음과 같은 대화를 주고받았다.

샤브신: 당신은 김일성을 어떻게 보십니까.

남봉식: (이 질문을 받고 조선 문제를 담당하고 있는 당신이 조선 정세를 몰라서 이런 질문을 하는가. 그렇지 않으면 내 속을 떠보려고 하는 질문인가라는 불쾌한 생각이 들어 한 대 쥐어박고 싶었지만 감정을 억제했다) 김일

성은 전례 없는 독재자입니다. 공산주의자가 아닙니다. 그야말로 판에 박은 민족주의자입니다.

샤브신: (놀란 표정을 지으며) 그게 무슨 소리요?

남봉식: 당신이 묻기에 솔직하게 나의 소견을 말했는데 그렇게 놀랄 것은 없습니다.

샤브신: 소련 고려인들이 북조선에서 일을 더 하지 않고 왜 소련으로 돌아오고 있습니까.

남봉식: 지금 북조선에서 소련에서 보낸 고려인 간부들을 반당분자 니, 반동분자니 하고 감옥에 쓸어 넣거나 정배를 보내고, 심지어 는 총살까지 하는 것을 당신도 잘 알 겁니다. 이런 판에서 어떻게 일을 할 수 있습니까. 까놓고 말해서 나는 그렇게 무의미하게 죽 고 싶지 않습니다. 내게는 식솔이 있습니다(이 같은 나의 답변에 그 는 더 이상 언급이 없었다).

샤브신: 당신은 소련에서 어디로 갈 생각입니까.

남봉식: 나는 원동에서 자란 사람입니다. 하바롭스크로 보내주십시오.

샤브신: 당신의 취직 문제는 나중에 해결하기로 하고, 우선 이 메모 쪽지를 들고 중앙당 병원에 가서 신경성질환을 치료하십시오.

남봉식은 1958년 가을, 하바롭스크로 돌아가 중앙당 소개로 하바롭스 크 외국어방송국에서 1971년까지 조선말 방송 책임자로 일했다.

강상호 전 내무성 제1부상의 사상검토

강상호는 1945년 가을, 스탈린의 명령에 따라 소련군에 초모되어 평양에 주둔한 소련군 제25군 제40저격사단 정치부 상위중위가 되었다. 소련과 소련군에 대한 선전선동 사업을 하는 지도원이다. 소련군기관지 ≪조선신문≫ 기자에 이어 내각 간부학교 교원으로 일했다. 그는 1948년 말, 소련군이 북한에서 철수할 때 조선노동당의 요청과 소련공산당의 승인에 따라 조선노동당의 정당원이 되었다. 그리고 1949년 가을 조선노동당 강원도당 부위원장, 1951년부터 1952년까지 내각 간부학교 교장, 1953년부터 조선노동당 중앙당학교 교장, 1954년부터 1958년 말까지 내무성 정치국장 겸 제1부상, 1958년 말부터 1959년까지 조선정전위원회 조-중 측 수석위원으로 일했다.

그의 경력의 하이라이트는 1954년부터 1958년 말까지 맡았던 내무성 정치국장 겸 제1부상이다. 이 기간은 이른바 '조선노동당 노선투쟁'이라는 이름 아래 남로당파에 이어 옌안파와 소련파 등에 대한 숙청 드라이브가 진행되면서 전 북한 땅이 사상검토와 자기비판으로 요동치던 시기였다. 이 같은 사상검토와 자기비판을 주도한 기관의 제1부책임자인 강상호 본인도 사상검토의 그물에 걸려 우여곡절 끝에 소련으로 귀환했다.

소련파에 대한 사상검토가 절정에 이를 무렵인 1959년 5월 말, 강상호는 조선민주주의인민공화국 수상의 이름으로 조선정전위원회 조-중 측 수석위원 직에서 해직되었다. 그는 해직 명령과 함께 인민군 총정치국장 서철에게 불려갔다. 당시 많은 군관과 장령이 강제로 제대 조치를 당하고, 그에게 불려가 조사를 받았다. 이 과정에서 범죄 혐의를 받은 사람들을 내무성을 시켜 체포하고, 모란봉 넘어 으슥한 곳에 신축한 건물에 감금해놓고 몇 달이고 사상검토를 했다. 죄가 없다고 인정되는 극소수는 풀

■ 왼쪽부터 소련공산대학 학생 시절(1936년), 소련군정 정치지도원(1946년), 조선노동당 강원도
당 부위원장(1949년)을 지낸 강상호의 모습.
■■ 강상호는 1956~1958년 말까지 북한 내무성 제1부상을 지냈으며(왼쪽), 숙청 후에는 소련으로
귀환해 상트페테르부르크에 거주했다.

려나 인사기관에 넘어가기도 했다. 이때 강상호 뿐만 아니라 소련 고려인
출신 군관 및 장령 모두가 강제로 제대되어 같은 신세가 되었다.

　강상호의 증언을 직접 들어보자.

"서철은 '동무는 일단 현직에서 해임되어 인사기관에 넘겼으니 당중앙위원회 군사부장 박경석을 찾아가라'고 명령했습니다. 박경석은 하바롭스크의 소련군 제88정찰여단에서 있다가 김일성과 함께 입북한 빨치산파입니다. 남포시 당 부장과 청진시 당 부위원장, 인민군 정치군관 등을 지냈지요. 내가 중앙당학교 교장 시절 학생으로 입교해 교육을 받은 적이 있습니다. 이 인연 때문에 다소 친근감이 있어 걱정 반 기대 반으로 그를 찾아갔지요. 그는 '동무를 도 인민위원회로 보낼 예정이니 2주일 후에 다시 찾아오라'고 말했습니다.

말은 그렇게 했지만 2주일 후 무슨 일이 일어날지 몰라 고민하지 않을 수 없었지요. 소련에서 스탈린의 개인숭배 시기에 죄 없는 많은 사람이 숙청된 사실을 잘 알고 있었기 때문에 마음 한구석에는 불안이 자리하고 있었습니다. 밤을 새고 나면 누가 체포되었다거나 누구는 자살했다는 소문이 자자해 더욱 안심할 수 없었습니다. 2주일 후 박경석을 찾아가니 다시 '2주일 후에 오라'는 것이었습니다. 또 2주일 후에 찾아가면 다시 '2주일 후에 오라'는 식이었습니다. 이렇게 장시간을 끌면서 기다리게 하는 것도 사상검토의 한 방법이었습니다.

나는 원래 체질이 약한 데다 신경이 예민해 직업 없이 집에서 혼자 있자니 견디기가 힘들었습니다. 과거에는 우리 집을 찾아오는 친구도 많았고 나도 그들을 방문하는 일이 잦았으나, 당시엔 모두 긴장한 가운데 두문불출하고 있었습니다. 우리 집 맞은편 집 앞에는 항상 젊은 청년이 서서 우리 집 출입문에서 눈을 떼지 않고 있다가 내가 외출하면 미행을 하는 것이었습니다.

이러기를 3개월, 나는 소련으로 보내달라는 청원서를 김일성 수상에게 제출해야겠다고 계획했습니다. 이는 사실상 모험이었습니다. 지은 죄가 있기 때문에 소련으로 도망치려는 기도라 보고 즉시 체포할 확률이 99%였지만, '시끄러운 존재다. 갈 테면 가라'는 의외의 승인이 떨어질 수도 있다는 1%에 희망을 걸었습니다. 그러나 내 신분으로 사실상 김일성 수상을 만나기 어려워 박경석 당 군사부장을 찾아가 불쑥 청원서를 내밀었습니다. 예상했던 대로 그는 '무슨 뚱딴지같은 청원이냐'며 '내 앞에서 그 청원서를 찢어 없애라'고 지시했습니다. 그리고 그는 일주일 후에 자기에게 전화를 걸라는 것이었습니다."

강상호의 증언은 계속 이어진다.

"중앙당 군사부에서 나에 대한 후속 인사를 3개월 동안 질질 끌고 있는 것을 곰곰이 생각해보니 나에 대한 사상검토가 끝나면 99% 체포 대상자일 것이라는 생각이 들었습니다. 아니나 다를까. 박경석 군사부장을 만나고 온 다음 날부터 밤중에 누군가 문을 두드리는 일이 빈번해졌습니다. 그때마다 '옳다. 나 잡으러 왔구나' 하고 잠에서 깨어 문을 열면, '아, 실례했습니다. 잘못 찾아왔군요'라며 가버리곤 했습니다. 이는 내가 도주했는지, 아니면 집에 있는지를 확인하려는 내무기관원의 소행이었습니다. 매일 야밤중에 문 두드리는 소리, 그 얼마나 소름 끼치는 소리인지 경험하지 못한 사람은 모를 일입니다.

정확히 일주일 후에 군사부장에게 전화를 걸었더니 '기다리고 있으니 어서 오라'는 것이었습니다. 그 길로 찾아갔더니 그는 '수상님께서 당신이 소련으로 갈 것을 허락했다'고 말했습니다. 순간 나는 하늘에서 떨어진 별을 붙잡은 기분이었습니다. 그날부터 출국 수속을 위해 여러 곳을 뛰어다녔습니다. 그러나 주위를 살펴보면 나에 대한 감시와 미행은 계속되고 밤중에 문을 두드리는 방문객도 여전했습니다. 그래서 늘 불안한 마음이었습니다.

소련에서 입국사증이 속히 나오지 않아 애타게 기다리고 있던 1959년 8월 중순 어느 날, 밤중에 문 두드리는 소리가 있어 문을 열고 본즉 2년 전 내무성 제1부상 시절 운전사내무성 특무상사가 찾아와 '내무성 정치국장 최선경이 잠깐 왔다 가라고 한다'는 전갈을 전했습니다. 최선경은 내 밑에서 정치국 선전담당 부국장을 하다 중앙당 행정부 부부장을 거쳐 나의 후임으로 내무성 정치국장으로 옮겨온 사람입니다. 그를 찾아가니 '당 중앙위원회에는 당신의 당성에 대한 부정적 재료들이 입수되어 있으므로 당신의 사상검토는 당신이 비교적 오래 일한 내무성 정치국에서 하라는 지시가 있다'고 말했습니다. 그리고 그는 '당신의 자기비판이 준비되는 대로 사상검토를 시작하겠다'고 덧붙였습니다. 올 것이 왔다고 생각했습니다. 내가 즉시 자기비판을 시작하자고 제의하자 그는 '조급하게 서두르지 말고 3일 후에 오라'고 하더군요.

어떤 문제에 대해 자기비판을 하라는 것이냐고 묻자 '그동안 자기가 잘못했다고 생각한 것은 죄다 말하라'는 것이었습니다. 그 3일이 3년처럼 길었습니다. 밤잠을 못자고 밥도 제대로 먹지 못하면서 고민에 빠졌습니다. 소련으로 돌아갈 것을 허락해놓고 사상검토는 왜 하는가. 아마도 나를 살려 보내지 않겠다는 내부의 은밀한 결정이 섰을 것이라는 불길한 예감이 뇌리를 떠나지 않았습니다. 소련에서도 1929년부터 1933년까지 '당성 검토'라는 것이 있었으나 나는 아무런 비판과 지적도 없이 통과했고, 1935년 당 문건 검열에서도 역시 비판과 지적이 없이 통과되었던 일을 회상하며 의연하게 대처할 각오를 했습니다."

강상호에 대한 사상검토는 내무성 건물에서 시작되었다. 강상호의 증언을 계속 들어보자.

　"내무성 정치군관, 당 간부들과 당원들, 당 중앙위원회 부부장 등 100여 명이 참석한 가운데 자기비판이 시작되었습니다. 자기비판대에 올라가 '내무원들에게 김일성 수상의 주체사상을 깊이 침투시키지 못했고, 내무성에 김일성 수상의 노작 연구실도 설치하지 못했다'고 말하고, '일요일이면 자신의 이론 수준을 높이기 위한 자습을 하지 않고 친구들을 찾아가 주패카드놀이를 즐기거나 꿩, 오리 사냥을 다 다녔다' 등의 사생활의 결점을 털어놓았습니다. 이때 정치군관 한 명이 일어나 말을 중단시키고 '그런 시시한 것을 자기비판이라고 하고 있는가. 여기에 참석한 당원들을 무시하지 말고 반당종파에 참가하여 반동 활동을 한 데 대하여 말하라'고 윽박질렀습니다. 그러나 나는 이에 주눅 들지 않고 '나는 반당종파에 가담한 사실이 없기 때문에 반동 활동에 대해 말할 거리가 없다'고 잘라냈습니다. 그러나 정치국장 최선경은 '강상호 동무가 자기비판에 대한 준비가 전혀 안 되어 있으니 더 준비하여 내일 정치국으로 나오라'며 이날 사상검토를 중단했습니다.

　다음 날 정치국으로 찾아가니 영관급 정치군관 두 명과 위관급 군관 두 명 등 네 명이 기다리고 있었습니다. 그들은 나를 검토하는 정치국 대표라고 하면서 반당종파에 참가하여 활동한 것들을 상세히 진술하라는 것이었습니다. 역시 나는 그에 대해서는 할 말이 없다고 잡아뗐습니다. 이날부터 11월 초순까지 75일 동안 집에 들어가지 못하고 군관 네 명에게 조사를 받았습니다. 세 끼 밥은 주었으나 앉지도 못하게 하고 서서 조사를 받게 하여 다리가 퉁퉁 부어 폈다 굽혔다 할 수가 없었고, 잠을 제대로 자지 못해 선 채로 졸다가 쓰러지기

도 했습니다. 그때마다 조사관들이 소리를 질러 깨어났습니다. 그러
나 끝까지 반당종파에 참가한 일이 없다고 버티자 이번에는 과거 나
의 죄상에 대해 다음과 같이 파고들었습니다.

정치군관: 어느 한 촌락에서 식량이 떨어져 인민들이 굶어 죽었다는
　　자강도 내무부의 보고서에 당신이 '당 중앙위원회에 통보할 것'이
　　라고 써놓았다. 이는 당의 정책을 비꼬는 말이 아닌가.
강상호: 아니다. 모든 비상 사고에 대한 지방의 보고는 즉시 당 중앙
　　위원회에 통보하기로 되어 있다.
정치군관: 내무성 간부학교의 무기를 몽땅 폐철 처분하여 용광로에
　　넣으라고 당신이 지시했다. 이는 유사시에 내무원들이 맨주먹으
　　로 나서게 하려는 의도가 아닌가.
강상호: 아니다. 공화국의 전체 무기를 통제하는 최고사령부 총참모
　　장 이권무옌안파, 강상호의 사상검토 후 사상검토에 걸려 숙청 검거됨의 '소련제 무
　　기를 제외한 기타 무기는 모두 용광로가 아니라 최고사령부에 바
　　치라'는 명령을 집행했을 뿐이다.
정치군관: 문예총 강사가 '조선노동당의 문학노선'이란 제목으로 내
　　무성에 강의하러 온 것을 당신이 거절하여 돌려보냈다. 그 이유는
　　강의 내용에 박창옥, 기석복, 정률, 전동혁 등을 비판할 것이기 때
　　문에 같은 소련 출신이라고 그들을 비호하기 위한 것이 아닌가.
강상호: 아니다. 그 강사는 과거 일제 때 반공단원이었다. 그런 나쁜
　　놈의 강의를 내무원들이 들을 필요가 없다고 판단했다.
정치군관: 작년 4월 호 내무성 기관지에 「개인숭배는 마르크스-레닌
　　주의와 아무런 공통성도 없다」는 사설이 실렸는데 이 사설 계획서
　　는 당신이 최종 승인한 것이다. 이런 사설을 김일성 수상의 생일

에 맞춰 내보낸 것은 김일성 수상에게 반기를 든 것이 아닌가.

강상호: 아니다. 4월에 김일성 수상의 생일이 있다는 것을 기억하지
　　　못한 것은 나의 불찰이다. 이에 대한 자기비판을 한다. 그러나 개
　　　인숭배에 대한 사설과 논설이 공화국의 여러 신문에 발표되었으
　　　므로 우리 기관지에도 그런 사설을 싣는 것이 좋다고 판단했다.”

이 같은 강상호의 답변에 대하여 조사관들은 그를 혹독하게 비판했다.
그들은 “개인숭배를 비판하는 것은 소련 흐루쇼프의 수정주의”라며 “마르
크스주의는 개인의 역할, 수령의 역할을 부정하지 않고 반대로 그것을 긍
정했다”고 주장하면서, 그의 사상은 수정주의 사상이라고 규정했다.

정치군관: 당신이 내무성 정치국장으로 일하는 동안 김일성 수상의
　　　주체사상에 대한 해설과 선전사업이 저조했고, 주체사상을 내무
　　　원들에게 적극적으로 침투시키지 아니한 것은 주체사상을 반대한
　　　행동이 아닌가.

강상호: 반대한 것이 아니다. 그 사업을 잘 조직지도하지 못한 것은
　　　나의 불찰이며 이에 대한 자기비판을 하겠다.

강상호의 증언을 계속 더 들어보자.

“나의 사상검토를 앞두고 내무성 정치국은 장기간에 걸쳐 나의 각
종 강의 내용, 출판물에서의 논문, 회의록, 지시공문 등을 면밀히 검
토하여 나에 대한 부정적인 요소들을 찾아내 정리해놓았음을 알았
습니다. 조사관들은 문답식 조사를 계속하다가 나의 답변이 시원치
않자 이번에는 두툼한 서류뭉치를 앞에 놓고 뒤져가면서 다음과 같

이 구체적인 질문 공세를 퍼부었습니다.

정치군관: 1957년 8월 초, 내무성 부상 박은익의 사무실에서 8·15
    기념 준비위원회 회의가 있었다. 이 회의에서 당신이 '기념식 때
    내무원들을 동원하여 주석단에 있는 당·정 요인들을 모두 체포
    하자'는 제안을 했다고 하는데 이를 인정하는가.

강상호: 새빨간 날조다. 그 회의는 내무원들을 비롯하여 행사 당일
    만찬준비 요리사들과 행사장 준비 노무자들까지 참석한 실무회의
    였다. 이런 자리에서 공개적으로 반당 음모를 한다는 것이 상식적
    으로 있을 수 있는 일인가.

정치군관: 무슨 소리인가. 이 회의에 참석한 일부 목격자의 증언에
    따르면, 당신은 같은 내무성 부상 박은익 곁에 앉아서 그와 귓속
    말로 '기념식 주석단의 인사들을 모두 체포하자'고 수군거렸다는
    것이다.

강상호: 그 회의가 있었던 날은 최고인민회의 상임위원회가 있던 날
    이다. 나는 내무원 정복 개정에 대한 문제를 보고하기 위해 상임
    위원회에 참석하느라 항상 내무성 정치국장 겸 제1부상이 참석하
    도록 되어 있는 그 날 회의에 불참했다. 나 대신 정치국 부국장 최
    선경_{당시 내무성 정치국장}을 보냈다.

이 같은 나의 답변에 조사관들은 더 이상 이 문제에 대한 질문을
이어가지 못했습니다. 나의 사상검토는 다음 날도 계속되었습니다.
이번에도 조사관들은 반당음모의 공모자로 몰린 나의 친구 외무성
참사 전동혁의 진술이라며 다음과 같은 유치한 날조극을 들이댔습
니다.

그들은 전동혁이 소련으로 귀환하던 중 신의주역에서 체포되어 일주일간 심문을 받았으며, 사실대로 진술해 무사히 소련으로 귀환했다고 말했습니다. 그들에 따르면, 내가 전동혁에게 '앞으로 내가 시키는 대로 일을 해달라'고 부탁했으며, 북한에서 소련으로 귀환할 고려인 간부들을 규합해 정변을 일으키라는 지령을 소련 정보기관이 모스크바 주재 북조선 대사관 영사 강병률을 거쳐 보내면, 이를 내게 전달하라고 했다는 것입니다. 중앙당학교 교장 허익도 전동혁처럼 내게 포섭되었고, 이 같은 사실을 강병률과 허익이 사상검토 과정에서 인정했으니, 이를 시인하라고 며칠 동안 나를 다그쳤습니다. 나는 전동혁의 진술서를 보여줄 것과 허익과 강병률과의 대질을 요구했습니다. 그랬더니 조사관들은 '여기는 내무성 예심처가 아니라 정치국, 즉 당 기관이다. 문건이고 대질이고 다 걷어치우고 당 앞에서 솔직히 자기비판을 하고 과오를 고쳐야 한다'고 몰아세웠습니다."

조사관들이 강상호에게 죄가 없다는 것을 뻔히 알면서도 그를 끝까지 물고 늘어진 이유는 단 한 가지, 강상호가 소련에서 온 소련 공산당원이므로 개인숭배를 반대하는 소련공산당의 수정주의 노선을 지지할 것이라는 추측 때문이었다. 조사관들은 강상호를 조사하는 과정에서 구두를 벗어들고 위협을 가했지만 정작 구타하지는 않았다. 이러던 11월 초 어느 날, 조사관 4인조가 철수하고 강상호는 혼자 방에 갇혀 있다가 정치국장실로 끌려갔다. 국장실에는 내무상 방학세, 대외정보 담당 부상 김춘삼, 내무성 각국 국장 등이 앉아 있었다.

그의 사상검토 책임자인 최선경 정치국장이 일어나 "강상호의 사상검토는 당 중앙위원회에서 종결되었다. 그가 반당종파에 가담했다는 것이 확증되지 않은 만큼 그는 소련 귀국을 포기하고 북조선에 남아 계속 사업하겠다는 성명을 발표하라"고 말했다. 그러나 강상호는 이에 아랑곳없이 소련으로 돌아가겠다고 주장했다. 신병과 신체 불구오른손 손가락이 여섯 개로 육체노동이 불가능하며 오랜 사상검토로 신경이 쇠약해져 정신노동도 어렵게 되어 소련에 있는 자식들 곁으로 가 부양을 받아야 할 지경이라는 등 이유를 설명했다. 최선경은 사전에 윗선과 논의해 온 듯 즉석에서 "그러면 당신의 소원대로 하라"고 말했다. 강상호의 증언이 계속된다.

"다음 날 평양 주재 소련대사관 영사부에서 입국사증을 받아 이튿날 국제열차에 몸을 싣고 부인과 함께 평양을 출발했습니다. 열차 좌석에 기대어 창밖의 평양 시내를 바라보며 '평양아, 잘 있어라! 나는 네 품속에서 14년 동안 좋은 일도 겪었고 궂은일도 보았다. 해방된 조선인민과 '해방자 붉은 군대 만세'도 같이 불렀고, 민주조선 건설에도 참가했고, 6·25동란에도 참전했으며, 전후 경제복구에도 땀을 흘렸다. 그러나 나는 오늘 너와 아무런 인연도 없는 것처럼 이별하는구나. 내가 가는 길은 반갑기도 하고 한편으로 쓸쓸하기도 하다'라는 나만의 독백을 하면서 상념에 잠겼습니다. 나의 두 눈에는 눈물이 흐르고 있었습니다. 그러던 중 어느덧 열차는 벌써 소련 땅을 달리고 있었습니다."

제10장

남기고 싶은 이야기들

소련의 박헌영 구출작전 ①

박헌영이 체포된 직후인 1953년 5월경, 소련공산당 중앙위원회는 박헌영 사건의 진상을 조사하기 위해 조사단을 평양에 급파한다. 조사단은 소련외무성 부상, 중앙당 부장, 소련 출신 고려인 이노겐치 미하일로비치 김이하 김이노겐치, 소련정보총국 동양국 일본과 등 세 명이었다. 이 조사단의 통역을 맡았던 김이노겐치는 필자와의 인터뷰에서 다음과 같이 증언했다. 그는 1946년 3월부터 1949년 5월까지 KGB 평양 주재 요원으로 활동했다.

"북한 내무성의 소련 고문이 내무상 방학세소련파에게 정보를 얻어 정보총국에 박헌영 체포에 대한 전말을 보고했습니다. 정보총국은 이를 면밀히 분석한 결과 '소련의 충실한 공산당원 박헌영이 미제간첩이라는 증거가 부족하다'라는 결론을 내렸습니다. 예를 들면, '박헌영이 월북할 때 미군 지프차를 타고 38선 부근까지 갔다'고 하는 것 등이었습니다. 정보총국은 스탈린에게 이를 보
고했습니다. 스탈린 사후 조사단은 모스크바에서 특
별기를 타고 중국 만주의 무단 강까지 갔습니다. 그
곳에서 중국 정부가 보낸 승용차를 타고 단둥을 거
쳐 신의주로 갔습니다. 강상호와 박일영이상 소련파 등
두 명의 내무성 부상의 안내로 승용차를 타고 밤에
평양에 도착했습니다. 낮에 가자고 했더니 '인민군
사령부 주변이 미군 전투기의 폭격 위험이 있으니
밤에 이동해야 한다'는 것이었습니다. 산기슭에 인

김이노겐치.

민군 최고사령관실이 있었고, 우리가 도착한 날 밤에도 한 차례 미군
전투기의 폭격이 있어 방공호에 대피하기도 했습니다. 우리는 인민군
사령부 내 숙소에서 잤습니다. 다음 날 인민군 최고사령부 지하실에
서 조사단과 김일성, 남일 외무상, 박창옥 등이 만나 다음과 같은 질문
과 답변을 주고받았습니다. 통역은 나와 평양 주재 KGB 요원 남세명
소련파이 맡았습니다."

다음은 소련 조사단과 김일성이 주고받은 대화 내용이다.

소련 조사단: 우리는 당 중앙위원회 지시에 따라 박헌영 사건에 대한
　　진상을 조사하기 위해 왔다. 그가 미제간첩이라는 증거가 불충분
　　하다.
김일성: (박헌영에 대해 보도한 북한의 신문을 보여주면서) 아니다. 박헌
　　영은 미제간첩이다.
소련 조사단: 박헌영이 자백했는가.
김일성: 자백은 없으나 정황 증거가 충분하니 죄의 대가를 받아야 한다.

소련 조사단: 이제 시대가 바뀌었다. 그를 죽이지 말고 석방하는 것이
 어떤가.
김일성: 아니다. 박헌영은 미제간첩이다.

소련의 박헌영 구출작전 ②

1956년 2월, 소련 외무성은 이와노프 평양 주재 소련대사로부터 박헌영 재판에 대한 보고를 받았다. 그리고 이에 대한 실상 조사를 위해 소련 안전부는 중앙당 부부장급 간부, 안전부 간부, KGB 요원 등 세 명으로 구성된 조사단을 평양에 파견했다. 이들은 내무성에서 박헌영에 대한 예심 재판 기록을 중심으로 조사활동을 벌였다. 조사단은 이 과정에서 내무성이 박헌영에 대한 조사문건을 제대로 보여주지 않아 애를 먹기도 했다. 조사단은 전동혁소련파, 외무성 참사과 김세일소련파, 평양 주재 소련대사관 통역관이 러시아어로 번역한 재판기록 등의 자료를 갖고 모스크바로 돌아갔다. 얼마 후 이와노프 평양 주재 소련대사는 남일 외무상이 소련공산당 중앙위원회가 김일성 수상에게 보낸 편지를 들고 찾아왔다는 말을 들었다. 남일 외무상은 김일성을 비롯해 조선노동당 정치위원이 모두 모인 자리에서 이 편지를 읽어 내려갔다. 이 자리에 이와노프 대사도 배석했다. 소련공산당 중앙위원회의 편지 내용을 요약하면 다음과 같다.

"박헌영에 대한 재판 소식을 들었다. 그에게 사형선고까지 내린 사실을 잘 알고 있다. 그를 이렇게 취급해야 하는가. 그는 1928년에 입당한 소련공산당원으로 많은 공로가 있었다. 부인주세죽과 딸박비비안나가 소련에 살고 있으니 그를 죽이지 말고 소련으로 보내달라."

남일 외무상이 소련공산당 중앙위원회의가 보내온 편지 낭독을 끝내자 김일성이 "좋다. 연구해보겠다"라고 이와노프 대사에게 답변했다. 그러나 김일성은 이와노프 대사가 나간 후 남일 외무상에게 "내정에 간섭하고 있구면⋯⋯." 하면서 감추고 있던 불만을 털어놓았다. 그 후 김일성은 국제 여론이 악화될 것을 우려해 사형 집행을 서두르도록 지시했다.

1956년 8월 전원회의에서 김일성이 내무상 방학세에게 박헌영은 어떻게 되었느냐고 묻자, 방학세는 "아직 살아 있다"고 대답했다. 그러자 김일성은 "사형 집행은 내무성의 임무인데 왜 집행하지 않고 미루고 있느냐. 집행 결과를 보고하라"고 엄명했다.

박헌영의 사형은 1956년 8월 말 또는 9월 초에 집행되었다. 박길용 전 북한 외무선 부상은 "나의 친구 강상호전 북한 내무성 정치국장 겸 제1부상는 훗날 모스크바에서, 박헌영에 대한 사형 집행은 방학세 내무상이 내무성 대좌 김영철소련 출신 고려인에게 지시하고, 김영철이 전사 몇 명을 데리고 시외로 나가 집행총살했다"고 증언했다.

한편 북한정권 창출의 제1공로자인 전 평양의 소련군정 정치사령관 레베데프 소장은 필자와의 인터뷰에서 "박헌영은 미제간첩이 아니다. 그는 대단한 공산당원이었고 애국자였다"라고 말했다.

운명을 바꾼 옌안파와 남로당파의 '패싸움'

당시 북한에서는 '출세를 하려면 소련 유학을 갔다 와야 한다'는 말이 정설처럼 되었다. 평양에서 소련군정이 철수되지만 새로 수립된 북한 정권을 움직이는 것은 여전히 사회주의 종주국이자 선진국 소련이라는 것이 불언가상이기 때문이다. 따라서 북한에서 출세하기 위해서는 '소련 공부'가

필수과목이었다. 또한 소련도 북한의 완전한 소비에트화를 위해서는 북한 간부들에게 지속적으로 '소련 공부'를 시킬 필요가 있었다. 북한에서 소련 유학 붐이 일기 시작한 것은 해방 이듬해인 1946년 9월부터다. 김일성의 친동생 김영주도 소련 유학을 갈 정도였다. 김영주는 레닌이 처음 공부했던 타타르스탄공화국 수도에 있는 카잔대학에서 법학 공부를 하다 모스크바대학으로 옮겨 졸업했다.

1948년 8월, 소련 유학을 지원한 당 중앙위원회 선전부장 김창만엔안파과 당 중앙위원회 간부부장 이상조엔안파, 남로당의 간부 이현상, 유축운, 고찬보, 김광수 등 여섯 명이 러시아어 강습소에서 러시아어를 배우고 있었다. 김창만이 이들을 집으로 저녁 식사에 초대했다. 저녁과 함께 오고 간 술자리에서 이들은 '조선의 지도자는 누가 되어야 하는가'라는 주제로 난상토론을 벌였다.

김창만과 이상조는 김일성이, 이현상 등은 박헌영이 조선의 지도자가 되어야 한다고 역설했다. 김창만과 이상조는 "박헌영은 그동안 종파싸움을 해온 인물이어서 부적격하다. 그러나 김일성은 빨치산 대장으로 이름난 '장군'이다. 당연히 김일성이 지도자가 되어야 한다"라고 주장했다. 이에 반해 이현상 등은 "박헌영은 누구보다 마르크스-레닌주의에 밝다. 수차례 감옥생활을 하는 등 일제 탄압 속에서도 오랫동안 공산주의 운동을 해온 박헌영이 조선의 지도자가 되어야 한다"고 주장했다.

나중에는 거의 '패싸움'에 가까울 정도로 분위기가 험악해졌다. 이날 밤 이들의 난상토론이 누군가에 의해 중앙당에 그대로 보고되었다. 허가이가 이를 김일성에게 보고했다. 허가이는 이 자리에서 "우리 북조선 노동당에는 엔안파, 남로당파, 소련파, 빨치산파, 국내파 등 파당이 너무 많습니다. 이들 파당을 하나로 묶는 일이 시급합니다"라고 말했다. 그러자 김일성이 "허가이 동무가 잘 봤소. 이놈들 두 파를 모두 죽여야 합니다"라고 거들었다.

이후 이들의 소련 유학은 모두 취소되고, 김창만은 중앙당 선전부장에서 내각 간부학교 교장으로, 이상조는 중앙당 간부부장에서 군관정치학교로 각각 좌천되었다. 그 후 김창만은 황해남도 도당위원장1953년, 교육상1956년, 당 중앙위원회 부위원장 겸 정치위원1961년, 부수상1962년 등을 지내다 1966년 5월 유일사상에 위배되는 선전활동을 했다는 이유로 숙청되었다. 이상조는 그 후 인민군 최고사령부 참모장1950년, 정찰국장1951년, 정전회담 공산 측 수석대표소장, 1953년, 주 소련 대사1955년 등을 지내다 1956년 8월 종파사건에 연루되어 숙청되었고, 타슈켄트로 망명해 노년을 보내다 사망했다. 또 이현상은 강동정치학원을 거쳐 그곳에서 다시 남한으로 밀파되어 지리산 빨치산대장으로 활동하다 사살되었다. 나머지 남로당 간부도 모두 소련 유학이 취소되었다.

이와 관련해 강상호의 증언을 들어보자.

"훗날 허가이에게 들은 이야기입니다. 김일성은 내심 김창만과 이상조는 그대로 소련 유학을 보내고 이현상 등 남로당 간부들만 징계하고 싶었지만, 허가이의 결정이 있었기 때문에 이에 따르지 않을 수 없었습니다. '두 파 여섯 명 모두를 징계해야 한다'는 허가이의 결정은 소련군정의 지시가 있었기 때문입니다."

한편 필자가 모스크바에서 입수한 당시 평양의 소련군정 정치사령관 레베데프 소장의 비망록 중 1948년 8월분에도 소련 유학을 위해 러시아어 강습을 받고 있는 여섯 명의 이름과 직책 등을 써놓고 '모스크바 유학생으로 보내지 말 것'이라고 기록되어 있어 강상호의 증언을 그대로 뒷받침하고 있다.

소련파 장교의 '서울 해방' 첫 방송

1950년 6월 28일, 북한군은 기습 공격으로 개전 3일 만에 남한의 수도인 서울을 함락시켰다. 이날 북한군의 서울 첫 입성 때 서울중앙방송국에 들어가 첫 방송을 한 인민군은 소련 출신 고려인 안동수 중좌인민군 탱크여단 정치위원였다. 당시 조선노동당 강원도당부위원장이었던 강상호 전 북한 내무성 정치국장 겸 제1부상의 증언은 이렇다.

"원산에서 라디오를 들으니 '여기는 서울방송국입니다. 나는 인민군대 안동수입니다. 이제 서울도 해방되었습니다'라는 방송이 나왔습니다. 그는 이 방송 후 오산전투에서 전사했습니다. 사후 그에게 공화국 영웅칭호가 부여되었습니다."

소련대사 초청 연회장서 싸운 김일성과 박헌영

6·25전쟁 때 미군에게 쫓긴 북한 정권은 평양을 비운 채, 김일성 인민군최고사령관은 중국 땅이 눈앞에 내려다보이는 한반도 최북쪽 평안북도 고산진에, 허가이·김책·박헌영 등 수뇌부는 자강도 강계에 각각 임시 주둔했다. 평양 주재 소련대사관도 중국 만주의 접경지역 압록강 변에 있는 평안북도 만포진으로 옮겨 임시 주재했다.

전쟁이 한창이었던 1951년 11월 7일, 소련대사관 측이 마련한 10월 혁명기념 연회장에 소련대사관 측에서는 라슈바예프 대사 겸 총고문과 둔킨 공사 등이 참석했고, 북한 측에서는 김일성 수상 겸 인민군 최고사령관을 비롯하여 허가이, 김책, 박헌영, 박창옥, 박영빈, 기석복, 박길용 등이 참석했다.

김일성이 술보드카 코냑, 소련공산당 간부급 인사들을 위해 특별 생산한 고급 술 한 잔을 들고 난 후, 같은 테이블에 마주 보고 앉은 박헌영에게 말을 건넸다.

김일성: 여보, 스탈린 동지에게 전쟁 실패를 어떻게 보고하겠는가.
　　　　당신이 보고하시오.

박헌영: 무슨 소리입니까. 최고사령관이 보고해야지요.

김일성: 1950년 4월, 스탈린 동지를 만날 때 당신이 뭐라고 했소. 북
　　　　에서 조금만 밀고 내려가면 남로당 지하당원 등 수백만 명이 폭동
　　　　을 일으키듯 들고 일어날 것이라고 보고하지 않았소.

박헌영: 그렇소. 내가 그렇게 보고했소.

김일성: 그러면 왜 남조선에서 폭동이 없어 이승만 정권을 뒤집지 못
　　　　했소.

박헌영: 차질이 있었음을 시인하오. 그러나 첫째, 당신의 전술 중 주
　　　　력부대를 왜 낙동강까지 보냈는가. 서울에 주력부대가 없었소. 둘
　　　　째, 우리 정찰대의 미군 상륙작전 보고가 늦었소. 셋째, 당 정책도
　　　　전쟁 수행에 극히 미흡했소.

순간 김일성이 옆 테이블 위에 있는 유리 재떨이를 박헌영을 향해 던졌다. 박헌영이 이를 재빨리 피해 유리 재떨이는 벽에 맞고 박살났다. 이를 보고 있던 라슈바예프 소련대사가 "남의 연회에 와서 이 무슨 짓들이냐"라고 소리쳤다. 참석자들은 놀라서 슬슬 자리를 피했다. 이날 김일성과 박헌영은 그동안의 불편한 관계를 그대로 노출시켰다전 북한 외무성 부상 박길용 증언.

여수·순천사건 때 강동정치학원생 180명 급파

평안남도 강동군 승호면 대성리에 있었던 강동정치학원은 남로당이 미군정에 쫓겨 지하로 들어가면서 1947년 말까지 남한에서 월북한 남로당당원들을 대상으로 대남공작원, 유격요원, 남로당 간부 등을 양성할 목적하에 1948년 1월 1일 설치되었다. 전 강동정치학원 원장 박병률은 모스크바에서 필자와의 인터뷰를 통해 다음과 같이 증언했다.

"강동정치학원은 박헌영이 소련군정과 협의해 설립한 것입니다. 나는 입북 이틀 후 원장을 맡았습니다. 외형상으로는 조선노동당 정치위원회가 임명했습니다. 그러나 내용상으로는 소련군정이 빨치산 가계 출신인 나를 찍어서 임명한 것이지요. 입북 전 7개월간 소련공산당이 조직한 특별 강습소에서 빨치산 교육을 받고 고려인 교원 출신 30명과 함께 입북했습니다. 나의 입북은 비밀에 부쳐졌습니다.

나는 평양에 가기 전부터 박헌영에 대해 알고 있었습니다. 소련고려인들 사이에서 그는 '조선의 레닌'으로 불리기도 했지요. 매주 토요일마다 박헌영은 서울에서 함께 온 비서 조두헌일명 조일명을 데리고 학원에 와 하룻밤을 자면서 원생들을 격려했습니다. 이승엽도 마찬가지였습니다. 그래서 강동정치학원은 일명 '박헌영학교'로 불리기도 했지요. 평양에서 결혼식을 올린 박헌영의 둘째 부인 윤옥도 학원생이었습니다. 그녀는 박헌영의 비서 조두헌의 처제입니다. 이 학원의 학생 수는 적을 때는 500명, 많을 때는 1,300명이었습니다. 1950년 6월 25일 강동정치학원이 폐교될 때까지 4,000여 명의 원생을 배출했습니다. 원생들은 노동자부터 고급 인텔리까지 다양했고, 여자가 30%를 차지했습니다.

교육은 주로 유격전이었고, 이론교육으로 마르크스-레닌주의를 가르쳤습니다. 교육기간은 3개월부터 1년입니다. 1948년 4월 남북 연석회의 때 북한에 간 인사들 중 북한에 남은 인사들과, 그해 8월 해주 인민대표자대회 때 월북한 남한 출신 혁명가들은 모두 강동정 치학원에 와 있었습니다. 이 무렵이 강동정치학원의 전성기였지요.

최고인민회의 1기 대의원으로 뽑힌 남쪽 출신 360명 중에 강동정 치학원생이 200명이 넘었습니다. 남한의 지하 선거 때도 강동정치학 원생들이 결정적인 역할을 수행했습니다. 말하자면 남한의 지하 선 거는 강동정치학원생들이 치른 것입니다. 그리고 해주 인민대회도 강동정치학원생들의 주도로 이루어진 것입니다. 김일성은 강동정치 학원에 별 관심이 없었고, 허가이는 소련군정이 관심을 두고 있음을 눈치채고 몇 차례 방문하는 등 관심을 쏟았습니다. 학원의 위치는 절대 비밀이었습니다. 1948년 10월 여수·순천사건 때 강동정치학 원생 180명을 긴급 파견하기도 했습니다."

서울 주재 소련총영사관 도서관장이 본 '8·15 해방 서울'

역사학 박사로 러시아연방 공훈 사회과학자인 파니아 샤브시나 쿨리코 아 여사. 그녀는 남편인 서울 주재 소련총영사관 부총영사 아나토리 이바 노비치 쿨리코프와 함께 1940년 6월 서울에 와 1946년 7월까지 6년 동안 소련총영사관 도서관장을 지냈다. 그녀의 남편 쿨리코프는 당시 샤브신이 라는 가명을 사용하고 있었다. 이들은 이어 평양으로 올라가 소련군정의 발라사노프 정치고문대좌, KGB 소속 밑에서 1949년 6월까지 3년 동안 일했다. 쿨리코아 여사는 '8·15 전후 서울'을 다음과 같이 증언했다.

쿨리코아.

　"8월 8일 밤, 루신이라는 총영사관 연락병이 숨넘어가는 소리로 '소련 군대가 일본과의 전쟁을 개시했다'고 알려왔습니다. 이날 밤 총영사관 앞 공원서울시 정동에는 무장한 일본 경찰과 헌병들이 들어와 총영사관을 포위하고 총영사관 직원들의 외출을 막았습니다. 그리고 총영사관 안으로 들어와 단파 라디오를 압수해 갔습니다. 일본 경찰이 우리에게 심리적 고문을 한 것이지요. 다음 날 러시아어를 잘하면서 총영사관을 자주 출입하던 일본 헌병장교 미야모토가 '러시아가 전쟁에 참패했다'면서 '당신들을 도쿄 앞바다에 던져 물고기 밥이 되도록 하거나 지뢰에 터져 죽도록 하겠다'라고 회빈작주하는 태도였습니다.

　총영사관 직원들은 이 같은 협박과 모욕을 당하면서 사실상 감금 상태로 전쟁 소식을 기다렸습니다. 8월 15일 낮, 그렇게 기세를 부리던 미야모토가 웃음을 잃고 '중대한 소식이 있다'며 총을 멘 일본 관리를 데리고 샤브신 부총영사 방으로 들어가 '천황께서 항복 서명을 하셨다'고 말했습니다. 그리고 우리에게서 압수해 간 단파 라디오를 돌려주었습니다. 우리는 라디오를 통해 소련 군대가 북조선을 해방했음을 알았습니다."

쿨리코아의 증언은 계속된다.

　"8월 16일, 시민 수만 명이 거리로 나와 해방의 기쁨을 만끽했습니다. 숨겨두었던 태극기를 들고 나왔습니다. 시민의 깃발 중에는 '조선 해방자들에게 감사한다'는 내용도 있었습니다. 소련총영사관의 문도 활짝 열어놓았습니다. 해방 전까지는 일본 경찰이 지키고 있었기 때문에 소련총영사관에 접근할 수가 없었지요. 이날 수천 명이 한국어와 러시아어로 '소련군대 만세'라고 쓴 플래카드를 앞세우고 총영사관 앞 공원에 몰려들어 '소련군대 만세'를 외치기도 했습니다. 이들 중 청년 세 명은 러시아어를 잘 구사했습니다. 이날 샤브신과 나는 이 청년들과 함께 서대문형무소로 갔습니다. 정치범 1,000여 명이 석방되었습니다. 일부는 지팡이를 짚고 들것에 실려 나오면서 마중 나온 친척들을 알아보지도 못했습니다. 일본 경찰과 헌병, 관리들은 이를 말없이 지켜보았습니다.

시민들의 시위는 17일에도 이어졌습니다. '조선독립 만세', '주권을 국민에게', '독립국가 건설', '동맹국 군대 감사', '소련군대 감사' 등 플래카드의 표어도 다양했습니다. 16일에 만났던 청년들이 '소련군대는 언제 오느냐'고 물어왔지만 우리도 몰라 정확히 대답하지 못했습니다. 이날 밤 일본군이 조선인을 많이 죽였습니다. 그리고 한국 신문사 일부를 점령하기도 했습니다. 시위는 18일에도 계속되었습니다. 처음엔 자연발생적이었으나 점차 조직적으로 번져 정치범과 지하 활동가들의 활동이 두드러졌습니다. 그들은 대부분 박헌영을 지지하고 있었습니다."

쿨리코아의 증언을 계속 더 들어보자.

"나와 남편은 해방 3일 후인 8월 18일 소련총영사관 공원 배구장에서 박헌영을 처음 만났습니다. 우리는 이전에 박헌영에 대해 소련 출판물에서 읽은 적이 있었습니다. 그는 말이 적고 겸손했습니다. 그는

'지난 11년 동안 감옥에 있었다'며 '지하운동과 비합법적 활동을 했었다'고 말했습니다. 박헌영이 해방운동의 저명한 지도자임을 알고 있었지만 대화를 해보니 지식이 많고 교육받은 사람으로 느껴졌습니다. 남편 샤브신이 박헌영에게 '해방조선은 앞으로 어떤 방향으로 나아가야 하느냐'고 물었습니다. 박헌영은 '매우 어려운 문제이다. 좌익 진영에서도 의견이 일치하지 않고 있다. 일부는 즉시 사회주의혁명을 해야 한다고 주장하고 있으나 그것은 환상이다. 부르주아 민주혁명 단계를 거쳐 민주화 과업을 수행해야 한다'라고 말했습니다.

박헌영은 이날부터 서울 공산당 그룹을 소집하고 이어 다른 공산당 그룹도 소집했습니다. 이 두 모임에서 조선공산당을 재건하기 위한 준비위원회를 조직했습니다. 그리고 공산당 기관지 ≪해방≫의 발행도 결정했습니다. 이 준비위를 기반으로 9월 11일 조선공산당이 재건되었습니다. 박헌영은 '모든 진보적 민주주의 진영인 공산당이 나라를 주도해가야 한다'고 주장했습니다. 한 달 후인 10월 11일 평양에서도 조선공산당 북조선 분국이 조직되었지요.

박헌영은 거의 매일 총영사관을 찾아와 샤브신과 해방된 조선이 나아가야 할 방향과 방법 등에 대해 깊은 대화를 나누었고, 자신의 정치노선과 정치강령을 정하기 위해 총영사관 도서관에서 많은 책과 자료를 열람했습니다. 나는 최선을 다해 그를 도왔습니다. 9월 8일, 미군이 서울에 들어오는 것을 준비하고 있던 미국 관리들이 저희 총영사관 총영사와 부총영사 부부를 저녁 식사에 초대했습니다. 우리를 안내하는 사람들은 모두 일본인이었습니다. 이상해서 물어보니 '지금은 일본인들이 우리의 고문으로 번역 등을 맡고 있다. 서울에는 정세가 격화되어 미군에 근무할 한국인들을 선택하기가 어렵다. 그들이 영어와 미국 풍습을 모르는 것도 그 이유 중 하나다'라고 대답했습니다."

김일성과 박헌영은 영원한 정적

　스탈린의 명령으로 평양에 파견되어 북한 주둔 소련군정의 '손과 발' 역할을 하면서 북한정권 수립의 터를 닦은 소련출신 고려인들은 한결같이 "김일성과 박헌영은 처음부터 한반도 반쪽의 최고지도자 자리를 놓고 숙명적인 라이벌 관계였다"고 증언한다.

　북한에서 김일성 통역 담당 비서와 외무성 부상 등을 지내다 다시 소련으로 귀환한 박길용 박사는 "1945년 10월 조선공산당 북조선 분국 설치 때부터 '당 중앙'을 놓고 김일성 빨치산파와 서울의 박헌영파 간의 물밑 싸움이 시작되었다"고 증언한다. 박길용 박사는 다음과 같이 말을 이어나갔다.

　"소련군정이 평양에 조선공산당 북조선 분국을 설치할 때, 김일성 빨치산파는 '조선공산당의 중앙을 평양에 두고 제1비서를 김일성이 맡아야 한다'는 주장을 폈습니다. 그러나 이 같은 주장은 소련군정의 '1국1당주의'에 따라 좌절되었지요. 이후부터 김일성 빨치산파는 정권수립 과정은 물론 정권수립 후에도 서울의 박헌영파를 의식하면서 '숙명의 라이벌'이 되었습니다. 해방 공간에서 김일성은 소련군 극동군 제1전선사령부 군사위원 스티코프 대장과 평양주둔 소련군 제25군 군사위원 레베데프 소장 등 소련군 정치장교들의 적극적인 지원을 받아 북한의 최고지도자가 되었고, 서울의 박헌영은 발라사노프와 샤브신 등 평양과 서울 주재 소련 정보기관 간부들의 추천을 받아 북한의 최고지도자를 노리다가 김일성에게 밀려난 비운의 혁명가 신세가 됩니다. 북한 정권이 들어서면서 박헌영은 최고지도자에서 밀려나 부수상 겸 외무상을 맡지만 북한 사회에서는 '미래의 권력'으로 통했습니다".

박길용 전 북한 외무성 부상은 김일성이 평소 박헌영을 어떻게 생각하고 있는가를 읽을 수 있는 한 단면을 다음과 같이 증언했다.

"6 · 25전쟁 때 나는 조-소문화협회 부위원장을 맡고 있었습니다. 위원장은 서울에서 올라온 작가 이기영이었습니다. 북조선의 소비에트화를 위해 소련과의 관계를 원활하게 유지하면서, 외교 · 교육 · 문화 · 선전 등 분야의 인력과 물자 등을 원조 받는 일이 조-소문화협회의 주된 임무였습니다. 문화선전 분야는 허정숙 문화선전상을 거쳐 홍명희 부수상의 최종 결심을 받지만, 소련으로부터 인력과 물자 등을 원조 받는 경우 박헌영 부수상 겸 외무상과 협의해야 하기 때문에 박 부수상 방을 자주 드나들었습니다.

1951년 5월 28일로 기억합니다. 소련에서 함께 북한에 온 친구 기석복≪노동신문≫ 주필이 '박헌영 동지 생일이니 개고기나 먹으러 가자'고 제의했습니다. 소련에서 함께 온 외무성 부상 박동초6·25때 전사 등 우리 세 명은 기석복의 차로 평양의 대성산 기슭에 있는 외무상 공관으로 갔습니다. 박헌영은 술자리를 마련해놓고 우리에게 새 부인을 소개하기도 했습니다. 이 자리에서 박헌영은 서포평양 시내에서 신의주 방향으로 10km 쯤 떨어진 곳에 있는 평양 주재 소련대사관을 찾아가 라슈바예프 대사 겸 소련 총고문과 전쟁물자 원조 등을 협의하고 돌아왔는데, 정치보위부원들이 '박헌영 · 이승엽 등이 소련대사관을 자주 찾아다닌다'고 수상 동지에게 보고해 수상 동지가 싫어하는 눈치"라고 속마음을 털어놓았습니다."

이런 일이 있은 지 얼마 후, 당 선전부장 박창옥이 불러 "길용아, 박헌영과 이승엽이 소련대사관을 자주 출입한다는데 무슨 일로 다니는가"라고 물었다. 박길용은 전쟁물자 원조를 협의하기 위해 소련대사관을 자주 다닌다고 대답했다. 박창옥이 김일성에게 이를 보고하자 "왜 이승엽을 데리고 다니는가. 이들이 소련과 모종의 공작을 하고 있는지 잘 살펴라"라고 지시했다고 한다. 기석복에 따르면, 김일성이 박창옥에게 이 같은 지시를 내린 후부터 박헌영을 노골적으로 견제하기 시작했으며, 김일성은 '박헌영이 남로당파와 몰려다니면서 남로당 간부들의 인사 배치와 취직 문제 등을 주선하고 있다'고 불평했다. 이 분위기가 내각과 당에 알려져 이때부터 박헌영과 남로당 간부들에 대한 이상한 기류가 흘렀다. 오래 전부터 김일성은 내각회의 등 공·사석에서 박헌영을 부수상 또는 외무상으로 부르지 않고 '이론가'라고 부르기도 했다. 이는 마르크스-레닌주의 이론에 밝은 박헌영을 비꼬는 호칭이었다. 당시 소련파 간부들은 "김일성이 박헌영을 '이론가'라고 부른 것은, 자신은 빨치산 운동만 했을 뿐 체계적인 사회주의 이론을 익히지 못한 열등의식의 표현"이라고 해석했다.

부　록

성명	출생년도	출생지	북한에서의 경력	참고
강미하일	1910	원동 연해주	평양 소비에트신보사 부주필, 소련군 제25군 7호정치국 소좌	소련 사망
강병률	1917	원동 연해주	대학 교수, 외무성 소련영사 부장	-
강상호	1909	원동 연해주	내무성제1부상, 정전위수석대표, 중장	소련 사망
강소피야	1915	원동 연해주	대학 교수	소련 사망
강영환	-	-	순천시 위수사령부 통역관	-
강일	1916	원동 연해주	내각 간부학교 교수	-
강정애	1908	원동 연해주	하필연 부인	-
강진	1900	원동 연해주	-	-
고봉철	1919	원동 연해주	대학교수	행방불명
고표트르	1918	원동 연해주	인민군 탱크군관학교 교장, 대좌	소련 사망
고히만	1909	원동 연해주	당 중앙위원회 산업부장, 임업상	처단
공률	1908	원동 연해주	검열성 부상	소련 사망
기석복	1913	원동 연해주	≪노동신문≫ 주필, 육군대학 총장, 인민군 중장	소련 사망
기와시리	1922	원동 연해주	대학 교수	-
김광	1914	원동 연해주	무역성 부상	행방불명
김광빈	1912	원동 연해주	해군군관학교 교장	소련 사망
김광현	1911	원동 연해주	건설성 부상	소련 사망
김기석	1918	원동 연해주	석탄성 관리국장	-
김길선	1914	원동 연해주	외교관	소련 사망
김단	1912	원동 연해주	김책 보좌관, 인민군 소장	소련 사망
김동수	1909	원동 연해주	평양특별시 내무부장, 소장	-
김동순	1917	원동 연해주	야전병원 의사	소련 사망
김동철	1911	원동 연해주	사법성 부상, 인민군재판소 소장, 인민군 소장	처단
김동학	1920	원동 연해주	인민군 정치안전국장, 검찰소 부소장	처단
김만석	1915	원동 신두한카	경비대 정치부장, 평양특별시 인민위원회 부위원장	처단
김봉률	-	-	포병사령관, 당중앙위원회 후보위원	-
김빠별	1913	원동 연해주	교육성 고등교육국장	소련 사망
김성률	1909	만주	노동성 처장	소련 사망
김성훈	-	-	-	-
김세일	1910	원동 연해주	소비에트신보사 기자, 소련대사관 통역원	

김세일	1911	원동 연해주	인민군 대열보충국 부국장	-
김승빈	1894	-	민전사령부 번역원	소련 사망
김승화	1914	원동 연해주	중앙당학교장, 건설위원회 위원장, 당 중앙위원	소련 사망
김알렉산드르	1922	원동 연해주	청진교대 교무부장	-
김알렉산드리	1913	원동 연해주	정치군관학교 교수	소련 사망
김연태	-	-	-	-
김열	1918	원동 연해주	황해도당위원장, 내각 사무국장, 북조선노동당 중앙위원(1946.8)	처단
김영삼	1910	원동 연해주	내각 전기국 국장	6·25 전사
김영수	1917	원동 연해주	함북도 인민위원회 위원장, 수산성 부상	소련 사망
김영철	1911	원동 연해주	무역성 간부	소련 사망
김영철	1918	원동 연해주	내무성 대좌	소련 사망
김영태	1920	원동 연해주	평양특별시 인민위원장, 중앙 민청 위원장	소련 사망
김영활	1910	원동 연해주	상무위원회 보좌관	소련 사망
김영희	1910	원동 연해주	보건성 모자부장	-
김용선	1917	원동 연해주	대학교수	소련 사망
김용수	1906	원동 연해주	출판지도국 국장	처단
김용택	1917	원동 연해주	군관학교 정치부장, 육군대학 교관	소련 사망
김우현	1917	원동 연해주	남포해군 기장, 대좌	소련 사망
김원무	1910	원동 연해주	해군참모장, 정전담판위원, 소장	암살(?)
김원봉	1910	원동 연해주	소비에트신보사 간부	소련 사망
김이노겐치	1919	원동 연해주	외교관(KGB)	-
김일	1919	원동 연해주	인민군 총정치국 부국장	소련 사망
김일순	1920	원동 연해주	대학 교수	-
김재욱	1909	원동 연추	평남도당위원장, 인민군 총정치 국장	소련 사망
김종만	1927	원동 연해주	대학 교수, 대사관 서기관	-
김주봉	1910	원동 연해주	외교관	-
김진	1913	원동 연해주	국립예술극장 지배인	소련 사망
김찬	1905	원동 연해주	재정성 부상, 조선중앙은행 총재	소련 사망
김찬석	1920	원동 연해주	체신전문학교 교장	-
김창국	1910	원동 연해주	인민군 정찰국 부국장	소련 사망
김창수	1913	원동 연해주	자강도 도당 부위원장	소련 사망
김철수	1920	원동 연해주	대학 교수	소련 사망
김철우	1909	원동 연해주	자강도 인민위원회 부위원장, 당중앙위 후보위원	행방불명
김철운	1909	원동 연해주	군사과학국 부국장, 대좌	행방불명
김춘삼	1913	원동 연해주	사회안전성 부상	행방불명

김춘일	1920	원동 연해주	재정성 재정관리국장	소련 사망
김칠성	1926	원동 연해주	해군사령부 작전부장(1947)·참모장(1951)	처단
김태건	1916	원동 연해주	항공사령부 군사위원	처단
김택영	1912	원동 연해주	사법성 부상	처단
김파	-	-	-	-
김하연	1911	원동 연해주	대학 교수	-
김학인	-	-	재정성 부상	-
김학천	1915	원동 연해주	인민군 군단정치부장, 소장	소련 사망
김해경	1918	원동 연해주	대학교수	행방불명
김호	1909	원동 연해주	소비조합중앙위원회 부위원장	소련 사망
김호	1911	원동 연해주	민전사령부 통역원	소련 사망
김희철	1912	원동 연해주	경무국 번역원	소련 사망
남봉식	1910	원동 연해주	조선중앙방송위원회 위원장	-
남세명	1910	원동 연해주	내각 정보국장겸 내무성 부상·소장, KGB 간부	소련 사망
남일	1907	원동 연해주	내각 부수상, 인민군 총참모장, 대장, 당 중앙위원	평양 사망
남창섭	1914	원동 연해주	경비국 부장	소련 사망
남학룡	1913	원동 연해주	교통성 부상	소련 사망
리근	1910	원동 연해주	김일성종합대학 교수	소련 사망
리동건	1915	원동 연해주	외무성 부상, 대사	소련 사망
리동화	1904	원동 하바롭스크 변강	보건성 부상, 인민군 군의국장	소련 사망
리리타	1922	원동 연해주	대학 교수	소련 사망
리문일	1910	원동 연해주	≪노동신문≫ 주필, 당 중앙위원회 후보위원	소련 사망
리미포지	1920	원동 연해주	산업성 기사	소련 사망
리봉길	1917	원동 연해주	소비에트신보사 부주필	소련 사망
리세푼	1912	원동 연해주	평안남도 내무부장	소련 사망
리알렉세이	1917	원동 연해주	농업성 간부	소련 사망
리영발	1912	원동 연해주	내무성 간부학교 교장	소련 사망
리영파	1917	원동 연해주	대학총장	-
리용석	1913	원동 연해주	농업성 부상	행방불명
리허구	1902	원동 연해주	총정치국 부장, 소장	소련 사망
리히준	1905	원동 연해주	내각간부국장, 당 중앙검사위원회 위원	소련 사망
림용겸	1920	원동 연해주	대학 교수, 인민군 상좌	소련 사망
림창순	1909	원동 연해주	중공업성 기사	-
림하	1912	원동 연해주	소비에트신보사 부장	소련 사망
명월봉	1913	원동 연해주	김일성종합대학 부장, 인민군 신문사 부주필, 상좌	소련 사망

문소피야	1914	원동 연해주	대학 교수	소련 사망
문일	1912	원동 연해주	김일성 비서	소련 사망
문콘스탄친	-	-	민정사령부 토지국고문 통역관	-
박게라심	1906	원동 연해주	소비에트신보사 기자	소련 사망
박기호	1888	함경북도 길주	검열성 부상	소련 사망
박길남	1912	원동 연해주	인민군 공병국장, 소장	소련 사망
박길용	1919	원동 연해주	외무성 부상, 동독 대사	소련 사망
박동초	1915	원동 연해주	외무성 부상	6·25 전사
박드로페이	1905	원동 연해주	제철공장 지배인	소련 사망
박미론	1920	원동 연해주	농업성 임업부장	소련 사망
박병률	1906	원동 연해주	강동정치학원장	소련 사망
박병섭	1908	원동 연해주	체신성 부상	소련 사망
박봉길	1915	원동 추풍	내무성 부장	-
박사현	1913	원동 연해주	도당 부위원장	처단
박성규	1909	원동 연해주	산업성 부상	소련 사망
박알렉세이	1908	원동 연해주	재정성 관리국장	-
박애현	1912	원동 연해주	대학교수, 남일 대장 부인	소련 사망
박에오드니	-	-	사단정치부장	-
박영	1908	원동 연해주	사대학장, 도당위원장	-
박영빈	1908	원동 연해주	중앙당 조직부장, 정치위원	소련 사망
박영섭	-	-	평안남도 인민위원장	-
박왈렌친	1905	원동 연해주	야전병원 의사	소련 사망
박의완	1917	원동 연해주	내각 부수상, 당중앙위원	처단
박일	1910	원동 연해주	김일성종합대학 부총장	
박일무	1919	원동 연해주	탱크기술지휘국장, 대좌	소련 사망
박일영	1910	원동 연해주	도당위원장, 내무성 부상, 당 중앙위원	처단
박정애	1907	원동 연해주	중앙당 비서, 정치위원	행방불명(?)
박진	1920	원동 연해주	해군 작전부장	6·25 전사
박창선	1915	원동 연해주	대학학장, 인민군 항공사령부 안전부장, 대좌	소련 사망
박창식	1905	원동 연해주	자강도 인민위원회 위원장	처형
박창옥	1908	원동 연해주	국가계획위원회 위원장, 당선전부장, 정치위원, 당 중앙위원	처단
박춘	1917	원동 연추	중앙당학교 교수, 사단정치부장	6·25 전사
박치혼	1913	원동 연해주	평양제6고중 경리부장	-
박태섭	1915	원동 연해주	총정치국 조직부장, 박헌영 비서	소련 사망
박태화	1920	원동 연해주	중앙당학교 교장, 인민경제대학 부학장	-
박표트르	-	-	민정사령부 정찰국고문 통역관	-
박표들	1918	원동 연해주	내무성 부상	소련 사망
박형식	1909	원동 연해주	교육성 부상, 사범대학 총장	소련 사망

방왈렌친	1920	원동 연해주	박헌영 보좌관	-
방충걸	1909	원동 연해주	도 인민위원회 부위원장	행방불명
배바시리	1910	원동 연해주	국가계획위원회 통계국장	소련 사망
서용선	1915	원동 연해주	6 · 25 당시 병기국장	소련 사망
서춘식	1909	원동 연해주	평북도당위원장, 당중앙위원회 후보위원	처단
송예현	1910	원동 연해주	도서관리국장	소련 사망
송원식	1909	원동 연해주	평양특별시당 부위원장	-
송진파	1912	원동 연해주	잡지사 ≪새조선≫ 주필	소련 사망
송희연	1918	원동 연해주	대학교수	-
신길만	1909	원동 연해주	민전사령부 통역	소련 사망
신천택	1915	원동 연해주	체신성 부상	-
신철	1913	원동 연해주	강동정치학원 강좌장, 정치군 관학교 교관	-
신태봉	1918	원동 연해주	인민군 병기국 부장, 상좌	소련 사망
심수철	1921	원동 연해주	인민군 간부국장, 대좌	-
안동수	1920	원동 연해주	105탱크여단 정치부장	6 · 25 전사
안알렉산드르	1900	원동 연해주	석탄성 부상	소련 사망
안운경	1907	원동 연해주	외무성 소련부 부장	소련 사망
안철	1913	원동 연해주	인민군 전사수첩사 주필	소련 사망
양기형	1911	원동 연해주	내무성 검찰국 검사	소련 사망
엄나나	1923	원동 연해주	대학 교수	-
엄승렬	1907	원동 연해주	국가계획위원회 제1부위원장	소련 사망
엄일	1908	원동 연해주	내무성 재정처장	소련 사망
오기찬	1904	원동 연해주	인민군해안방어 제25여단장, 소장	소련 사망
오기홍	1908	원동 연해주	체신성 간부처장	소련 사망
오성화	1906	원동 연해주	문화선전성 부상, 군관학교 교장	소련 사망
오완묵	1910	원동 연해주	대학 학장	6.25전사
오표트르	1917	원동 연해주	농업성 국영농장국장	-
원성철	1920	원동 연해주	무역성 부장	소련 사망
유가이 표도르	-	-	안남도 위수사령부 통역관	-
유금석	1915	원동 연해주	정치군관학교 부교장	소련 사망
유도순	1907	원동 연해주	무역성 부상	소련 사망
유도승	-	-	상업성 부상	-
유성걸	1919	원동 연해주	항공군관학교 교장, 소장	소련 사망
유성철	1917	원동 연해주	민족보위성 작전국장, 총참모부 부총참모장, 중장	소련 사망
유성훈	1906	원동 연해주	김일성대학 총장	소련 사망
윤성복	1913	원동 연해주	내무성 제1국장, 소장	소련 사망
이기영	1915	원동 연해주	대학 교수	-

이명석	1920	원동 연해주	내무성 대좌	소련 사망
이바실리	1927	원동 연해주	김일성종합대학 교수	-
이봉호	1920	원동 연해주	농업대학 교수	-
이상조	1915	중국	모스크바 주재 대사, 총참모부 부참모장, 중장	소련 사망
이세호	1920	원동 연해주	해군군관학교 교장, 소장	-
이승권	1904	원동 연해주	대학교수	소련 사망
이임성	1913	원동 연해주	체육위원회 부위원장	처단
이정동	1911	원동 연해주	인민군 정찰국 간부	-
이종인	1917	원동 연해주	인민군 통신국장	처단
이철우	1920	원동 연해주	대학 교수	-
이청송	-	-	-	-
이춘백	1911	원동 연해주	인민군 7군단 군사위원, 중장	-
이춘백	1917	원동 연해주	청진교대학장, 인민군사단정치부장, 대좌	행방불명
이황룡	1915	원동 연해주	인민군병기국장, 소장	-
임콘스탄친	1912	원동 연해주	농업성 부상	소련 사망
장남익	1913	원동 연해주	내각간부학교 교무주임	6·25 행방불명
장보리스	-	-	-	-
장순희	1915	원동 연해주	대학 교수	-
장이완	1917	원동 연해주	국가계획위원회 부위원장	-
장익환	1917	원동 연해주	교육성 부상	처단
장일수	1915	원동 연해주	인민군총정치국 변력과 과장	소련 사망
장주익	1909	원동 연해주	과학원 서기장	처단
장철	1913	원동 연해주	인민군 후방총국장, 중장	-
장학봉	1919	원동 연해주	정치군관학교 교장, 항공사령부 군사위원	-
전동인	1913	원동 연해주	대학 교수	소련 사망
전동혁	1911	원동 연해주	외무성 참사, 작가동맹 위원	소련 사망
전문덕	1922	원동 연해주	대학 교수	소련 사망
전성화	1906	만주	군관학교 교장	소련 사망
전일	1917	원동 연해주	대학 교수	평양 행불
정국록	1917	원동 연해주	≪민주조선≫ 주필, 정전단판 위원, 소장	소련 사망
정라렉세이	1920	원동 연해주	대학 교수	-
정률	1918	원동 연해주	문화선전성 부상	-
정응동	1906	원동 연해주	직총부위원장	소련 사망
정이리야	1907	원동 연해주	김일성종합대학 교수	소련 사망
정철우	1918	원동 연해주	탱크사단장, 제4군단장, 소장	소련 사망
정춘옥	1904	-	내각간부학교 부교장	소련 사망
정태국	1917	원동 연해주	인민군포병학교 정치부장	소련 사망

정태성	1912	원동 연해주	출판지도국 국장, 인민군 신문사 주필	소련 사망
정학준	1919	원동 연해주	포병참모부 참모장	처단
조기천	-	원동 연해주	소비에트신보사 간부, 시인	6·25 전사
조내숙	1917	원동 연해주	인민군 항공사령 자재공급국장	소련 사망
조영철	1911	원동 연해주	보건성 부상	소련 사망
조영철	-	-	인민군 대좌	-
조일복	1913	원동 연해주	외무성 부장	소련 사망
주광무	1907	원동 연해주	내무성 부상	소련 사망
지용수	1922	원동 연해주	인민군 재정국 부국장	소련 사망
채규영	1915	원동 연해주	검찰소 부소장	처단
채타마라	1921	원동 연해주	대학 교수	-
천률	1914	원동 연해주	제1군단 정치위원, 소장	소련 사망
천이완	1918	원동 연해주	평양제6고중 교장	소련 사망
천이완	1919	원동 연해주	인민군 병기국장, 소장	소련 사망
천치억	1910	원동 연해주	내각 자동차국 국장, 소장	소련 사망
최왈렌친	-	-	-	-
최원	1910	원동 연해주	인민군 정찰국장	처단
최원일	1912	원동 연해주	인민군 정찰국 부국장	처단
최일	1913	원동 연해주	대학교수	소련 사망
최종학	1906	원동 연해주	인민군 총정치국장, 상장, 당 중앙위원	처단
최중길	1917	원동 연해주	야전병원 의사	소련 사망
최찬극	1916	원동 연해주	항공기술사령부 부사령관, 대좌	소련 사망
최창환	1912	원동 연해주	농업성 건축기사	소련 사망
최철환	1906	원동 연해주	내각 사무국장, 당 중앙위원회 후보위원	처단
최표덕	1905	원동 연해주	인민군 탱크사령관, 중장	소련 사망
최학일	1909	원동 연해주	군관학교 교장, 군단군사위원	
최홍국	1906	원동 연해주	인민군 총후방국장, 소장	처단
태성수	1908	원동 연해주	김일성종합대학 부총장, 내각 문화선전성 부상, 북조선노동당 중앙위원	소련 사망
한빈	1900	원동 연해주	중앙도서관장, 북조선노동당 중앙위원	처형
한성천	1915	원동 연해주	사단 정치부장, 국가계획위원회 통계국장	소련 사망
한일무	1905	원동 연해주	해군사령관, 항공사령관, 강원도당위원장, 당 중앙위원	소련 사망
허가이	1908	원동 연해주	조선노동당 비서, 정치위원, 내각 부수상	자살(?)
허금산	1909	원동 연해주	농업성 농산관리국장	소련 사망

허모세이	1922	원동 연해주	무역성 간부	소련 사망
허빈	1913	원동 연해주	평안북도당위원장, 대사, 당중앙위원회 위원	처단
허세봉	1912	원동 연해주	야전병원 의사	소련 사망
허익	1913	원동 연해주	중앙당학교 교장	탄광 정배 사망(?)
허학철	1922	원동 연해주	정치군관학교 강습소장, 대좌	소련 사망
현히안	1917	원동 연해주	내각간부학교 교무주임	소련 사망
황금철	1924	원동 연해주	해군대좌, 해군학교 교수	소련 사망
황성복	1918	원동 연해주	경비국참모장, 유가족학원장, 중장	-
황영활	1918	원동 연해주	야전병원 의사	소련 사망
황호림	1910	원동 연해주	인민군 작전국장, 부참모장	소련 사망

주: 이 명단은 북한에서 고위직을 지내다 숙청되어 소련으로 귀환한 인사들이 조직한 '조선에서 활동한 고려인유가족후원회'(회장 정률 전 북한 문화성 부상)가 1991년 북한에서 일했던 소련 고려인들을 잠정적으로 조사 및 분석한 것이다. 후원회 측은 "생존 인사 몇 명의 기억에 의존해 조사한 것이기 때문에 조사 및 분석 결과가 부정확할 수 있으며, 누락 인사가 많을 것"이라고 밝혔다.

연도	내용
1863	함경북도 지방 농민 13가구 러시아 연해주 우수리 강 유역 첫 정착
1917.4	레닌 귀국, 4월 테제 발표
1917.11.6	러시아 10월 혁명
1917.11.7	레닌, 소비에트 정부 조직
1918.4	러시아 내전 발발
1918.7	소비에트 헌법 공포, 러시아 마지막 황제 니콜라이 2세 일가 처형
1919.3	코민테른(Communist International) 결성
1921.3	신경제정책 시행
1922.12	소비에트 사회주의 연방 설립
1924.1	소비에트 헌법 공포
1926.1.21	레닌 사망
1930년대	스탈린, 고려인 혁명가 · 인텔리겐차 등 대대적인 숙청 및 탄압
1935	스탈린, 러시아 원동에 살던 고려인들에게 '불순분자' 누명 씌워 탈당시킨 후, 카자흐스탄에 유형
1936.8	대숙청 시작
1936.12	스탈린 헌법 채택
1939.9~11	스탈린, 러시아 원동에 살던 고려인들 카자흐스탄, 우즈베키스탄 등 중앙아시아로 강제 이주
1937~1939	스탈린, 소련군대에서 고려인 장교 강제 제대
1941.6	소-독전쟁(대조국전쟁) 발발
1943.5	코민테른 해산
1945.2	얄타회담
1945.5	독일 항복
1945.8	대일 참전
1949.9	제1차 핵실험
1950.6	6 · 25전쟁 발발
1953.3	스탈린 사망, 말렌코프 수상 취임
1953.12	베리야 부수상 등 8명 총살형
1956.2	스탈린 비판, 집단지도체제 시작
1956.10	헝가리 반소 폭동
1958.3	흐루쇼프 당권 장악
1964.10	흐루쇼프 실각

1945년	
8. 8	소련, 대일 선전을 포고
8. 9	소련군대 만주 동북, 조선 등 각 방면으로 진격을 개시
9.10	소련군대 웅기, 나진 상륙
8.13	소련군대 청진에 상륙
8.15	일제 무조건 항복을 선포
	일제 식민통치에서 한국 해방
8.26	소련군대 평양에 입성
8.27	평안남도 인민정치위원회 조직
8.29	고려인 군단 제1진 28명 평양 도착
9월 초	고려인 군단 제2진 26명 평양 도착
9. 1	함경남도 인민위원회 조직
9. 2	황해도 인민위원회 조직
9.19	고려인 군단 제3진 12명 '김일성 부대'와 함께 원산항 입항
10월 초순	고려인 군단 제4진 56명 평양 도착
10.	평양주둔 소련군정에 민정사령부 설치
10. 8	북조선 5도 인민위원회 연합회의
10.13	조선공산당 북조선 5도 책임자 열성자대회: 조선공산당 북조선 분국 창설
10.14	소련군 환영대회에서 김일성, 조만식 연설
10.16	평양주둔 소련군 사령관, '조선의 민주발전을 보장함' 성명 발표
	조선공산당 북조선 분국 기관지 ≪정로(正路)≫ 창간
11. 3	조선민주당 결성
11.11	조(朝)-소(蘇) 문화협회 조직
11.18	북조선 민주여성동맹 조직
11.19	북조선 행정을 통일적으로 지도하는 행정10국 조직
11.20	북조선 직업연맹 조직
11월 말	고려인 군단 제5진 12명 함흥시 도착
12. 1	북조선 각지에 인민재판소 개정
12.17~18	조선공산당 북조선 분국 제3차 확대 집행위원회 개최
12.29	모스크바 3국 외상회의, 조선에 관한 결정 발표
1946년	
1. 2	조선공산당과 각 사회단체들, 모스크바 3상회의 결정 지지 성명
1.15	북한 각지에서 모스크바 3상회의 결정 지지 시위 군중대회 광범히 진행
	북조선 중앙은행 창설
1.17	북조선 민주청년동맹 조직
1.31	북조선 농민동맹 조직
2. 8	김일성을 위원장으로 한 북조선 임시인민위원회 창건
	북조선 천도교 청우당 결성
2.16	조선신민당 조직
2.28	북조선 농민대표대회를 개최하고 토지개혁에 대한 결의안 결정
	≪조선신문≫ 창간

3. 5	북조선 토지개혁 법령 발포: 3월 말에 토지개혁 완수(몰수토지 100만 325정
3.20	보, 분여토지 981,390정보, 분여농가 호수 724,522호)
3.25	제1차 미-소 공동위원회 개막
	북조선 예술연맹 조직
4. 1	북조선 농민은행 창설
4.10	조선공산당 북조선 분국 제6차 확대 집행위원회: 김일성 '토지개혁의 총결과 금후 과업에 대하여' 보고
5. 8	미-소 공동위원회 무기 휴회
6. 3	북조선공산당 중앙당학교 개교
6. 4	≪민주조선≫ 창간
6. 6	북조선 임시인민위원회, 중앙 정치간부학교 창립에 대한 결정서 채택
6.27	북조선 임시인민위원회, 농업 현물세에 관한 결정서 발표
6.29	북조선 민주주의 민족통일전선 중앙위원회 결성
6.30	북조선 임시인민위원회, 북조선 남녀평등권에 대한 법령 공포
8.10	북조선 임시인민위원회, 산업 · 교통 · 운수 · 체신 · 은행 등의 국유화에 대한 법령 공포
8.16	조-소 양국 간 '임시 체신협정' 체결
8.21	북조선노동당 창립대회
8.28~30	공산당과 신민당 합당
8월 말	고려인 군단 제6진 36명 평양 도착
9. 1	≪노동신문≫ 창간
9. 5	북조선 면 · 군 · 시 · 도 인민위원회 위원 선거에 대한 결정서 및 규정 발표
10. 1	김일성 종합대학 개교
10.11	조선 기자동맹 조직
	북조선 적십자사 창립
11. 3	북조선 도 · 시 · 군 인민위원회 선거
11.25	≪근로자≫ 창간
11.28	≪인민≫ 창간
12. 5	조선중앙통신사 창설
12.18	북조선 임시인민위원회, 학교 제도 개편
12.19	북조선 임시인민위원회, 사회보험법 공포

1947년

1.24	북조선 임시인민위원회 결정 제163호, 봉건 유습 잔재 퇴치에 관한 법령 발표
2. 3	조선어문연구회 설치
2. 6	국립영화촬영소 창설
2. 7	조선역사편찬위원회 설치
2.17~20	북조선 도 · 시 · 군 인민위원회 대회: 민주개혁에 관한 법령 승인
	북조선 인민회의 조직
2.21~22	북조선 인민회의 제1차 회의[북조선 인민위원회 조직(위원장 김일성)]
2.27	북조선 인민위원회, 북조선 세금제도 개혁에 관한 결정서 발표
4.22	몰로토프 소련외상이 5월 20일 서울에서 미-소 공동위원회 재개를 미국 정부에 제의, 미국 정부는 5월 2일에 동의
5. 1	평양에서 '해방기념탑' 제막식 거행

6. 6	북조선 소년단 창립
6.30	평양에서 미-소 공동위원회 대표와 북조선 각 정당사회단체 대표와 회견 회의
9. 7	북조선노동당 검열위원회 위원장 김용범 사망
9.26	미-소 공동위원회 소련대표가 조선에서 '1948년 초 양국 군대 동시철수' 제의
10.12	평양 혁명자 유가족 학원 개원
10.17	미국 측 대표, 조선문제를 유엔에 상정
11. 5	유엔 정치위원회에서 '유엔 임시위원회' 설치 통과
11.18	북조선 인민회의 제3차 회의, 조선 임시 헌법 제정위원회 조직
12. 1	북조선 중앙은행권 발행과 구화폐 교환에 관한 결정 발표, 이에 근거하여 12월 6~11일 신구 화폐 교환사업 진행
12.13	보안간부 훈련 대대본부 참모장 안길 사망
12월 중순	고려인 군단 제7진 36명 평양 도착

2. 4	북조선 인민위원회에 민족보위국 설치
2. 5	조선 인민군 창군
2.10	조선 임시 헌법 초안 발표
3. 9	제25차 북조선 민전 중앙위원회 개최, 김일성 '남조선 반동적 단독정부 선거를 반대하며 조선의 통일과 자주 독립을 위하여' 보고
3.25	북조선, 4월 14일 전 조선 정당 사회단체 대표자 연석회의 개최를 제의
3.27	북조선 노동당 제2차 전당대회, 75만 당원을 대표하여 999명 참가, 당 규약 수정, 중앙지도기관 선거
4.19	남북 정당 사회단체 대표자 연석회의 개최: 56개 정당사회단체 대표 545명 참가, '조선 정치 정세에 관한 결정서'와 '전조선 동포에게 격함'이라는 격문과 미-소 양국 정부에 보내는 요청서 채택
4.28~29	북조선 인민회의 특별회의: 헌법 초안을 채택
5.	북조선 전국 각지에서 '단선'반대 투쟁 광범히 전개
6.29	남북 조선 제 정당 사회단체 지도자 협의회 개최, '남조선 단독 선거와 관련하여 우리 조국에 조성된 정치 정세와 조국 통일을 위한 투쟁 대책' 채택
7. 9	북조선 인민회의 제5차 회의: 북조선에서의 헌법실시와 조선 최고인민회의 대의원 선거 실시 결정
8.25	북반부에서 최고인민회의 대의원 선거(전체 유권자의 99.7% 참가)
9. 2~10	최고인민회의 제1차 회의: 공화국 헌법 채택, 상임위원회 선거, 김일성을 수반으로 한 중앙정부 조직, 김일성 공화국 정부 정강 발표 소련 정부, 1948년 12월 말까지 북한 주둔 소련군대 철수 성명 발표
10.12	조-소 양국 간에 외교관계 설정 북한-몽고 양국 간에 외교관계 설정 북한-폴란드 양국 간에 외교관계 설정
10.20	북한-체코슬로바키아, 북한-루마니아, 북한-헝가리 외교관계 설정
10.24	북한-불가리아 양국 간에 외교관계 설정
12.26	북한 전역에서 소련군대 철수 완료

1949년	
1.28	자강도 신설에 관한 정령 발표
2.22	김일성을 수반으로 한 소련 방문 공화국 정부 대표단 일행이 모스크바로 출발
3.17	북한-소련 양국 간 경제 및 문화협정 체결
5. 5	북한-알바니아 양국 간 외교관계 설정
6. 6.25~28	남북 조선 노동당 연합 중앙위원회 개최, 남북 노동당을 조선 노동당으로 합동 조국 통일 민주주의 전선 결성대회: 강령, 선언서 등 채택
9. 8	최고인민회의 제4차 회의: 전반적 초등 의무교육제 실시에 관한 법령 등 채택
10.	북한-중국 양국 간 외교관계 설정
11.	북한-동독 양국 간에 외교관계 설정
12. 12.25	'유엔 조선위원단' 반대 배격 궐기대회 북반부 전 지역에서 진행 북한-중국 양국 간 체신협정 체결
1950년	
1.10 1.11 1.21 1.25	남북 조선 직맹 열성자대회 개최 내각, '농민시장'설치 결정 전 조선 여성 열성자대회 개최: 아시아 제국 여성대회 결정의 구체화 결의 내각, 국립 건설자금은행 설치 결정
2.25~3.30	최고인민회의 제5차 회의
6. 7 6.19 6.25 6.27 6.28	조국전선 확대위원회, 평화적 조국통일 방책 추진에 관한 호소문을 채택하고 남한 제정당사회단체와 기관들에 직접 전달할 방책을 토의 최고인민회의 상임위원회, 최고인민회의와 남한 국회를 단일한 입법기관으로 연합하는 방법으로 조국통일을 실현할 결정서 채택, 이를 남한 국회에 제의 북한인민군, 38선 전역에 걸쳐 불의 침범 개시(6·25전쟁은 소련의 고문서 공 개로 그동안 북한과 일부 학계에서 주장했던 한국의 '북침'이 아니라 북한의 '남침'이었음이 명확하게 밝혀짐) 최고인민회의 상임위원회, 김일성을 위원장으로 하는 군사위원회 구성 정령 채택 북한인민군 서울시 '점령' 최고인민회의 상임위원회, '공화국 영웅칭호를 제정함에 관하여' 정령 발표
7. 4 7.14 7.25	최고인민회의 상임위원회, 김일성을 북한인민군 최고사령관으로 임명 최고인민회의 상임위원회, '남한 토지개혁 실시에 관하여' 정령 채택 최고인민회의 상임위원회, '남한의 군, 면, 리(동)인민위원회 선거 실시에 관 하여' 정령 채택 내각, '전시 의무 노력 동원에 관하여' 결정 제23호 채택
8.18 8.19	내각, 남반부 지역에서 '농업 현물 세제 실시에 관하여' 결정 채택 최고인민회의 상임위원회, 남한 지역에 '노동법령 실시에 관하여' 정령 채택
9. 8 9.28	북한인민군 총참모장 강건 장군 전사 북한인민군 부대들, 서울에서 철수
10. 1 10.25	북한인민군 각 부대들이 전략적 후퇴 작전을 진행 중국 인민 지원군 부대 한국 전선에 참가 북한인민군과 중국 인민 지원군 부대들은 긴밀한 협동 작전하에 각 전선에서

	반격전을 전개
12. 6 12.21~23	북한-중국 연합부대 평양시 입성 조선노동당 중앙위원회 제3차 전원회의: 남북으로 분리된 근로단체인 직맹, 민청, 여맹 및 문화예술 단체를 통일시킴

1951년

1. 4 1.13 1.31	북한인민군, 서울시 재차 '점령' 내각, '애국 열사 유자녀 학원 설치에 관하여' 결정 채택 내각 부수상 김책 사망
2.18	소련 및 중국을 비롯한 공산권 국가들 북한 원조 운동 전개
3.10	남북한 문학예술단체 합동
4. 6	조선 민주여성동맹 위원장 박정애에게 레닌상 수여 결정
6.23 6.30	유엔 소련대표 말리크가 '평화의 가치' 방송을 통해 남북한 문제의 평화적 해결을 주장 조선인민군 야간 폭격 비행대 활동 각 전선과 후방에서 북한의 '비행기 사냥꾼조'들의 활동 활발히 전개 유엔군 사령관이 아군 측에 정전 담판을 제의
7. 1 7.10	북한인민군 최고사령관 김일성과 중국 인민 지원군 사령관 펑더화이가 유엔 사령관의 제의를 응락 정전 담판회의 개시
8.17	최고인민회의 의장 허헌 사망
11. 1~4	조선노동당 중앙위원회 제4차 전원회의: '당단체들의 조직사업에 있어서 몇 가지 결점에 대하여' 결정서 채택(중앙당 부위원장 허가이에 대한 비판, 숙청 예고)

1952년

1.23	전국 농민 열성자대회
2.19 2.21~27	도·시·군 인민위원장 및 당 지도 일꾼 연석회의: 김일성, '현 단계에 있어서 지방 정권 기관들의 임무와 역할에 대하여' 연설 각 도·시·군 인민위원회 문화 선전 부문 일꾼 회의
3. 3 3.13 3.14	인민 경제 산업부문 전국 열성자대회 진행 『김일성 장군 약전』 발표 소련, 북한에 밀가루 5만 톤 기증
6. 4	최고인민회의 상임위원회, '인민배우, 공훈배우, 공훈예술가 칭호를 제정함에 관하여' 정령 채택
12. 1 12.15~18 12.22 12.31	조선민주주의인민공화국 과학원 창설 조선노동당 중앙위원회 제5차 전원회의: 김일성, '노동당의 조직적·사상적 강화는 우리의 승리의 기초' 보고 박헌영, 이승엽 등 '미제의 고용 간첩' 적발 발표 최고인민회의 상임위원회, '공화국 북반부의 행정 체계 및 구역 개편에 관하여' 정령 채택 조선인민군 고급군관회의: 김일성, '인민군대를 강화하자'는 제목으로 연설 최고인민회의 상임위원회, '조선 인민군 상급 지휘 성원 및 군관에게 군사 칭호를 제정함에 관하여' 정령 채택

1953년	
2.7	최고인민회의 상임위원회, 김일성에게 원수 칭호 수여
6.8	정전 담판 회의에서 전쟁 포로 송환 협정에 정식 조인
7.27	남북 정전 협정 정식 조인, 김일성과 펑더화이 정전 명령 발표
7.28	김일성, 정전 협정 체결과 관련하여 전체 인민에게 방송 연설
8.5~9	조선 노동당 중앙위원회 제6차 전원회의: '박헌영의 비호하에서 이승엽 도당들이 감행한 반당적·반국가적·범죄적 행위와 허가이의 자살에 대하여' 결정서 채택
8.12	내각, '소련 정부가 전쟁에 의하여 파괴된 경제 복구 원조비로 10억 루블을 배당하기로 결정한 데 대하여' 결정을 채택
9.1	김일성을 수반으로 하는 공화국 정부대표단 모스크바로 향발
9.8	내각, 개성지구에 인민교육기관을 확장하며 송도 정치경제대학 설립 결정
9.19	소련정부와 북한 정부 대표단 간의 회담에 관한 소련-북한 코뮤니케 발표
9.28	조선 문예총을 발전적으로 해산하고 조선작가동맹, 조선미술가동맹, 조선작곡가 동맹을 각각 조직
10.6	북한-루마니아 간에 북한의 인민경제 부흥에 경제적 및 기술적 원조를 제공하는 데 대한 협정 체결
11.3	북한-불가리아 간에 경제 및 기술원조 협정 조인
11.10	김일성을 수반으로 하는 북한 대표단 베이징 향발
11.23	북한 대표단과 중국 정부 간의 회담에 관한 코뮤니케 발표
12.18~19	조선노동당 중앙위원회 제7차 전원회의
12.30~1.1	최고인민회의 제6차 회의
1954년	
1.14	조-중 경제 및 문화합작에 관한 협정 비준서 교환
1.25	조-중 양국 간 직통 철도 운행에 관한 협정 체결
2.23	내각, 전후 노동자·기술자·사무원들의 물질문화 수준을 향상시키기 위한 결정 채택
2.25~26	교통운수 부문 혁신자 회의
3.11	내각, 농업협동 경리의 강화 발전 대책에 관한 결정 등 채택
3.15	조소 양국 간에 1954년도 상호 상품 제공에 관한 의정서 조인
3.21~23	조선노동당 중앙위원회 3월 전원회의: 김일성 '산업 운수 부문에서의 제 결함들과 그를 시정하기 위한 당, 국가 및 그 일꾼들의 당면 과업'에 대하여 보고
3.30	조-중 양국 간 소포 우편물 교환에 관한 협정 체결
4.17	전국 기자대회
4.20~24	최고인민회의 제7차 회의: 1954~1956년 인민경제 복구 발전 3개년 계획에 관한 법령 채택
5.25~27	평양시 복구위원회 결정 제2호 발표(복구 사업을 전 인민적 투쟁으로 전개) 중공업 부문 전국 열성자대회
6.25	내각 직속 체육지도위원회 조직
10.3	중국 인민지원군 7개 사단, 북한으로부터 철수
10.28	행정구역 변경, 황해도를 남북으로 분리하고 양강도를 신설

11. 1~3	조선노동당 중앙위원회 11월 전원회의
11.18	내각, '석탄공업 부문 일꾼들을 우대하는 데 관하여' 결정 채택
11.19	조국 전선 중앙위원회 제36차 회의: 남조선 제 정당 사회단체 당원과 맹원들 및 무소속 사회 정치 활동가들에게 보내는 서한 발표
12.21	북한-체코슬로바키아 간 차관 협정, 과학기술 협조 및 1945~1960년 경제적 및 기술적 원조에 관한 협정 체결
12.28	조-소 양국 간 우편물, 소포에 관한 협정 및 전신전화 연락에 관한 협정 체결
12.31	조-중 양국 간 1955년도 물자와 현금으로 북한을 원조하는 데 관한 의정서 조인

1955년

1.14	폴란드, 북한에 1945~1957년 원조를 주는 데 대한 협정을 바르샤바에서 조인
1.15	당 정치위원회 제28차 회의: 레닌의 탄생일인 4월 22일을 레닌 기념일로 결정
1.27	북한-독일 양국 간 과학기술 협조에 관한 협정을 베를린에서 조인
2.	동독 정부에서 함흥시 복구 건설에 물질적 원조를 주는 데 대한 결정 채택
3. 1	최고인민회의 제9차 회의: 공화국 헌법 제2, 3, 48, 53, 58, 83조의 수정 및 기타 채택
3. 8	고려시대 문헌 〈동인지문〉 발견
4. 1~4	조선노동당 중앙위원회 전원회의: '당원들의 계급적 교양 사업을 일층 강화하는 데 대하여', '반관료주의 투쟁, 경제 절약, 재정 및 자재 통제 규율과 반탐오·반낭비 투쟁 강화에 대하여' 등을 토의 중국 인민지원군 6개 사단 북한에서 철수
5. 8	길주 팔프 공장 조업식 거행
7.25	북한-불가리아 간 문화 협조 조인
8.11	흥남 비료공장 유안비료 직장 조업 개시
8.14	국립 아동예술극장 창립
9.24	북한-알바니아 간 문화협정 및 방송협정을 평양서 조인
10.	중국 인민지원군 6개 사단 북한에서 철수
12. 2~3	조선노동당 중앙위원회 전원회의: '박일우(내무상, 옌안파)의 반당적 종파 행위에 대하여' 결정서 채택, '김열(황해도당 위원장, 당 중앙위원, 소련파)의 반당적 범죄 행위에 대하여' 결정서 채택, 당 조직문제에 대한 결정서 채택, 당 간부 인사
12.18	동독 정부 대표단 평양 도착
12.20~22	최고인민회의 제10차 회의: 현물세에 관한 법령, 주민 소득세에 관한 법령 채택
12.21	북한-동독 양국 정부 공동 코뮤니케 발표 선반기 생산을 시작

1956년

1.18	조선노동당 상무위원회, '문학예술 분야에서 반동적 부르주아 사상과의 투쟁을 더욱 강화할 데 대하여' 결정서 채택('소련파 5인조 숙청')
3.20	조선노동당 중앙위원회 3월 전원회의: 소련공산당 제20차 대회 당대표 참석자 보고
4.	조선노동당 제3차 대회: 김일성 동지 사업 총화 보고
5.	조국통일민주주의전선 중앙위원회 확대회의: 조국의 평화적 통일 위업을 위

	한 전민족적 과업을 토의
6.	조선 인민군 병력 축소에 관한 정부 성명 발표 공화국 정부 대표단, 소련 및 동독을 비롯한 폴란드, 체코슬로바키아, 헝가리, 루마니아, 불가리아, 알바니아, 몽골 등 방문 북한, 동독·헝가리·불가리아·알바니아 등과 경제 및 문화협조에 관한 협정 체결
8.30~31	조선노동당 중앙위원회 8월 전원회의: '현재적 제 국가를 방문한 정부 대표단의 사업 총화와 우리 당의 당면한 몇 가지 과업들에 관하여' 결정서 채택, 최창익, 윤공흠, 서휘, 이필규, 박창옥 등의 종파적 음모 행위에 대한 숙청 결정서 채택
9.	조소 양국 간의 문화 협조에 관한 협정 체결 알바니아 정부 대표단 북한 방문 북한 정부 대표단 소련 방문
9.23	조선노동당 중앙위원회 9월 전원회의: 최창익, 윤공흠, 서휘, 리필규, 박창옥 등에 대한 규율문제 개정 결정서 채택
10.	루마니아 정부 대표단 북한 방문 몽골 정부 대표단 북한 방문
11.	북한 정부, 도·시·군·리(읍, 노동자구) 인민위원회 선거 실시
12.	조선노동당 중앙위원회 12월 전원회의: 1953~1956년도 인민 경제 3개년 계획 총화
1957년	
4.	체코슬로바키아 정부 대표단 북한 방문 폴란드 정부 대표단 북한 방문 조선노동당 중앙위원회 4월 전원회의: 수산업 발전에 대한 문제 토의
5~12.	'소련파'에 대한 사상검토와 숙청. 당·정·군의 소련파 간부들 대거 소련 귀환
1958년	
1~2.	'소련파'에 대한 사상검토와 숙청. 당·정·군의 소련파 간부들 대거 소련 귀환
3.	조선노동당 제1차 대표자회의: '김두봉 등 8월 종파사건 관련자' 반 김일성 쿠데타 기획 죄목으로 전원 숙청

주: 이 연표는 필자가 모스크바에서 발굴한 희귀자료 『조선사 년표』(북한과학원 역사연구소, 1957)를 참고했음.

참고문헌

■ 『조선로동당 력사 교재』
- 조선로동당 출판사 펴냄.
- 평양시 동대월 구역 문신동 동평양 인쇄공장(1964년 8월 8일 인쇄, 1964년 9월 9일 발행).

■ 『조선로동당 투쟁사 강의 속기 2』
- 조선로동당 중앙당학교 조선로동당 투쟁사 강좌.

■ 『조선사년표』
- 조선민주주의인민공화국 과학원 역사연구소 엮음.
- 조선민주주의인민공화국 과학원 펴냄.
- 로동신문 출판인쇄소(1957년 5월 15일 인쇄, 1957년 5월 20일 발행).

■ 『조선해방1년사』
  • 민주주의민족전선 지음.
  • 경성부 종로 4정목(京城府 鐘路 4丁目) 112 문우인서관
    펴냄(1946년 10월 25일 인쇄, 1946년 10월 30일 발행).

■ 『북조선 도·시·군 인민위원회대회 회의록』
  • 북조선인민위원회 선전부 지음.
  • 평양특별시 황금리 26번지 민주조선 인쇄소 펴냄(1947
    년 3월 15일 인쇄, 1947년 4월 1일 발행).

■ 『박헌영 선생 논설 제1집, 조선 인민에게 드림』
  • 조선맑스·엥겔스·레닌연구소 엮음.
  • 서울 남미창정(南米倉町)지금의 남창동 159 우리문화사
    펴냄(1946년 8월 10일 인쇄, 1946년 8월 15일 발행).

- ■ 『특집, 옳은 노선을 위하야』
  - 서울 중구 장곡천정(中區 長谷川町)지금의 소공동 74 조선산업노동조사소(책임: 강문석) 지음.
  - 서울 중구 황금정지금의 을지로 1가 2정목(中區 黃金町 2丁目) 195 우리문화사 펴냄(1945년 11월 23일 인쇄, 1945년 11월 24일 발행).
  - 표지에는 "조선무산계급의 위대한 지도자 박헌영 동무 만세!"와 "노동자 농민과 일체 근로대중은 조선공산당의 깃발 아래로!"라는 말이 적혀 있다.

- ■ 『빨치산 수첩』
  - ≪전진≫, 제2권 제2호, 1950년 3월 15일.
  - 표지에는 '동서의학연구소 편, 동의보감(東醫寶鑑)'이라고 적혀 있다.
  - 전체 292쪽. 서울 주재 소련 총영사관 부총영사였다가 1946년 7월 평양의 소련군정에서 정치고문이기도 했던 샤브신이 입수해, 소련으로 귀국할 때 가져간 것이다. 샤브신이 사망한 후인 1992년 가을, 모스크바에 살고 있던 그의 부인 쿨리코아가 필자에게 제공했다.

- ■ 『민주주의 조선의 건설』
  - 이강국 지음.
  - 서울시 황금정 1정목(黃金町 1丁目) 158 조선인민보사(편집인: 정진태; 발행인: 정민섭) 후생부 펴냄.
  - 서울 남미창정(南米倉町) 159 협진인쇄공사에서 인쇄.

■ 『조선로동당 중앙위원회 결정집』(1946.9~1951.11) 외 총 8권
  • 조선로동당 중앙위원회 펴냄.

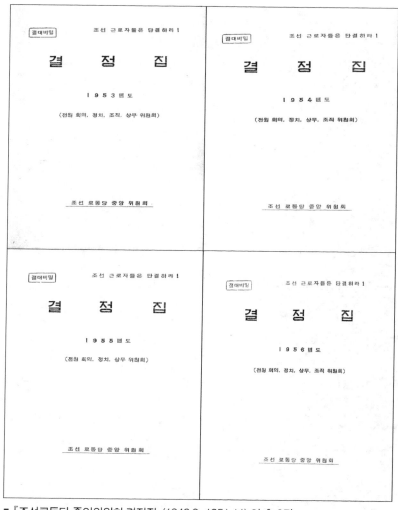

■ 『조선로동당 중앙위원회 결정집』(1946.9~1951.11) 외 총 8권
  • 조선로동당 중앙위원회 펴냄.

- ■『조선민족 해방투쟁사』
  - 김일성종합대학 펴냄.
  - 국영제일인쇄소(1949년 10월 30일 인쇄, 1949년 11월 7일 평양에서 발행).

- ■『조선역사독본』
  - 1951년 5월 1일 인쇄, 1946년 5월 15일 평양에서 발행.

- ■『역사제문제』
  - 조선역사편찬위원회 발행(1948년).
  - 1948년 7월 27일 인쇄, 1948년 7월 30일 평양에서 발행.

- ■『조국통일민주주의전선 문헌집』
  - 국립출판사 발행.
  - 국영립종합인쇄소(1954년 5월 8일 인쇄, 1954년 5월 10일 발행).

- ■『조선사 년표』
  - 조선민주주의인민공화국 과학원 발행.
  - 1957년 5월 15일 인쇄, 1954년 5월 10일 발행.

- ■『1946년 2월 15~16일 민주주의민족전선 결성대회 의사록』
  - 민주주의민족전선 선전부(편집 및 발행).
  - 서울시 인사정 80번지 조선정판사(1946년 2월 20일 인쇄, 1946년 2월 25일 발행).

■『김일성: 당의 공고화를 위하여』
- 조선노동당 출판사(1951년).
- 평양특별시 조선노동당 출판사(1952년 1월 10일 인쇄, 1952년 1월 15일 발행).

■『김일성: 자유와 독일을 위한 조선인민의 정의의 조국해방전쟁』
- 평양특별시 조선노동당 출판사(1954년 5월 25일 인쇄, 1954년 5월 30일 발행).

고봉기 외. 1989.『김일성의 비서실장: 고봉기의 유서』. 서울: 도서출판 천마.

국토통일원 조사연구실. 1989.『북한노동당숙청사』(비매품). 서울: 강문인쇄사.

김국후. 2008.『비록 평양의 소련군정』. 서울: 도서출판 한울.

김국후·박길용. 1994.『김일성 외교비사』. 서울: 중앙일보사.

김대환. 1993.『통일을 위한 민족주의 이념』. 서울: (주)을유문화사.

김부기·김유남. 1992.『소련공산당의 몰락』. 서울: 평민사.

김학준. 1991.『러시아사(史)』. 서울: 대한교과서주식회사.

_____. 1995.『우리가 떠안아야 할 반쪽의 우리 역사, 북한 50년사』. 서울: 동아출판사.

김호준. 2013.『유라시아 고려인 디아스포라의 아픈 역사 150년』. 서울: 주류성출판사.

도진순. 1997.『한국민족주의와 남북관계』. 서울: 서울대학교출판부.

드미트리 안토노비치 볼코고노프(Dmitri Antonovich Volkogonov). 1996.『크렘린의 수령들: 레닌에서 고르바초프까지 상·하』. 김일환 외 옮김. 서울: 도서출판 한송.

라종일. 1991.『증언으로 본 한국전쟁』. 서울: 예진출판사.

박종성. 1992.『박헌영론』. 서울: 인간사랑.

박호성. 1997.『남북한 민족주의 비교연구』. 서울: 도서출판 당대.

서대숙. 1989.『북한의 지도자 김일성』. 서울: 청계연구소.

_____. 2000.『현대 북한의 지도자: 김일성과 김정일』. 서울: (주)을류문화사.

서울대학교 인문대학 한국현대사 연구회. 1987.『해방정국과 민족통일전선』. 서울: 도서출판 두리.

소련과학아카데키 역음. 1989.『레닌그라드로부터 평양까지』. 서울: 함성.

송건호. 1986.『한국현대사』. 서울: 도서출판 두레.

송남헌. 1980.『한국현대정치사 제1권 건국전야』. 서울: 성문각.

스칼라피노, 로버트(Robert. A. Scalapino)·이정식. 1987.『한국공산주의운동사 II』. 서울: 돌베개.

신복용·김원덕 엮음. 1992.『한국분단보고서 상·하』. 서울: 도서출판 풀빛.

심지연. 1994.『허헌 연구』. 서울: 역사비평사.

오영진. 1952.『蘇軍政下의 북한: 하나의 증언』. 서울: 신한인쇄소.

이인수. 1989.『대한민국의 건국』. 서울: 도서출판 촛불.

임은. 1982.『북한 김일성왕조비사』. 서울: 도서출판 한국양서.

장준익. 1991.『북한 인민군대사』. 서울: 서문당.

조선일보사 부설 동서문제연구소. 1981.『북한 인명사전』. 서울: 중앙일보사.

중앙일보 특별취재반. 1992. 『(비록)조선민주주의인민공화국 상 · 하』. 서울: 중앙일보사.

최상용. 1988. 『미군정과 한국민족주의』. 서울: 나남출판.

한국정치연구회. 1990. 『북한 정치론』. 서울: 백산서당.

지은이 | **김국후**

조선대학교 정치외교학과와 동 대학원 정치외교학과(정치외교학 석사)를 졸업했다. 1973년 중앙일보에 기자로 입사하여 편집국 부국장 등을 지냈다. 잠시 공직에 나가 방송위원회 대변인 등과 한국외국어대학교 등에서 겸임교수를 지내기도 했다. 중앙일보 북한부 차장 시절 3년여 동안 구소련 전역을 다니면서 해방 후 북한 정권을 창출한 전 평양 주둔 소련군정 고위 정치장교, 정보기관 간부, 외교관, 구소련 망명 북한정권 고위 인사 등 100여 명을 만나 북한 정권 수립 배경과 과정이 담긴 증언·사료·사진 등을 발굴 및 보도했다. 특히 취재 과정에서 스탈린이 33세의 소련군 대위 김일성을 북한 지도자로 선택한 배경, 고당 조만식과 춘원 이광수 등 월북 또는 납북인사들의 최후를 밝혀냈고, '비운의 혁명가' 박헌영의 딸을 모스크바에서 찾아내 박헌영의 '혁명 활동' 발자취 등을 추적했다. 이 공로로 '1991년 관훈클럽 언론상', '1992년 한국언론학회 언론상', '1993년 한국기자협회 한국기자상' 등을 받았다. 지은 책으로는 『비록 평양의 소련군정』, 『조선민주주의인민공화국 상·하』(공저), 『김일성 외교비사』(공저) 등이 있다.

한울아카데미 1618

평양의 카레이스키 엘리트들
스탈린이 급파한 고려인 500명의 슬픈 역사

김국후 ⓒ 2013

지은이 ｜ 김국후
펴낸이 ｜ 김종수
펴낸곳 ｜ 한울엠플러스(주)
편집책임 ｜ 배유진

초판 1쇄 발행 ｜ 2013년 10월 31일
초판 2쇄 발행 ｜ 2015년 12월 10일

주소 ｜ 10881 경기도 파주시 파주출판도시 광인사길 153(문발동 507-14) 한울시소빌딩 3층
전화 ｜ 031-955-0655
팩스 ｜ 031-955-0656
홈페이지 ｜ www.hanulmplus.kr
등록번호 ｜ 제406-2015-000143호

Printed in Korea
ISBN 978-89-460-6093-7 93340

* 책값은 겉표지에 표시되어 있습니다.